beck'sche reihe

bsr

Die deutsche Bundeswehr scheint trotz aller Skandale, Reformdiskussionen und Sparzwänge anerkannt und «normal» zu sein. Dabei hat sie sich keineswegs ohne massive innere Spannungen oder ohne Probleme für Politik und Gesellschaft entwickelt. In der vorliegenden Darstellung, die erstmals die Geschichte der Bundeswehr von ihren Anfängen bis in die aktuelle Gegenwart schildert, zeigt Detlef Bald, dass das halbe Jahrhundert Militärgeschichte Deutschlands vor allem von drei Konstanten geprägt war: Geschichtsbezug, Internationalisierung und Demokratie. Sie haben immer wieder in unterschiedlicher Gewichtung die Entwicklung der Bundeswehr bestimmt und lassen sich auch hinter den jüngsten Debatten, etwa um Auslandseinsätze, die Wehrmachtsausstellung oder die Wehrpflicht, ausmachen.

Detlef Bald, geb. 1941, Dr. phil., ist wissenschaftlicher Mitarbeiter am Institut für Friedensforschung und Sicherheitspolitik an der Universität Hamburg und freischaffender Historiker in München. Veröffentlichungen u. a.: Die Weiße Rose (2003); Mythos Wehrmacht (2001, mit J. Klotz und W. Wette); Hiroshima, 6. August 1945 (1999).

Detlef Bald

Die Bundeswehr

Eine kritische Geschichte
1955–2005

Verlag C. H. Beck

Originalausgabe

Gesamtherstellung: Druckerei C. H. Beck, Nördlingen
Umschlagentwurf: + malsy, Bremen
Umschlagabbildung: Soldaten des Wachbataillons

Printed in Germany
ISBN 3 406 52792 2

www.beck.de

Inhalt

Anstelle einer Einleitung – Die Feiern zur Gründung der Bundeswehr

Grau gab den Ton an, als sich am 12. November 1955 in Bonn eine ungewöhnliche Gruppe – die meisten trugen Zivil, doch einige Uniform – in der mit dunklem Tuch ausgeschlagenen Reithalle einfand und in gespannter Nervosität verharrte. Die Worte erklangen: «Wir tragen die Verantwortung gegenüber den uns künftig anvertrauten jungen Staatsbürgern in Uniform.» Einhundert und eine Person versammelten sich vor dem im feierlichen Stresemann gekleideten Bundesminister für Verteidigung, Theodor Blank. Von ihm nahmen in der neuen zweireihigen Uniform die beiden höchsten Generale, die Generalleutnante Adolf Heusinger und Hans Speidel, die übrigen Offiziere und sechs Unteroffiziere ihre Ernennungsurkunden entgegen. Blank skizzierte das politische Profil dieser «neuen Wehrmacht», die «ein gleichberechtigtes Glied der staatlichen Ordnung» Deutschlands sei und die «Erhöhung der Verteidigungsbereitschaft zur Sicherung des Friedens» in Europa bewirke.[1] An der Frontseite der Halle prangte über der von Chrysanthemensträußen eingerahmten Rednertribüne das von Bundesfahnen eingerahmte, fast fünf Meter große Eiserne Kreuz – Preußens Eisernes Kreuz, zuletzt das Ehrenzeichen der Wehrmacht. Fast alle Anwesenden – auch die ohne Uniform – trugen das Eiserne Kreuz als Auszeichnung im Kriegseinsatz.

Die Geburtsstunde der «neuen Wehrmacht» wurde mit gemischten Gefühlen aufgenommen. Die geschilderte Präsentation stieß auf Ablehnung, da kein «Volk» und auch keine Mitarbeiter des Ministeriums eingeladen waren – richtige Soldaten gab es ja noch nicht. Adenauer empörte die «Schaunummer für die Presse», er fand sie nicht feierlich, ohne Musikkorps und Deutschlandlied.

Der 12. November ist ein historischer Tag. Erstmals nach dem Zweiten Weltkrieg trugen Deutsche wieder die Uniform des Militärs. Und es war ein denkwürdiger Tag: der 200. Geburtstag von Gerhard von Scharnhorst. An die Tradition der preußischen Militärreformer anzuknüpfen schien sinnfällig und auf den ersten Blick breite Akzeptanz zu versprechen, da Scharnhorst den Neuanfang nach Niederlagen – damals nach Jena und Auerstädt – in einer politisch gewandelten Welt symbolisierte. Diese historische Traditionslinie legitimierte die aktuelle Politik, die Militärverfassung gemäß den Werten des Grundgesetzes zu bestimmen. Militärische Eigenwelten sollten die «Kongruenz» von Militär, Demokratie und Pluralismus nicht beeinträchtigen. «Wir haben», bekannte der Reformer unter den Soldaten, Wolf Graf von Baudissin, «eine reformatorische Aufgabe vor uns, die in Anerkennung des historischen Gefälles dem neuen Staats- und Menschenbild gerecht wird.»[2] Einen revolutionären Weg wollte Baudissin nicht beschreiten. Das Eiserne Kreuz hatte er aus Sorge abgelehnt, dass man damit allzu leicht das «ewige Soldatentum» verherrliche – anstelle eines «Sinnbilds unserer Grundordnung».[3]

Die Kontroverse über die Ausrichtung der «neuen Wehrmacht» spitzte sich zu, als freiwillige Rekruten erstmals einberufen wurden. Als sichtbares Zeichen der Aufstellung traten am 2. Januar 1956 die ersten Lehrkompanien des Heeres in Andernach, die von Luftwaffe und Marine in Nörvenich und Wilhelmshaven zusammen. Der Januar 1956, als mit öffentlichen Feiern erste militärische Einheiten aufgestellt wurden, erheischte zeitgenössisch eher Zustimmung zu dem Urteil, «Geburtsstunde» der Bundeswehr zu sein. Das Beispiel der Marine zeigte anderes. Begeistert verfolgte sie am 16. Januar die Worte des leitenden Verantwortlichen im Ministerium, von Kapitän zur See Karl-Adolf Zenker, mit denen er die neue Marine direkt auf die Kriegsmarine im Nationalsozialismus zurückführte. Er betonte, die beiden vom Nürnberger Gerichtshof verurteilten Großadmirale Karl Dönitz und Erich Raeder hätten «sauber, anständig und ehrenhaft» ihre Aufgaben erfüllt und «kein Makel» hafte an der «Person unserer ehemaligen Oberbefehlshaber». Sie hätten nur «ihre Pflicht gegenüber ihrem Volk erfüllt».[4] Dies sei Konsens unter Marinoffizieren. Man versuchte die braunen Flecken blank zu putzen. Eine selbstkritische Bewertung der höheren Marineführung wollte man nicht anstellen. Das internationale Echo auf dieses Traditionsgebaren irritierte ebenso wenig wie die parlamentarischen Gewitterwolken beeindruckten.

So kam dem 20. Januar 1956 schließlich die Ehre zu, als «Tag der deutschen Streitkräfte» mit Bundeskanzler Konrad Adenauer in Andernach bekannt zu werden. Schulfrei war gegeben worden; Bund und Länder hatten Flaggen aufgezogen, auch die Kirchen erwiesen mit ihren Fahnen Reverenz; unter den Klängen des Yorkschen Marsches waren 1500 Soldaten zum offiziellen Appell angetreten; ein paar amerikanische Panzer und Haubitzen zierten das Rund und gaben den Rahmen ab für die militärische Feierstunde. Der Kanzler nannte als «Bewährungsprobe für unsere Demokratie», das Militär in das «Staatsgefüge» einzuordnen. Der Primat der Politik wurde betont, ohne dass die eigentliche Brisanz der Veranstaltung verdeckt werden konnte. Es hatte gleich in mehrfacher Hinsicht geknirscht. Die westlichen Militärattachés waren anwesend, doch die Vertreter der obersten Bundesorgane, vor allem die Repräsentanten des Parlaments, waren übergangen worden. Der Eklat führte zu massiven Protesten. Die Abgeordneten fühlten sich offen düpiert.

Zudem tauchten hinter den Kulissen verdeckte Querelen zwischen Politik und Militär um die Ausrichtung der Streitkräfte auf, weil Adenauer die Gelegenheit ergriff, die traditionelle Rolle des Militärs zu unterstreichen. Im vorbereiteten Text seiner Rede kritisierte er anlässlich der Frage, wie mit Ehrenkompanien zu verfahren sei, den als Reformer bekannten Baudissin pauschal wegen dessen «abwertender Einstellung» gegenüber dem «Wesen des Soldaten»; damit würde er «gerade diejenigen wertvollen Kräfte von diesem Beruf fern halten, auf die es bei der Verwirklichung der Vorstellungen von einer modernen Armee gerade ankommt». Demonstrativ hatte sich der Kanzler hinter die Auffassung der militärischen Führung in der Bonner Ermekeil-Kaserne gestellt und Baudissin als Person sowie das Konzept der «Inneren Führung» desavouiert. Wollte er die «Wiederbewaffnung» nach altem Vorbild? Das politische Signal ermutigte die konservativen Kräfte, die Aufstellung der Streitkräfte in Distanz zur Militärreform der «Inneren Führung» zu betreiben.

Die Gegner Baudissins im Ministerium hatten von sich aus schon gehandelt und den seit Jahren in der Planung der Streitkräfte als Angestellten beschäftigten Baudissin einfach nicht in die Reihen des Offizierkorps aufgenommen. Nach den langwierigen Vorbereitungen zur Gründung der Streitkräfte schien der Anlauf zur Reform beendet, auch wenn die Medien orakelten: «Die Zeit ist noch nicht reif, das Feigenblatt Baudissin öffentlich abzupflücken.»[5] Das politisch-militärische Szenario in Andernach wirkte wie abgesprochen, um den Kurs der Militärpolitik in Richtung des «bewährten» Selbstverständnisses zu lenken.

Die Gründung der Bundeswehr vollzog sich gewissermaßen in Etappen. Der geschilderte politische und militärische Prozess von Bonn bis Andernach zeigt Widersprüchliches. Jede dieser Episoden spiegelt Kontroversen wider, welche die Bonner Nachkriegsgeschichte insgesamt begleiten. Daher ist die Farbe «Grau» der Reithalle sinnfälliger Ausdruck der jungen Bundeswehr auf der Suche nach der eigenen Identität, da die Gleichzeitigkeit von Altem und Neuem sowie die Unentschiedenheit zwischen Reform und Kontinuität die Konturen changierend verwischten und kein gesichertes Maß erkennbar wurde. Die neuen Streitkräfte der Republik begannen einen langwierigen Weg, bis sie im Laufe der Zeit ihre eigene Gestalt fanden. In diesem Sinne ist der 12. November 1955 der Tag im Kalender der Geschichte der Bundesrepublik Deutschland, der bewusst gewählt und gesetzt wurde, um das Militär aus seiner historischen Sonderrolle herauszuführen.

Das in diesen Wochen am Ende des Jahres 1955 kaum erwähnte, aber entscheidende Bezugsdatum ist das Jahr 1945. Es stigmatisierte und stimulierte. Mit der bedingungslosen Kapitulation war die Entmilitarisierung verbunden. ‹Stalingrad› und ‹Auschwitz› rüttelten manche auf. Fortschrittliche und Konservative einte die Auffassung: «Der radikale Bruch mit unserer militärischen Vergangenheit, den wir jetzt auf uns nehmen müssen, führt uns auch zu der Frage, was aus unseren geschichtlichen Traditionen überhaupt wird.»[6] Diese Sicht teilten auch die Besatzungsmächte, die allerdings die Verhältnisse und die Entwicklung bestimmten. Mit der Kapitulation war zunächst die totale Niederlage der Wehrmacht besiegelt, doch die alliierte Politik bestand bald auf der völligen organisatorischen Beseitigung des Militärs.

Am 2. August 1945 hatte der Alliierte Kontrollrat im Einverständnis mit den Großen Drei auf der Konferenz in Potsdam seine berühmte Direktive zur Entwaffnung und Entmilitarisierung Deutschlands veröffentlicht. Darin hieß es: «Alle deutschen Land-, See- und Luftstreitkräfte (...) sind völlig und endgültig aufzulösen, und zwar so, dass die Wiederbelebung oder Neuorganisation des deutschen Militarismus und Nazismus auf Dauer verhindert wird.» Das Diktum war rigide. Die Entwaffnung der Wehrmacht, ihre vollständige Auflösung, die Aufdeckung und Anklage des Bruchs des Völkerrechts, die Zerschlagung des Staates Preußen – diese Maßnahmen der Alliierten standen unter dem übergeordneten langfristigen Ziel, den «Hort des deutschen Militarismus» ein für alle Mal auszulöschen.[7] Das deutsche Militärsystem des 19. und 20. Jahrhunderts hatte mit der Devise vom «totalen Krieg» seinen Kulminationspunkt in der eurozentrischen Reichsexpansion erreicht.[8] Die Auffassung, die Gerhard Ritter auf dem Historikertag 1953 vortrug, die Wehrmacht habe den extremsten Militarismus der deutschen Geschichte verkörpert, wurde damit international anerkannt.[9]

Vorgeschichte und Ursachen der deutschen Katastrophe sahen die alliierten Besatzer kaum anders. Mit dem 8. Mai 1945 ging Hitlers NS-Herrschaft unter, der Zusammenbruch besiegelte das von Bismarck gegründete Deutsche Reich. Das bedeutete, das Ende der Wehrmacht war auch das Ende gewachsener militärischer Kontinuität der Neuzeit. Die Besatzungszonen richteten Deutschland nach Ost und West aus: In den westlichen Besatzungszonen wurde die politische Westintegration institutionalisiert und im Jahr 1955 verbindlich in internationalen Verträgen legalisiert. Die Ausrichtung der Bonner Republik nach Westen aber bot der inneren Entwicklung des geteilten Landes die Chance, freiheitliche und rechtsstaatliche Ansätze der Demokratisierung der neueren Geschichte anzunehmen.[10] Darin lag die Legitimierung der Westpolitik: Sie war eine Wertepolitik.

In den Kreisen des Militärs erkannte man die Machtlage realistisch. Bei jeder Entscheidung über Streitkräfte Westdeutschlands galt der definitive Primat der westlichen Siegermächte. Führende aus der ehemaligen Wehrmacht witterten die neue Lage: Schon lange vor der Gründung der Bundesrepublik im Jahr 1949 akzeptierten sie den postnationalen Status dieser Republik und somit auch des Militärs. Von Beginn an gingen sie von der zunehmenden Bedrohung durch den Osten aus. Die internationale Einbindung deutscher Streitkräfte, ein radikaler Bruch mit vielen Traditionen, wurde früh akzeptiert. Die Lage zwang zur militärischen Eingliederung unter die Siegermächte. Kanzler und Generale zogen daher an einem Strang, die Westintegration politisch zu verwirklichen, weil nur auf diese Weise die Souveränität des Staates mit der Existenz eines neuen Militärs gekoppelt werden konnte. Die realistisch-pragmatischen Konsequenzen der Westbindung fanden wenig Widerspruch unter den Repräsentanten der ehemaligen Wehrmacht. Die Wiederbewaffnung verfestigte die Teilung und die Ausrichtung nach Ost und West. In Bonn wiesen machtpolitische Kategorien den Weg in den «Westblock». Damit wurden die Denkmuster des Ostfeldzugs und des traditionellen militärischen Milieus leichter akzeptabel. Deshalb wurde die alte Elite der Wehrmacht gebraucht. Aber diese Gruppe im Militär hatte sich, wie Ralf Dahrendorf kritisch bemerkte, nicht ausreichend auf «die Verfassung der Freiheit» vorbereitet.[11] Es kam zu Belastungen, da die Wertebindung der «Westernisierung» im Militär umstritten blieb. Es ist daher ein beachtliches Zeichen, dass es der politischen Kultur der noch ganz jungen Bonner Republik im Parlament gelang, wenigstens formal die Regeln des demokratischen Rechtsstaats für die Bundeswehr verbindlich zu verfolgen.

Die Bundeswehr existierte in der doppelten internationalen Signatur: Die Westmächte organisierten es über die Westintegration sicherheitspolitisch, die Bonner Republik fest einzubinden und – für alle Fälle – ein System der Kontrolle zu errichten, und sie verlangten innenpolitisch eine demokratische Regelung, um für alle Zukunft das zu verhindern, was als typisch für das deutsche Militär und die Übersteigerung des Militärischen galt. Dafür sollte eine umfassende Reform sorgen. An diese Dimension der Westintegration knüpfte die von Baudissin getragene Idee der Militärreform an. Natürlich ging es dabei weniger um die militärische Auswertung der Niederlage, um mit den Lehren aus kriegerischen Misserfolgen das neue Militär zu optimieren, sondern es ging um politische Wertsetzungen. Das historische Beispiel erleichterte die Orientierung. Überwanden zu Beginn des 19. Jahrhunderts die Stein-Hardenbergschen Reformen die absolutistische Abhängigkeit und gewährten bürgerliche, individuelle Rechte und Freiheiten, so vollzog Scharnhorst die entsprechende Übertragung auf das Militär, damit «Staatsbürger in Uniform» dem Monarchen dienen konnten.

Entsprechend versuchte Baudissin zu Beginn der fünfziger Jahre des 20. Jahrhunderts gemäß tradierten, legitimierenden Prinzipien in ähnlicher Weise fundamental Neues für das Militär zu entwickeln. Das hieß: Die politische Ethik des Grundgesetzes sowie das Verständnis der deutschen politischen und militärischen Geschichte erzwangen die produktive Umformung für die Bundeswehr.[12] Baudissin zog seine historischen Lehren und nahm für sich in Anspruch, diese Tradition Scharnhorsts fortzuführen. Im historischen Verständnis bot sich nach 1945 der Wertekanon der Demokratie an. Der Bezug auf Scharnhorst erweckte die verschütteten Traditionslinien liberal-freiheitlicher Prinzipien zu neuem Leben, damit die bürgerliche Gesellschaft im Militär Geltung fände. Beide sollten – so Scharnhorst – miteinander versöhnt werden oder – so Baudissin – das Militär sollte kongruent mit der Staats- und Gesellschaftsverfassung sein. Baudissin, dieser Spiritus Rector der Militärreform, erkannte ebenso faszinierend wie genial die Zeichen der Zeit und stellte sich im schwierigen Prozess der allgemeinen Demokratisierung der Republik als Wortführer an die Spitze jener Kräfte, die das Militär auf den Kurs der Erneuerung brachten.

Die eingangs geschilderten Episoden aus der Gründungsphase der «neuen Wehrmacht» weisen auf Strukturen und Prozesse von Dauer, auch wenn es nur Momentaufnahmen sind. Von Adenauer gingen die Impulse aus, die Kontakte zu knüpfen, um als Zeichen der Staatlichkeit Streitkräfte aufzustellen. Minister Kai-Uwe von Hassel verabschiedete ihn daher am 12. Oktober 1963 mit den

Worten, dem «Schöpfer und Vater der Bundeswehr» mit einer großen Feldparade die Ehre zu erweisen. Es hatte sich in den fünfziger Jahren eingebürgert, von der «neuen Wehrmacht» zu sprechen. Erst in der parlamentarischen Auseinandersetzung kam bei der abschließenden Lesung des Soldatengesetzes im Februar 1956 der informelle Konsens zustande, die Streitkräfte der Bundesrepublik Deutschland «Bundeswehr» zu nennen. In diesem Gründungsjahr fallen Eigentümlichkeiten auf, die en miniature wichtige Einblicke in die Geschichte der Bundeswehr bieten. Die Delegitimierung der Vergangenheit war ebenso selbstverständlich wie eine ‹saubere› Wehrmacht in Reden und Symbolen präsent. Die Bundeswehr erblickte mit einem Konstrukt, einem künstlichen Bild von der Wehrmacht das Licht der Welt. Der Primat des Staates und der Politik wurde ganz traditionell durch Kanzler und Minister verdeutlicht, während Parlament und Ziviles außen vor blieben. Die Militärreform unter dem Begriff der «Inneren Führung» wurde von Politik und Militär nachrangig eingeordnet. Die Siegermächte beobachteten diese Anfänge der deutschen Soldaten genau und wachten im NATO-Bündnis sorgsam über sie.

Im Moment der Gründung dieser Streitkräfte wirkte vieles gleichzeitig: Konzepte, Strukturen und Ideale waren von einer Gemengelage von Divergenz, Polarisierung und Intrigen hinter den Kulissen bestimmt; Pragmatismus war nicht das rechte Mittel, um die abweichende Mehrheitsideologie des militärischen Traditionalismus zu schlichten; die Identifikation mit der Republik als Nation fiel schwer. Fortschritt und Integration des Unzeitgemäßen umgaben manches. Diese Transformation des Militärs von der Diktatur zur Demokratie vollzog sich auf einem weiten, unübersichtlichen Feld. Die Geschichte der Bundeswehr bewegte sich in diesem Paradigma des Anfangs. Doch die Gewichte waren so verteilt, dass die Bundeswehr schließlich in der Normalität der Bundesrepublik ankam.

Es besticht die epochale Zäsur. Der Zusammenbruch des NS-Staates als Folge der vollständigen militärischen Niederlage im Jahre 1945 beendete faktisch alle Illusionen über einen deutschen Sonderweg. Potsdam lehrte: Die Frage des Militärs sollte in der Bonner Republik nie mehr eine Sache der Deutschen allein sein.

Die Alliierten sorgten dafür, dass über die Westintegration die für die übrige Welt bedrohlichen deutschen Machtansprüche und -potentiale gezähmt wurden. Allein Umkehr und Erneuerung boten Sinn- und Identitätsstiftung für die zweite deutsche Republik, so auch für ihr Militär. Daran erinnert dieses Datum bis in die Gegenwart, wie es Richard von Weizsäcker zusammenfasste: «Aber wir haben allen Grund, den 8. Mai 1945 als das Ende eines Irrweges deutscher Geschichte zu erkennen, das den Keim der Hoffnung auf eine bessere Zukunft barg.»[13] In diesem Sinne ist der Gründungstag der Bundeswehr, dieser auf das Jahr 1945 bezogene 12. November 1955, symbolträchtig ein Tag der Zukunft. Aus ihm entspringt die Hoffnung, die «neue Wehrmacht» als Instrument staatlicher Macht zu einer besseren, zu einer demokratisch geprägten Gestalt des Militärs der Bundesrepublik, zur Bundeswehr, zu entwickeln.

***

Die Geschichte der Bundeswehr, das zeigt der Einstieg in das Jahr 1955 nur allzu klar, begann nicht mit einer Gründungsfeier, von der aus sich alles strahlenförmig nach vorne – in die Zukunft – entwickelt hätte. 1955 war vielmehr ein Datum mit historischem Bezug, der im Wesentlichen drei Perspektiven entfaltete und damit in dreierlei Hinsicht die Gestalt der Bundeswehr auf Dauer erfasste. Wie der noch unbestimmte Name der Streitkräfte, «neue Wehrmacht», schon zeigte, war sie mit der deutschen Geschichte aufs Engste identifiziert: mit der Geschichte der militärischen Vorgänger wie der Wehrmacht ganz offensichtlich. Ihre Kapitulation im Jahr 1945 aber gewährte dem zweiten Zugang, nämlich der internationalen Koalition der Siegermächte, die Chance sich durchzusetzen. Sie begleiteten und kanalisierten auf Dauer Richtung und Entwicklung der Bundeswehr. Die dritte Perspektive schließlich begründete die Demokratisierung des Militärs, das sich den rechtsstaatlichen und freiheitlichen Idealen des Grundgesetzes unterwerfen mußte. Alle diese drei immer wieder miteinander verwobenen Perspektiven und Positionen, Bezüge oder Bedingungen waren von Beginn an grundlegend erkennbar. Die Bundeswehr stand nicht nur lose in der Kontinuität der deutschen Geschichte, sondern sie war in einem politischen Verständnis spannungsvoll mit den Lehren aus der europäischen Geschichte konfrontiert. Das forderte die Bundeswehr geradezu existenziell heraus.

Im Jahr 1955 war manches, was die spätere Entwicklung tatsächlich bestimmen sollte, noch ungewiss. Aber die Elemente, die dem Militär der Bundesrepublik Gestalt und Struktur gaben, Form und Wandel ermöglichten und Konflikte und Krisen auslösten und schließlich auch wieder auflösten, sind in diesem Gründungsjahr bereits bekannt. Dieser Dreiklang – Geschichtsbezug, Internationalisierung, Demokratie – durchzieht die gesamte Geschichte der Bundeswehr, sicherlich zu einzelnen Zeitpunkten unterschiedlich wirksam, mal mit jenem Ton bestimmend und harmonisch oder mehr dissonant klingend. Daher folgt die vorliegende historisch-politische Analyse diesem Dreiklang, wenn die Sicherheits- und Militärpolitik dargestellt wird. Die «Geschichte der Bundeswehr» bezieht in entsprechendem Maße die Außen- und Bündnispolitik ein, die gesellschaftlichen Forderungen an und Diskurse über das Militär, damit die vielfältigen Entwicklungen innerhalb der Bundeswehr selbst angemessen verständlich werden. Einzelne Phasen der militärischen Geschichte der Bonner und Berliner Republik lassen sich unterscheiden, die einen jeweils charakteristischen Widerhall jenes Dreiklangs einfangen, der allerdings, wenn er in einer Phase angeschlagen wurde, auch in der folgenden Zeit noch weiterklang. Somit bieten die hier vorgestellten Phasen nur eine relative und keine absolute Gliederung, die nicht starr zu verstehen ist, sondern nur helfen soll, das komplexe historische Geschehen zu ordnen.

Die «Geschichte der Bundeswehr» zu schreiben konnte nur gelingen, weil jahrelange und intensive Archivstudien zu Einzelfragen der Streitkräfte – von der Bildungspolitik bis zur Atombewaffnung – im Bundesarchiv Militärarchiv (Freiburg/Br.) vorausgingen. Soweit es möglich war, wurde in den Anmerkungen jedoch auf Literatur verwiesen, weil sie für den Leser leichter zugänglich ist. Ergänzend wurden Materialien und Nachlässe des Instituts für Zeitgeschichte (München) herangezogen, damit das Geschehen voller illustriert und verdeckte Hintergründe eindeutiger benannt werden konnten. Für die Einordnung konkreter Ereignisse und die Bewertung langfristiger Trends dieser «Geschichte der Bundeswehr» haben Kollegen, die in der Bundeswehr, in Publizistik und Wissenschaft sich mit dem Militär der Zeit nach dem Kriege auseinander gesetzt haben, einen Beitrag geleistet, der mir wichtig war und für den ich Bernd C. Hesslein, Jakob Knab, Jürgen Rose und Winfried Vogel herzlich danke. Natürlich haben Erörterungen und Erfahrungen in der Bundeswehr, am Zentrum Innere Führung (Koblenz), an der Führungsakademie der Bundeswehr (Hamburg) und am Sozialwissenschaftlichen Institut der Bundeswehr (früher München, nun Strausberg) meine Kenntnisse bereichert; ebenso die Mitarbeit am Institut für Friedensforschung und Sicherheitspolitik an der Universität Hamburg unter ihren Direktoren Wolf Graf von Baudissin, Egon Bahr und Dieter S. Lutz. Mein besonderer Dank gilt den dortigen Kolleginnen und Kollegen, die mit Engagement und Fachlichkeit einen Anteil an der Erforschung der deutschen Sicherheitspolitik und der Entwicklung der Bundeswehr geleistet haben.

I.
Begründung des Staates durch Macht (1949–1969)

Frühe Anfänge und keine Stunde Null

«Die Bundesregierung erklärt ferner ihre feste Entschlossenheit, die Entmilitarisierung des Bundesgebietes aufrechtzuerhalten und mit allen ihr zur Verfügung stehenden Mitteln die Neubildung irgendwelcher Streitkräfte zu verhindern.»[1] Das erste internationale Abkommen der Bundesrepublik vom November 1949 setzte auf die Kontinuität der in Potsdam im August 1945 verabredeten Politik der Siegermächte für die Besatzungszonen, Kontrolle und Demilitarisierung strikt durchzuführen und mit Demokratisierung und Integration die Chancen einer freiheitlichen Entwicklung anzubieten. In diesem Petersberger Abkommen verbrieften die Westmächte Bundeskanzler Konrad Adenauer daher auch das Recht, internationalen westeuropäischen Organisationen beizutreten.

Die internationale Machtordnung war der Bundesrepublik vorgegeben und wurde von der Politik respektiert. Jede autonome nationale Machtpolitik war 1945 an ihr Ende gekommen. Ost und West vereinte die Auffassung, jede Machtbesessenheit der Deutschen zu verhindern.[2] Als Eindämmung bezeichneten die Amerikaner diese Politik, den Becher der Niederlage bis zur Neige leeren, nannte es Premierminister Winston S. Churchill. Schon 1945 war diese Devise mit dem Angebot für die Zukunft verbunden, Deutschland werde «zu gegebener Zeit seinen Platz unter den freien und friedlichen Völkern der Welt» einnehmen.[3] Die Alliierten des Krieges verfochten mit Entschiedenheit ihre Vormachtstellung, ihre Suprematie. Dies zeigte auch das Besatzungsstatut, das am Tag nach der Konstituierung der Bundesregierung am 21. September 1949 in Kraft trat, unmissverständlich. Es wurde die Stunde des Kanzlers, dem damit wichtige Handlungsspielräume für die internationalen Kontakte bis 1955 privilegiert zufielen. Außen- und Sicherheitspolitik – zugleich Mittel und Zweck der Westintegration – zeigen Weisheit und Enge von Adenauers Politik: Sicherheit für Westdeutschland im (westlichen) System der Sicherheit vor Deutschland – ein genialer Gedankenstreich.

Bereits in der ersten Regierungserklärung im Bundestag am 20. September 1949 stellte er seinen Ansatz ein wenig abstrakt und verklausuliert vor. Adenauer erklärte in Bezug auf Artikel 24 des Grundgesetzes, der Bund werde Hoheitsrechte übertragen und sich «zur Wahrung des Friedens im System gegenseitiger kollektiver Sicherheit» einordnen.[4] Hier zeigte sich die Strategie, das deutsche Bedürfnis nach staatlicher Unabhängigkeit mit den Interessen der Besatzungsmächte zu verbinden. Diese reagierten wenig später. In der Präambel des Petersberger Abkommens wurde die Perspektive eröffnet, Deutschland auf der Grundlage gegenseitigen Vertrauens als «friedliebendes Mitglied in die europäische Gemeinschaft einzugliedern». Ganz früh bereits wurde das militär- und sicherheitspolitische Paradigma der kommenden Jahrzehnte erkennbar: deutsche Integration und Internationalisierung als alliiertes Mittel der Kalkulierbarkeit und Kontrolle. Die gesetzten Grenzen waren sensibel einzuhalten. Die Politik verstand es, sich geschmeidig in die westliche Welt einzuordnen. Damit wurde eine Kultur der Zurückhaltung begründet. Der rheinländische Kanzler zog die Grenzen seiner Politik an der Elbe.

Ganz in diesem Sinne ging der Kanzler erstmals am 3. Dezember 1949 an die Öffentlichkeit und sprach in einem Interview mit einem amerikanischen Provinzblatt aus, was vier Jahre nach Kriegsende in vielen Ohren ungeheuerlich klang, nämlich dass die Bundesrepublik einen militärischen Beitrag zu einer europäischen Armee leisten könne.[5] Gerade hatte Franz Josef Strauß noch seinen Wahlkampf mit dem Slogan geführt, der Arm eines jeden Deutschen möge verdorren, der jemals wieder ein Gewehr in die Hand nehme. Der Kontrast konnte nicht schärfer ausfallen. Dieses Beispiel illustriert Adenauers Konzept, durch eine aktive Politik der Westintegration Handlungsfähigkeit und Souveränitätsgewinn zu erlangen und sich nicht auf pragmatische Ad-hoc-Lösungen begrenzen zu lassen. Im Gegenteil: Er verband die Vision einer optimierbaren Revision der Besatzungsverhältnisse mit der Dynamisierung der europäischen Integration. Sie leitete den Prozess des «nation building» der Bundesrepublik und formte gewissermaßen die außenpolitische Staatsräson: Gleichsetzung der Sicherheit mit außenpolitischer Orientierung und der staatlich-nationalen Existenz mit internationaler Verflechtung.

Die Verhandlungen um einen Militärbeitrag seit 1949 offenbaren das Grundmuster des wechselseitigen Nutzens der Politik Adenauers, jenes «do ut des», das eine aktive Mitwirkung an der westlichen Blockbildung zusicherte und zugleich westdeutsche Handlungsfreiheit von den Besatzern zu erreichen suchte. Die Aufstellung von Streitkräften war mit dem 3. Dezember 1949 offen auf die Agenda der internationalen Politik gesetzt worden. Damit war der Rubikon der Tabuisierung überschritten. Offiziere der Aufbaugeneration der Bundeswehr erkannten darin einen historischen Wendepunkt und setzten die Vorgeschichte der Bundeswehr mit diesem Datum an.[6]

Adenauer hatte die Brücke zur Elite der ehemaligen Wehrmacht früh geschlagen. Schon im Oktober 1945 brachte er die sicherheitspolitische Bedrohung auf den Punkt: «Asien steht an der Elbe.»[7] Als Grundmuster der fünfziger Jahre stellte sich bald ein, das «Abendland» müsse gegen den «Bolschewismus» verteidigt werden. Es stimmte mit der Selbstdeutung des Militärs überein, die Wehrmacht aus der Klammer der Anklage des Eroberungskrieges und der Kriegsverbrechen zu befreien. Die Soldaten hätten nur ihre Pflicht getan. Unter dem Eindruck des sich entfaltenden Kalten Krieges gelang es, im Blick auf die aktuelle Konfrontation zwischen Washington und Moskau Kontinuitätslinien vom Ostfeldzug gegen die Sowjetunion zur deutschen Lage der Nachkriegszeit zu ziehen und die Vergangenheit zu exkulpieren, ja sogar zu sanktionieren.[8] So mochten Militär und Politik ihre Rolle finden. Der Preis dafür lag in einer Vergangenheitspolitik, an der die Nachkriegsgesellschaft noch lange zu tragen hatte.

Adenauer hatte sich für diese Aufgabe mit militärischer Expertise gut gerüstet. Nachdem sich allmählich führende Repräsentanten unter den über 3000 ehemaligen Generalen und Admiralen der

Wehrmacht herausgeschält hatten, wurden Kontakte geknüpft. Seit 1947 hatten sich unter größter Diskretion private Gesprächsrunden politischer und militärischer Fachleute organisiert. Unter wohlwollender Duldung der amerikanischen und britischen militärischen Geheimdienste wurden die Treffen sogar institutionalisiert, sodass beim Zusammentreten des Parlamentarischen Rats 1948 Politiker aller Couleur involviert waren, unter ihnen Theodor Heuss, Carlo Schmid, Hans Ehard, Gebhard Müller oder Eberhard Wildermuth – und natürlich Konrad Adenauer.[9] Ihnen gegenüber hatten sich als militärische Sprecher in Führungsfunktion Adolf Heusinger und Hans Speidel gezeigt. Gerade sie fertigten für Adenauer Studien und Memoranden zur «Sicherheit Westeuropas», denen die wirkliche wie dramatisierte Bedrohung durch die Sowjetunion zugrunde lag. Das entsprach der öffentlichen Wahrnehmung und passte deutsche machtpolitische Interessen in die internationale Lage ein. Schon früh fand sich das Konzept einer Remilitarisierung Westdeutschlands, das damals aus Länderregierungen unter den Militärregimes der amerikanischen, britischen und französischen Besatzungszonen bestand. Speidel forderte im Juni 1948 «Panzertruppen (...) anstelle der Besatzungstruppen». In einer speziell für Adenauer wenige Monate später angefertigten Studie ging es schon konkreter um «motorisierte, modern bewaffnete und ausgerüstete Einheiten, mit panzerbrechenden Waffen und mit Panzern» für Westdeutschland unter amerikanischem Oberbefehl.[10] Es gab ein beachtliches militärisches Netzwerk, das beratend tätig war, wie das «Ebenhauser Memorandum» zeigte, das sich als «ultramodern» verstand und Adenauer den Plan zur Aufstellung von Panzerbrigaden empfahl. Einer der jüngeren Experten in Sachen Aufrüstung, Johann Adolf Graf Kielmansegg, der schon 1945 den Briten eine Studie zur Fortführung des Kampfes gegen die Sowjetunion übergeben hatte, mahnte zur Vorsicht und warnte den Verfasser des Memorandums und ehemaligen Inspekteur der Panzertruppen, Leo Geyr von Schweppenburg, vor dem Risiko, offen über eine «aktive Einbeziehung Deutschlands in die Verteidigungsmaßnahmen Europas» zu sprechen; vor allem solle man das Wort Remilitarisierung vermeiden.[11]

Von anderer Statur war Gerhard Graf von Schwerin, der die Führung der Wehrmacht schon unmittelbar nach Kriegsende scharf kritisiert hatte. Er warf ihr «blutigen und tragischen Dilettantismus» vor und äußerte bei den Besatzern 1948 seine Bereitschaft zur Mitarbeit.[12] Schließlich pflegte der Kreis um Reinhard Gehlen, den einstigen Nachrichtengeneral für den Osten mit seinen bekanntermaßen schillernden Erkenntnissen, beste Beziehungen zum späteren Kanzler. Ein vielfältiges Spektrum einer «security community», das hier nur angedeutet werden kann, tat sich hinter den Kulissen der Öffentlichkeit schon lange vor Gründung der Bundesrepublik auf. Diese informellen und verdeckten Erörterungen fanden in einer Grauzone der Politik statt. Tatsächlich ventilierten Politiker und Generale der ersten Garnitur, lange bevor sie staatliche Ämter bekleideten, die Aufrüstung als politisches Thema. Immerhin soll die erste Denkschrift aus der Feder Speidels bereits im November 1945 an Adenauer gegangen sein.[13] Mit der Gründung der Bundesrepublik 1949 gewann die Aufstellung von Streitkräften realistische Perspektiven.

Die amerikanischen Militärs waren nicht untätig geblieben. Sie hatten auf der Arbeitsebene der Experten mit der deutschen militärischen Elite eine eigentümliche Kooperation begonnen und bauten 1946 eine Organisation auf, in der Hunderte von Generalstabsoffizieren den gerade geführten Weltkrieg auswerteten. Bemerkenswert schnell zeigten sich die Deutschen bereit, antiwestliche Aversionen gegenüber dem Feind von gestern beiseite zu legen. Aufgabe der deutschen Sektion der «Historical Division» war es, Strategie und Taktik, Operationen und Organisation sowie Normen und Motive des gerade geführten und verlorenen Ostfeldzugs zu analysieren und zu dokumentieren. Die leitende Rolle übernahmen der prominente Generaloberst Franz Halder und Generalfeldmarschall Erich von Manstein.[14] Sogar ausgewiesene Nationalsozialisten brachten ihr Expertentum in diese Kooperation ein, da sie nicht mit dem Makel der Kollaboration behaftet war. Eine Kontinuität des militärischen Fachwissens bahnte sich an.

Ein Nebeneffekt dieser geheimen Stabsarbeit war, dass der ‹Mythos Wehrmacht› weiter durch eine idealisierte Pflicht-, Kampf- und Opfergesinnung des Ostfeldzugs begründet wurde, um die scheinbar rein handwerkliche Effizienz der Leistung der Stäbe und Truppe zu unterstreichen.[15] Dies trug zu einer stillschweigenden Entnazifizierung der Wehrmacht bei, die weder politisch verstrickt schien noch das NS-System vollstreckt habe. Auf dieser Ebene wurde unterstrichen, was einige dieser Prominenten gegen die Anklagen auch vor dem Nürnberger Militärtribunal vorbrachten, nämlich «dass das Heer gegen Partei und SS eingestellt gewesen sei, nahezu alle wichtigen Entscheidungen Hitlers missbilligt und gegen Kriegsverbrechen opponiert hatte».[16] Daneben trat ein weiterer Effekt auf. Die Übereinstimmung, die Bedrohung aus dem Osten mit den bewährten Einsatzdoktrinen zu bekämpfen und gemeinsam mit den Amerikanern der stärksten Militärmacht, der Roten Armee, zu widerstehen, erleichterte die freiwillige Amerikanisierung dieser Vertreter der deutschen Militärelite. Die Kooperation begünstigte eine frühe Assimilation. Unter diesen Umständen schien es keine Schwierigkeiten mehr zu bereiten, den nationalen Status einer deutschen Armee aufzugeben. Dieser offenkundige Bruch mit der Militärtradition war ebenso revolutionär wie faszinierend.[17] Schließlich gewannen das amerikanische und britische Militär auf diese Weise Einblick in das Denken des deutschen und, was wohl für sie das Wichtigste war, sie konnten sich ein Urteil über die Verlässlichkeit dieser kooperationswilligen Militärs bilden.

International wurde an der Ausgestaltung der Politik der Eingrenzung gefeilt. Dieses Ziel galt unbestritten für ganz Deutschland, für Ost und West. ‹Potsdam› ordnete die Besatzungszonen zu. Die amerikanische Verwaltung unter Leitung des Militärgouverneurs Lucius D. Clay hatte das Heft des Handelns – auch gegenüber den Alliierten in London und Paris – längst in die Hand genommen. Die Teilung des Landes im System des Kalten Krieges wurde in Schritten erkennbar. Ein «Eiserner Vorhang» senkte sich, wie Churchill am 5. März 1946 in Fulton/USA anlässlich der Erneuerung der «splendid relationship» zwischen den anglo-amerikanischen Staaten erkannte, quer durch Europa, trennte Kulturen, Sprachen, Traditionen, um Interessensphären nach Ost und West auszurichten.[18] Die beiden Supermächte bestimmten eine bipolare Welt. Je stärker die Abgrenzung an der Schnittfläche ihrer Einflussbereiche in Europa offenkundig wurde und Angst oder Bedrohung die politischen Perzeptionen in ein simplifizierendes Schwarz-Weiß-Schema pressten, desto mehr konnte die ordnungspolitische Symmetrie den europäischen Binnenraum in Richtung Ost und West stabilisieren. Das war in Deutschland der Fall. Als der amerikanische Präsident Harry S. Truman am 12. März 1947 die mit seinem Namen verbundene außenpolitische Doktrin der Sicherung der westlichen Freiheit mit militärischer Macht verkündete, gewann die Politik der Eindämmung eine neue Qualität für die internationale Konfrontation. Damit waren die Würfel für die Zukunft der westlichen Besatzungszonen gefallen. Aber alle Entwicklung braucht ihre Zeit.

Das System der Kontrolle der Deutschen war ja noch längst nicht entworfen, geschweige denn etabliert. Die tiefgreifenden Vorbehalte gegen deutsche Soldaten und Waffen blieben international ungebrochen bestehen. Sie hatten in Jalta und Potsdam ihre Sprachregelung erhalten, an deren weiterer Verbindlichkeit niemand, unabhängig von der sich anbahnenden globalen antagonistischen Aufspaltung der alliierten Kriegskoalition, zweifelte. Eine historische Bedrohung durch deutsche Militärpotenziale sollte sich nicht wiederholen können. Ganz in diesem Sinne wurde am 17. März 1948 in Brüssel von Großbritannien, Frankreich und den Benelux-Staaten ein kollektiver Sicherheitsvertrag unterzeichnet. Sie sagten sich für den Fall einer «Wiederaufnahme einer deutschen Angriffspolitik» gegenseitig automatischen militärischen Beistand zu. Diese erste Version einer «Westeuropäischen Union» (WEU) gab das Signal, dass sich das westeuropäische Vorfeld jenseits der Demarkationslinie der Sowjetunion formierte. Immerhin stimmten die WEU-Staaten und die USA auf der folgenden Londoner Konferenz der Gründung eines westdeutschen Staates zu. Sicherheit vor Deutschland dominierte die Politik noch lange, daran mahnten die Ruinen in ganz Europa. Vertrauen mußte erst noch erworben werden.

Das System des «transatlantic bargain», der sicherheitspolitischen Bindungen über den Atlantik hinweg, gewann allmählich konkrete Gestalt. Der britische Außenminister Ernest Bevin schlug im Dezember 1947 ein atlantisches Sicherheitssystem der WEU-

Staaten in Verbindung mit den USA und Kanada vor. Die NATO, deren Gründungsstatut am 4. April 1949 unterzeichnet wurde, entsprach ganz dem Aufbruch, den Präsident Truman mit seiner Doktrin zur Formierung und Stabilisierung des Westens in Europa initiiert hatte. Dieses Bündnis sollte das wirksamste außen- und sicherheitspolitische Instrument der USA im 20. Jahrhundert werden. Entwicklung und Zukunft deutscher Streitkräfte wurden aufs Engste mit den Vertragssystemen der NATO und der WEU verknüpft. Sie sollten der Bundeswehr ihre eigene internationale Bindung geben. Doch bis dahin brauchte es noch viel Zeit und politische Fantasie, um das Werk konkret auszugestalten. Als die Bundesrepublik gegründet wurde, waren die Besatzungsmächte jedenfalls auf eine kontrollierte militär- und sicherheitspolitische Entwicklung dieses Landes gut vorbereitet.

Mit dem Erlass des Besatzungsstatuts im Herbst 1949 hatten die Westmächte das aus der «occupatio bellica» resultierende Regime des Kriegsrechts formalisiert und die Bundesrepublik aufs Gleis Richtung Westen gesetzt. Es war der erste Akt, Besatzungsrechte zu übertragen. Nicht mehr Generale der Kriegsalliierten mit militärischen Apparaten übten von nun an die Gewalt aus, sondern politische Hohe Kommissare übernahmen die Vertretung der Interessen ihrer Länder. Das beeinflusste die schon gut harmonisierte militärische Kooperation nicht unwesentlich, betonte die amtliche Politik doch erneut die Gültigkeit von ‹Potsdam›, wonach «jede Tätigkeit, die Theorie oder die Technik des Krieges zu lehren», verboten war.

Der Kanzler allerdings nutzte seine einzigartige Stellung. Bis 1955 übte er alle nationalen Kompetenzen für Außenpolitik, Sicherheit und die Kontakte zu den Besatzungsmächten aus – eine institutionell privilegierte Macht. Zu Recht hat Arnulf Baring diese Lage mit den Worten charakterisiert: «Im Anfang war Adenauer.»[19] Der Primat des Kanzlers war unbestritten. Er richtete sich in seinem gefürchteten wie respektierten autokratischen Stil im Regierungssystem der Bonner Republik ein und glänzte durch seine scharfzüngig eingebrachte Definitionsgewalt der Politik. Adenauer baute die militärische Kompetenz sehr behutsam auf. Mit Beginn des Jahres 1950 setzte er den ersten Eckstein. Er berief

Gerhard Graf Schwerin ins Kanzleramt – nicht ohne sich vorher abgesichert zu haben. Empfindlichkeiten aller Art waren zu berücksichtigen. Der herausragende Panzergeneral war gegen den Vorwurf gefeit, mit dem NS-Regime sympathisiert zu haben, da seine Familie aktiv am 20. Juli 1944 am Aufstand gegen Hitler beteiligt war. Marion Dagmar Gräfin Dönhoff gab die eine Empfehlung, Sir Brian Robertson, der britische Hohe Kommissar, die andere. Eine bessere Legitimation konnte Adenauer für «einen militärischen Berater in Sicherheitsfragen» nicht bieten.[20] Das «Büro Schwerin» wurde Monate später in «Zentrale für Heimatdienst» umfirmiert. Sicherheitspolitik wurde verdeckt organisiert. Der amerikanische General George Hays, der Stellvertretende Hohe Kommissar, war zwecks Feinabstimmung die Adresse fast täglicher Besuche von Schwerin, aber auch von Heusinger und Speidel.

Daneben organisierte sich Adenauer noch eine informelle Beratung. Natürlich rangierten Heusinger und Speidel ganz oben auf der Liste, gefolgt von Gehlen, Manstein, Friedrich Ruge, Hermann Foertsch, Hasso von Manteuffel und vielen anderen. Speidel, Manstein und Manteuffel galten als inoffizielle Sprecher der ehemaligen Generale. Sie behielten hinter den Kulissen große Bedeutung und nahmen erheblichen Einfluss auf die Ausrichtung der Militärpolitik bis hin zur späteren Wehrgesetzgebung. Tatsächlich legitimierten sie die militärische Kooperation der ehemaligen Generalität mit der Bonner Regierung. Immerhin hatte sogar Schwerin sich vor Übernahme seines Amtes im Kanzleramt die Zustimmung von Speidel eingeholt, um Rückhalt in führenden Generalskreisen zu erhalten.

Schon bald tauchte ein Problem auf. Es hatte mit der Vergangenheit dieser Personen in der Wehrmacht zu tun. Alle arbeiteten in diesen Jahren mit der «Historical Division» oder der Organisation Gehlen, dem Spionagedienst der Wehrmacht («Fremde Heere Ost»), zusammen, aber tatsächlich war die berufliche Herkunft aus dem Oberkommando des Heeres oder der Wehrmacht bestimmend. Sie hatten zumeist nur geringe infanteristische Erfahrungen gesammelt, da sie ihre Karriere in leitenden Stäben des Ostfeldzugs gemacht hatten. Persönlich wurde ihnen vorgehalten, weder im Frieden einen Großverband ausgebildet noch «im Krieg einen Verband in eigener letzter Verantwortung auf dem Schlachtfeld geführt» zu haben.[21] Dieses Urteil ist bedenkenswert, kam es doch von einem bekannten ehemaligen General der Panzertruppen und galt für die Mehrheit. Aber tatsächlich wurden Truppenführer und eben auch Panzerexperten zu wenig berücksichtigt. Ein massiver militärinterner Konflikt trat wie in der Weimarer Republik auf, als der Generalstab des Ersten Weltkriegs keine Frontoffiziere in die Reichswehr aufgenommen hatte. Hinter dieser Kontroverse verbergen sich militärpolitische und ideologische Gegensätze, die in der vergröbernden Bezeichnung erkennbar werden: Schleicher-Clique, OKH-Bruderschaft oder Bendlerstraße.

Daneben tauchte ein neues Problem dieser Gruppe auf. Es hatte eine andere Dimension, wie eine Beobachtung von Schwerin verdeutlicht. Denn sie erhoben den Anspruch, «als Keimzelle des Führungsstabes der neuen deutschen Wehrmacht zu gelten», ohne dass es eine Rolle spielen sollte, dass viele «treue Anhänger Adolf Hitlers und seiner militärischen Machtpolitik gewesen (...) und bis zum bitteren Ende der Fahne des nationalsozialistischen Regimes gefolgt» waren. Sie würden noch weiter gehen und ihre damalige Tätigkeit als ehrenhaft und sauber hinstellen, aber «diejenigen Offiziere und Soldaten als Landesverräter diffamieren, (...) welche der Organisation des 20. Juli nahe gestanden haben und aktive Gegner des NS-Regimes gewesen sind».[22] Ihnen, den «Eidbrechern», wurde die Ehre abgeschnitten. Damit war auf den Punkt gebracht, wie und warum die Ablehnung des Widerstands des 20. Juli über manch einen aus dem damaligen inoffiziellen Beraterkreis des Kanzlers in Bonn akzeptabel wurde.

Adenauer hatte sich professionell darauf vorbereitet, als Kanzler den Staat mit Macht auszustatten. Die alte Militärelite hatte sich ausgesprochen pragmatisch angepasst, sodass ihr wieder ein Part in der Politik zugebilligt wurde. Von den militärischen Vertretern der Besatzer akzeptiert, nahm sie in Bonn eine mächtige Stellung bei Planung und Aufbau der Streitkräfte ein. Diese Konstellation gefährdete gleichwohl nie die Schlüsselrolle des Kanzleramts. Hier war der Ort, die Leitlinien der Sicherheitspolitik zu bündeln.

Geheime Planung zur Aufrüstung

Die deutsch-alliierten Gespräche über Grundzüge der Aufrüstung kamen nach Beginn des Korea-Krieges voran. Schwerin erhielt Anfang August 1950 von der Hohen Kommission die Zustimmung, das Kabinett könne offiziell Fragen der äußeren Sicherheit beraten und Experten der ehemaligen Wehrmacht für die Erarbeitung entsprechender Grundlagen heranziehen. Adenauer handelte sofort. Am 10. August 1950 legten Hermann Foertsch, Heusinger und Speidel für den Kanzler ein Konzept zur äußeren Sicherheit im Bündnis vor. In der Annahme, Westdeutschland werde seine Sicherheit «nie aus eigener Kraft» gewährleisten, legten sie den Entwurf für den «Wiederaufbau einer deutschen Wehrmacht» als «Kontingent im europäisch-atlantischen Verteidigungsrahmen» vor.[23] Am 17. August stimmte Adenauer in Besprechungen mit den Hohen Kommissaren auf dem Petersberg dem Plan einer europäischen Armee zu. Am 29. August wurde in einem Memorandum die politische Linie Adenauers konkretisiert, die «Wiederherstellung der Souveränität» in einem «System vertraglicher Abmachungen» zu regeln, um die Bundesrepublik an der «gemeinsamen Verteidigung Westeuropas» zu beteiligen.[24]

Das offizielle Startzeichen für internationale Verhandlungen über die Aufstellung westdeutscher Streitkräfte fiel am 29. August 1950 durch den amerikanischen Hohen Kommissar, John McCloy. Adenauer übergab zwei Denkschriften, in denen das kardinale Junktim der Bundesregierung aufgestellt wurde: Gewährung der politischen Gleichberechtigung durch Übernahme eines Beitrags zur westlichen Verteidigung. Das heiße Eisen «deutsches Militär» und die Souveränität der Bundesrepublik standen beim Treffen der drei westlichen Außenminister in New York auf der Agenda.[25] Den Durchbruch erzielten sie, als sie am 19. September eine vollständige Sicherheitsgarantie für die Bundesrepublik und Berlin (West) abgaben und sich für eine «deutsche Beteiligung an einer integrierten Streitmacht zur Verteidigung der Freiheit» aussprachen.[26] Frankreich hatte gezögert, freie Hand für direkte Schritte zu geben. Doch Adenauers Initiativen – ein «Ausweis für die Dringlichkeit», die er der Aufstellung von Streitkräften beimaß –

führten zum Startschuss für internationale Aufrüstungsverhandlungen.[27]

Aber noch waren gewisse Hausaufgaben zu erledigen. Die zweite Zusage von McCloy an Adenauer, hochrangige militärische Experten zusammenziehen zu können, gewann ebenfalls noch im Herbst Bedeutung. Die «Magna Charta der deutschen Wiederbewaffnung» wurde am 6. Oktober 1950 in Himmerod fertiggestellt.[28] Die Abgeschiedenheit der klösterlichen Umgebung der alten Zisterzienserabtei im Salmtal in der Eifel schien dem Kanzler geeignet, die Geheimhaltung für die Planung von Streitkräften sicherzustellen. Die politische Weichenstellung war sensationell genug: Die Militärelite des Ostfeldzugs konnte die Verteidigung Westeuropas mit der Aufrüstung der voll demilitarisierten Besatzungszonen Westdeutschlands gemäß der Quintessenz ihrer militär- und sicherheitspolitischen Expertisen aus der Nachkriegszeit verknüpfen. Ein einzigartiges Panorama tauchte wieder auf. Die operativen Maximen des Generalstabs der vierziger Jahre standen erneut im Zentrum einer europaweiten «Gesamtverteidigung von den Dardanellen bis nach Skandinavien». Eine klassische Massenarmee modernen Typs, hoch motorisiert und nach dem Modell eines mobilen Expeditionsheeres, wurde entworfen. Die Wehrpflicht bildete die Basis zur Rekrutierung einer Millionenarmee. Drei Korps zu je vier Divisionen sollten binnen kurzem zu drei operativen Armeen mobilisiert werden können.[29]

Der Kanzler wünschte drei seiner Berater in leitender Funktion in Himmerod: Hermann Foertsch, Heusinger und Speidel. Die Auswertung der Kriegführung gegen die Sowjetunion in der «Historical Division» bildete den Rahmen für das Militär der Zukunft. Heusinger, Stellvertreter von Halder, organisierte den Transfer der Informationen über Heer und Luftwaffe, die Admiräle Ruge und Otto Schniewind fungierten als Verbindungsmänner zum «Naval Historical Team».[30] Baudissin, als Zeitzeuge «tief beeindruckt», charakterisierte das vorgelegte Militärkonzept, in dem die «Vorstellungen der Vergangenheit» die Kategorien des Kriegshandwerks prägten: «In Himmerod bestanden eigentlich kaum Zweifel, daß wir so weiter strategisch und operativ und damit eigentlich auch in der Struktur und Bewaffnung der zukünftigen Streitkräfte auf dem alten Pfad weitergehen sollten.»[31] Das Vorbild war, «Krieg führen à la sowjetische Steppe»[32] – die Denkschrift wollte Verteidigung «von vornherein offensiv» und Interventionen im Hinterland des Gegners mit Atombomben.[33] Diese aus dem Geiste des Vernichtungskriegs entworfene Worst-Case-Verteidigung erweckte unter den Bedrohungsvorstellungen des Kalten Krieges keinen Verdacht, «vergangenheitsbelastete Empfehlungen» abzugeben oder gar außenpolitisch revisionistisch zu sein.[34]

Die politisch gewollte Reintegration der alten Militärelite wurde von ihr in Himmerod für eigene Zwecke genutzt. Sicherlich war die standesmäßige Privilegierung endgültig dahin, aber es wurden noch einmal die Regularien der Vergangenheitspolitik festgehalten, in der Zukunft an eine ‹saubere› Wehrmacht anzuknüpfen. Die Zäsur zum Nationalsozialismus sollte nicht scharf sein, an dem Ziel der «Einstellung der Diffamierung» der Wehrmacht und der Waffen-SS wurde festgehalten: An der «Rehabilitierung des deutschen Soldaten» durfte nicht gerüttelt werden, im Gegenteil, es wurde eine nationale und internationale Ehrenerklärung eingefordert. Daneben wurde eine entsprechende Lenkung der öffentlichen Meinung verlangt. Die alten Sprachfiguren – «Wehrwille», «Wehrkraft», «wahres Soldatentum» – wurden bemüht. Dieses «Ethos der Landesverteidigung muss das gesamte Volk erfassen».[35] Der Anspruch auf Rehabilitierung und auf Ehre der ehemaligen Generale war der Preis, der für ihre Bereitschaft zur Mitarbeit gezahlt werden sollte.

Die Schlagworte zur Ehrenrettung des Soldaten waren für die innenpolitische Auseinandersetzung der fünfziger Jahre aktiviert, um die Nürnberger Nachfolgeprozesse der Amerikaner und den Aufsehen erregenden Prozess gegen Manstein 1949 zu beschweren. Kein Thema erregte die Öffentlichkeit in diesen Jahren mehr als der Kampf um die Freilassung des Generalfeldmarschalls und einiger hundert rechtskräftig als Kriegsverbrecher verurteilter Offiziere. Im September 1950 bereits, also kurz vor dem Treffen in Himmerod, hatten Heusinger und Speidel gegenüber einem Vertreter der Hohen Kommission das Junktim aufgestellt, sollten Todesurteile gegen in Landsberg einsitzende Generale vollstreckt werden, werde es keine Kooperation bei der Aufstellung von

Streitkräften geben.[36] Anfang 1952 saßen noch rund 700 Offiziere in alliierter Haft. Sie wurden als so genannte Kriegsverurteilte bezeichnet. Die kollektive Verdammung der Generalität der Wehrmacht konnte verhindert werden. Die Konflikte zwischen dem internationalen Bedürfnis nach Gerechtigkeit und der Forderung auf deutscher Seite nach einem Schlussstrich und dem Ende der «Siegerjustiz» traten in dem Medienrummel um Manstein zutage. Er nutzte das Verfahren zu einem Plädoyer für die Wehrmacht.[37] Doch noch im Januar 1956 tauchte dieses Junktim bei den Gründungsfeiern der Marine in Wilhelmshaven auf, als Kapitän zur See Zenker an Bedenken der Offiziere erinnerte, «ob wir unsere Arbeit aufnehmen dürfen, solange unsere ehemaligen Oberbefehlshaber und weitere Kameraden noch in Haft gehalten werden».[38]

Die Himmeroder Denkschrift bietet neben dem tonangebenden Bild der Wehrmacht auch exemplarisch Richtlinien einer liberalen, bundesdeutschen Militärreform. Als Anwalt einer demokratischen Verfassung forderte Schwerin nicht den Primat des Staates, der in der modernen Geschichte vom Militär immer akzeptiert worden war, sondern den Primat des Parlaments als «höchste Staatsautorität (...) des souveränen Volkswillens (...) über alle Einrichtungen *seiner* Wehrmacht» einzuführen.[39] Um diese Idee eines Parlamentsheeres in der konservativ und traditionalistisch ausgerichteten Himmeroder Konferenz zu verankern, gewannen er und Axel von dem Bussche den ehemaligen Offizier Baudissin (1907–1993). Sein Name ist mit der Leistung verbunden, dort den Ansatz für die demokratische Reform vertreten zu haben. Baudissin fühlte sich aus einer dem Staat dienenden Familientradition heraus verpflichtet, für eine Politik mit Zukunft und also für die Erneuerung der Strukturen und Formen des Militärs zu streiten. Mit freundlichen, aber bestimmten Worten begründete er auf der Konferenz das politische Verständnis seiner Aufgabe, «behilflich» zu sein, «die 1819 steckengebliebene Reform» von Scharnhorst «wieder aufzunehmen».[40]

Hatte die versammelte Runde in Himmerod zunächst noch angenommen, mit Berufung auf Scharnhorst solle die «neue Wehrmacht» in der Tradition der preußischen Armee aufgebaut werden, deren Modernisierung in den Kriegen gegen Napoleon begonnen hatte, folgte abrupt die Ernüchterung bei der Erkenntnis, dass es um den Scharnhorst der politischen Reformen in der Stein-Hardenbergschen Ära ging. Das war ein Paukenschlag, eine bürgerlich-freiheitliche Verfassung für das Militär der Bonner Republik zu wollen. Baudissin griff den alten programmatischen Begriff vom «Staatsbürger in Uniform» auf, um die Zivilisierung des soldatischen Leitbilds zu benennen, damit Staats- und Gesellschaftsverfassung auch im Militär Geltung fänden. Er forderte, die Chance der ‹Stunde Null› zu nutzen und erklärte die Reform des Militärs zu einer «Schicksalsfrage der Gegenwart».[41] Denn demokratiefähig und bürgertauglich war das Militär in fast allen Phasen des 19. und 20. Jahrhunderts nicht gewesen, weil die Dominanz des Militärischen Staat und Gesellschaft einhegte – bis 1945. Seit dem Scheitern der Ansätze 1848 und 1919 und dem ersten Konzept von Scharnhorst begann 1950 also der vierte Versuch der Demokratisierung des Militärs, mit dem die Idee parlamentarischer Kontrolle, politischer Verantwortung und liberaler zivil-militärischer Verhältnisse verwirklicht werden sollte.

In Himmerod war alles klar. Der Vorsitzende des Allgemeinen Ausschusses hatte der Reichswehr in seinem Bekennerbuch – «Die Wehrmacht im nationalsozialistischen Staat» – den Weg ins NS-Regime gewiesen und den Eid des «unbedingten Gehorsams» auf die Person des «Führers» formuliert; er hatte im Reichswehrministerium das «Innere Gefüge» der Wehrmacht geformt. Er – General der Infanterie Hermann Foertsch – ließ sich doch nicht von einem Major die Leviten lesen. So diktierte Foertsch in gewohnter Weise die Regeln des «Inneren Gefüges» für die «neue Wehrmacht». Er nutzte seine Zuständigkeit für alle Bereiche der Ausbildung des «Soldatentums sui generis» und der Ausrichtung des militärischen Milieus uneingeschränkt. Die gesamte Runde bestätigte diese Ansichten. Als nach vier Tagen der Entwurf der Denkschrift vorlag, stand darin nicht ein einziger Satz zur Reform des Militärs. Der militärische Traditionalismus wurde programmatisch gefeiert.

Baudissin hatte nicht einmal die Funktion eines Feigenblatts. Erst die ultimative Drohung, das fertige Dokument nicht zu unterzeichnen, erzwang das Zugeständnis, durch bescheidene Ergänzungen des Textes eine normative Wertewende vorzunehmen. Das nennt man den «Gründungskompromiss» der Bundeswehr. Baudissin konnte einige an zentralen Stellen eingefügte Regelsätze für die neue Orientierung geben, ohne den fest gefügten Kontext voller Zeugnisse, welche die Wehrmacht zum Maß aller Dinge nahmen, sprengen zu können. So erklärte er aus Gründen der politischen und historischen Ethik, dass «ohne Anlehnung an die Formen der alten Wehrmacht heute grundlegend Neues zu schaffen» sei. Daher, den Begriff «neue Wehrmacht» vermeidend, wurde konkretisiert: «Das deutsche Kontingent darf nicht ‹Staat im Staate› werden.» Die Kongruenz zu Staat, Politik und Gesellschaft kam in dem Kernsatz zum Tragen: «Das Ganze wie der Einzelne haben aus innerer Überzeugung die demokratische Staats- und Lebensform zu bejahen.»[42] Konnten mit derartigen Begriffen ausreichend Barrieren gegen das Fortbestehen des vermeintlich bewährten Soldatentums errichtet werden? Wie sollte das Ideal der Reform verwirklicht werden, das in dem Satz zusammengefasst war: «Streitkräfte repräsentieren die gesellschaftlich-politischen Herrschaftsformen, deren Instrument sie sind»?

Die Himmeroder Denkschrift wurde im Kanzleramt vom Leiter der Politischen Abteilung, Herbert Blankenhorn, und von der rechten Hand Adenauers, Hans Globke, als streng geheimer Masterplan für die Aufrüstung sanktioniert. Er begründete das über Jahrzehnte verdeckte Herrschaftswissen der obersten Planer im Kanzleramt und in den Führungsetagen der Bundeswehr. In traditionellem Verständnis wurde der Staat mit Macht assoziiert. Das außerparlamentarische Bündnis von Politik und Militär war geschmiedet. Der geheime Konsens der Exekutive wiegt schwer, er ist keineswegs eine Bagatelle der parlamentarischen Geschichte der Bonner Republik.

Die Positionen der Reformer und Traditionalisten erwiesen sich als unvereinbar. Himmerod bot keinen Kompromiss eines gemeinsamen Konzepts, da die Gegensätze nur vordergründig zugekleistert worden waren. Daher bildeten sich zwei «Fronten, (...) wie sie in der einen oder anderen Form» in der gesamten Geschichte der Bundeswehr immer wieder geräuschvoll hervortreten sollten.[43] Dass die neue Armee «frei sein würde vom alten Geist – diese

Hoffnung erwies sich als Illusion».[44] Baudissins Wirken stärkte die breite Legitimierung in der Öffentlichkeit. Doch die Gruppe der Reformer war in Militär und Ministerium eine isolierte Minderheit, auf deren Bedenken man nicht hörte, wie es Schwerin bereits im Oktober 1950 zu spüren bekam, als er den Kanzler warnte, die Militärs könnten «den Aufbau in Form einer Restauration» durchführen.[45]

Der Wunsch nach Ehrenrettung der Militärs traf beim Bundeskanzler ansonsten auf offene Ohren. Für ihn zählte nicht, welche Vergangenheit jemand hatte, sondern nur, was er für die neue Ordnung zu leisten imstande und loyal zu tragen bereit war.[46] Im Unterschied zur Personalpolitik in Wirtschaft oder Verwaltung war die Reintegration der alten Militärs eher heikel und ständig von internationaler Aufmerksamkeit begleitet. Nach der Berliner Luftbrücke und dem Beginn des Krieges in Korea gab Adenauer ein erstes Zeichen und würdigte gleich im Oktober 1950 pauschal jeden Soldaten der Wehrmacht, der «für seine Heimat tapfer und anständig gekämpft» habe. Adenauer hatte die Forderung aus Himmerod verstanden, gegen die «Diffamierung des deutschen Soldaten» anzugehen. Die «Umstellung der öffentlichen Meinung» war ein schwieriges Geschäft, doch dem Kanzler gelang bald darauf das Husarenstück der Rehabilitierung. Denn auch die amerikanischen Militärs setzten zunehmend auf die Bonner Aufrüstung. Der Kalte Krieg eskalierte. Die Truman-Doktrin der Eindämmung der Sowjetunion war im Januar 1950 militärisch flankiert worden. Als eine der Konsequenzen dieser Planungen des Nationalen Sicherheitsrats wurde der Weltkriegsgeneral Dwight D. Eisenhower reaktiviert und mit der vollständig neu konzipierten, mobilen Siebten Armee nach Deutschland entsandt. Bei einem gemeinsamen Essen am 22. Januar 1951 in der Villa des Hohen Kommissars McCloy konnte Adenauer den General bewegen, seine bekannte Kritik an der braunen Wehrmacht aufzugeben und einen von Speidel und Heusinger gefertigten Text zu unterzeichnen. Öffentlich erklärte Eisenhower dann, er glaube nicht, «der deutsche Soldat als solcher» habe seine Ehre verloren; es bestehe ein wirklicher Unterschied zwischen der Wehrmacht und «Hitler und seinen kriminellen Gruppen».[47] Nach diesen Worten konnte sich

Hitlers militärische Elite aktiv und offen in der Bonner Republik etablieren.

So wie nun seit Ende 1950 in Bonn altes Personal für die Verhandlungen mit den Besatzern und für die Planung der Aufstellung der Streitkräfte eingestellt wurde, so sehr galt, gleichsam als notwendige Kompensation, Distanz zu den NS-Verbrechen zu halten. Daher verfolgte Adenauer die Absicht, die Mitverantwortung der Wehrmacht an der NS-Politik gering zu werten oder zu verschweigen. Im April 1951 bezifferte er im Bundestag die Zahl derjenigen Soldaten, die «wirklich schuldig» geworden seien, als «so außerordentlich gering und so außerordentlich klein», dass «damit der Ehre der früheren deutschen Wehrmacht kein Abbruch geschieht».[48] Das Thema Kriegsverbrechen wurde als Ausnahme und Randerscheinung einer jeden Massenarmee dargestellt. Die Wehrmacht selbst sei ‹sauber› gewesen.[49] Die Kontinuität in die Zeit vor 1945 wurde systematisch hergestellt. In einer offiziellen Regierungserklärung anlässlich einer Debatte über die Westintegration im Dezember 1952 bescheinigte der Kanzler schließlich, «dass wir alle Waffenträger unseres Volkes, die im Namen der hohen soldatischen Überlieferung ehrenhaft zu Lande, auf dem Wasser und in der Luft gekämpft haben, anerkennen. Wir sind überzeugt, dass der gute Ruf und die große Leistung des deutschen Soldaten trotz aller Schmähungen während der vergangenen Jahre in unserem Volke noch lebendig sind und auch bleiben werden. Es muss unsere gemeinsame Aufgabe sein, die sittlichen Werte des deutschen Soldatentums mit der Demokratie zu verschmelzen.»[50]

Das Politikkonzept der ‹Souveränität durch Wiederbewaffnung› hatte Adenauer geschickt der Staatsräson der Westintegration untergeordnet und in die anglo-amerikanische globale Strategie eingebunden, doch in der Innenpolitik blieb das Projekt, das die Regierung werbend Wiederbewaffnung und die Opposition kritisch Remilitarisierung nannte, lange Zeit strittig. Viele Motive kamen hier zusammen. Es war keine parteipolitische Ablehnung erkennbar.[51] Noch gab es keine organisierte Friedensbewegung, aber offensichtlich hatte die deutsche Bevölkerung Lehren aus dem Krieg gezogen. «Nie wieder Krieg!» blieb keine leere Parole, sondern wurde zum Selbstverständnis eines «Nie wieder Militär!».

Vertrauliche Untersuchungen zeigten Adenauer, welche Bedenken die Politik der Aufrüstung auch bei seinen Wählern hervorrief. Die vereinfachende Antwort wurde im Geist des Kalten Krieges gegeben. Nicht Aufklärung stand daher an, sondern die Betonung der Bedrohung gemäß dem Feindbild. Die Ablehnung von jeglichem Militär – und also auch der Bundeswehr – konnte als Faktum notiert werden, wie der Kanzler sogar noch ein Jahrzehnt später konsterniert feststellte: «Der Widerstand gegen die Bundeswehr beruht darauf, dass ‹Militär› gleich ‹Krieg› gesetzt wird (...). Krieg gehört für die meisten zum Furchtbarsten, was sie sich vorstellen können, sowohl für ihr eigenes Leben als auch für Deutschland.»[52]

Die Noten, die Adenauer über McCloy an die Konferenz der Außenminister in New York gerichtet hatte, führten zu einer ernsten Regierungskrise. In der Regierung brodelte es. Aufrüstung und Bildung des westlichen «Blocks» würden die deutschen Republiken weiter und tiefer trennen. Die Minister waren vorher nicht informiert worden, auch hatte das Kabinett die Noten nicht verabschiedet. Innenminister Gustav Heinemann trat am 9. Oktober 1950 aus Protest zurück. Die erste Phase einer außerparlamentarischen Opposition gegen Militär und Aufrüstung begann. Bürgerliche Repräsentanten gaben ihr dabei Kontur und Breitenwirkung. Ulrich Noack vom «Nauheimer Kreis», Helene Wessel mit der «Notgemeinschaft für den Frieden Europas» oder Martin Niemöller mit «Offenen Briefen» stießen mancherlei Debatten an, fanden auch viel Anerkennung auf der politischen Rechten und Linken, bei Kirchen und Gewerkschaften, doch die Erfolglosigkeit dieser Friedensbewegung lag in ihrer Gespaltenheit begründet.[53]

Es gab noch andere Weiterungen. Das Geheimnis von Himmerod wurde an einer Stelle gelüftet. Die nicht informierte Regierung in Paris kam dem Arrangement zwischen Washington, London und Bonn auf die Spur. Die Nachricht schlug wie eine Bombe ein. Man hatte die «Entschlossenheit» der USA, Westdeutschland zu bewaffnen, offensichtlich unterschätzt.[54] Ministerpräsident René Pleven reagiert umgehend mit dem Plan vom 26. Oktober 1950, deutsche Streitkräfte in einer westeuropäischen supranationalen Organisation aufzufangen. Die Europäische Verteidigungsgemeinschaft (EVG) bot die intensivste Form der Internationalisierung und Integration des Militärs.[55] Der französische Versuch, eine Alternative zur amerikanischen Dominanz via NATO in Europa zu entwickeln, wurde in Paris in langwierigen und komplizierten Verhandlungen erledigt. Zunächst schien die EVG mit Unterzeichnung des Vertragsentwurfes im Mai 1952 noch eine Chance zu haben, bis im Oktober 1954 die Nationalversammlung in Paris die Ratifizierung endgültig ablehnte. Doch auch eine «französische» EVG wäre durch eine schon im Dezember 1950 vorgebrachte amerikanische Gegeninitiative immer in der NATO eingefangen worden. Diesbezügliche Besprechungen begannen am 9. Januar 1951 auf dem Petersberg. Die NATO sollte immer das sicherheitspolitische Dach für alle europäischen Sonderformen bilden. Die Deutschen zogen an diesem Strang der Diplomatie, den Theodor Blank für den Bundeskanzler knüpfte.

Formative Strukturen

Am 8. Juli 1955 wurde Theodor Blank zum ersten «Bundesminister für Verteidigung» ernannt. Seit dem 28. Oktober 1950 hatte er als «Bevollmächtigter des Bundeskanzlers für die mit der Vermehrung der alliierten Truppen zusammenhängenden Fragen» – im Amt Blank – die Vorbereitungen für den Aufbau westdeutscher Streitkräfte vorangetrieben. Gleich zu Beginn seiner Amtsgeschäfte musste er erfahren, dass Adenauer alle sicherheitspolitisch relevanten internationalen Verhandlungen in Bonn und Paris, London und Washington persönlich in der Hand behielt. Das betraf die Runden auf dem Petersberg mit den Hohen Kommissaren, die Einbindung in NATO und WEU sowie den Deutschlandvertrag.

Blank hatte lange auf das Ministeramt warten müssen. Eigentlich war die Ernennung längst fällig gewesen. Schon am 14. September 1951 hatten die westlichen Besatzungsmächte erklärt, das Besatzungsstatut werde in wechselseitiger Abhängigkeit mit den Verträgen zum Verteidigungsbeitrag sowie zur Übertragung der staatlichen Souveränität aufgehoben. Dieses Junktim verkoppelte alle Verträge inhaltlich und faktisch miteinander. Am 8. Februar

1952 hatte der Bundestag einem deutschen Verteidigungsbeitrag im Rahmen einer europäischen Armee zugestimmt, am 9. Mai 1952 war der EVG-Vertrag paraphiert und Ende des Monats der Deutschlandvertrag unterzeichnet worden. Die «umfassende Umgestaltung des gegenwärtigen Rechtszustandes» schien Adenauer gelungen.[56] Dann geriet alles ins Stocken. In Paris bestanden mancherlei Vorbehalte gegen deutsches Militär fort, aber wichtiger waren wohl die Kolonialkriege in Vietnam mit der gewaltigen Niederlage in Dien Bien Phu im Mai 1954 und in Algerien, wo Aufstände der Befreiungsfront aufflammten. Am 30. August 1954 erfolgte das definitive «Non» der französischen Nationalversammlung, den EVG-Vertrag zu ratifizieren. Das ausbalancierte Geflecht einer zukünftigen Rolle und eines internationalen Status der Bonner Republik war dahin.

Den Schock überwanden die diplomatischen Fantasien des britischen Außenministers Anthony Eden. Er nutzte die Gunst der Stunde des Neubeginns und wurde zum Architekten des euroatlantischen Sicherheitsgebäudes, in dem amerikanische, britische, deutsche und europäische Interessen für Jahrzehnte ihren Platz fanden. Schon ab dem 28. September 1954 verhandelten in London die EVG-Partner, die USA, Kanada und Großbritannien. Kaum einen Monat später, am 23. Oktober, wurden nach einem Konferenzmarathon die Verträge in Paris unterzeichnet. Vor allem drei Vertragswerke bestimmten die Struktur der Sicherheit der Bundesrepublik: der Deutschlandvertrag, der zur Westeuropäischen Union (WEU) gewandelte Brüsseler Vertrag und der Beitritt zur NATO – insgesamt ein hoch komplexes Werk von 25 Verträgen, Protokollen, Kommuniqués und erklärenden Briefwechseln.[57] Das diplomatische Meisterstück gelang, die internationale Anerkennung und Westintegration der Bundesrepublik formal zu regeln sowie ihr den Status eines souveränen Staates aufgrund der förmlichen Beendigung der Besatzung zu verleihen. Das Vertragswerk trat am 5. Mai 1955 in Kraft, am 9. Mai – nach dem Jahrestag der bedingungslosen Kapitulation – wurde die Bundesrepublik in die NATO aufgenommen. Die «Pariser und Bonner Verträge» banden die Bonner Republik in eine Sicherheitsarchitektur ein, die bis 1990 gültig blieb.

Souveränität und Gleichberechtigung, Kooperation und Kontrolle wurden derart miteinander verschränkt, dass trotz des ersten Zieles, eine stabile internationale Ordnung zu errichten, sich auch die Chancen eines gewissen Wandels der Machtteilhabe und -transformation boten. Dieses Vertragswerk enthält in nuce die Staatsräson Deutschlands in der Gleichsetzung der eigenen Sicherheit mit außenpolitischer Orientierung nach Westen und der staatlich-nationalen Existenz, die auf mehreren Ebenen in eine europäische Friedensordnung eingebunden wurde. Es war auch eine Deklamation der Versöhnung, wie symbolisch in den Daten vom Mai 1955 und 1945 deutlich wird.

Die westlichen Alliierten des Weltkriegs übertrugen Kriegs- und Besatzungsrechte auf die Besiegten, sie gewährten im Deutschlandvertrag «die volle Macht eines souveränen Staates». Der Kanzler mochte über die «Wiedererlangung der Souveränität» jubeln und im Bundestag betonen, die Deutschen hätten ihren Platz «als Freie unter Freien» in Westeuropa eingenommen, doch hatten die intensiven Verhandlungen nur zu genau ergeben, dass die «volle Macht» (full authority) der Bundesrepublik von der «obersten Macht» (supreme authority) der drei Alliierten des Krieges überlagert wurde.[58] Daneben gaben alle vier Alliierten die grundlegenden Prinzipien von Jalta bis Potsdam nicht auf. Als wäre es ein kategorischer Imperativ, hielten sie an ihrer obersten Zuständigkeit, die Macht der Deutschen zu pazifizieren, in zeitgemäß abgestuften Kontrollformen fest. Das gemeinsame Dach alliierter Verantwortung blieb gegenüber Ost und West bis 1990 bestehen.

Die Vorbehaltsrechte als Folge der Kapitulation – die bisher «ausgeübten oder innegehabten Rechte und Verantwortlichkeiten» (Art. 2) – betrafen vier Bereiche: Berlin, Deutschland als Ganzes, die Wiedervereinigung und eine friedensvertragliche Regelung sowie alle Fragen der Sicherheit. Denn die Alliierten hatten aus den Weimarer Erfahrungen mit der «Schwarzen Reichswehr» gelernt. Nun wurden daraus die Konsequenzen gezogen, wirksame Garantien für ein funktionierendes System der Machtkontrolle aufzubauen. Zunächst wurde die Westintegration mit der Formel, sich «mit der Gemeinschaft der freien Nationen völlig zu verbinden» (Art. 3.2), dauerhaft verankert. Ein erneutes Rapallo, d. h. eigenständig in der Außen- oder Bündnispolitik andere Bindungen einzugehen, war für Bonn ausgeschlossen. Deutschland- und Truppenvertrag machten de facto einen Austritt aus der NATO unmöglich. Diese Generalklausel wurde mit mehreren konkreten Maßnahmen abgesichert.

Die sicherheitspolitischen Bestimmungen waren rigide angelegt. Artikel 4 des Deutschlandvertrags klang wie eine Übernahme aus dem Besatzungsstatut: «Die von den Drei Mächten bisher ausgeübten und innegehabten und weiterhin beizubehaltenden Rechte in Bezug auf die Stationierung von Streitkräften in Deutschland» wurden nicht nur uneingeschränkt von Bonn bestätigt, sondern mit dem ausdrücklichen «Einverständnis» auf angemessene «Effektivstärke» geradezu doppelt sanktioniert. Seitdem gab es diese Sicherheitsarchitektur nach innen: Die ehemaligen Besatzungsmächte behielten sich das Recht vor, eigenständige ‹nationale› Kontingente neben den unter dem Kommando der NATO stationierten Truppen in der Bundesrepublik zu unterhalten. Anders gewendet: Amerikanische, britische und französische Truppen konnten jeweils unterschiedlichen Status haben – einen gemäß dem Bündnisrecht oder den aus dem Recht der *occupatio bellica*, nach Potsdam. Diese dualistische Struktur gab den ‹nationalen› Verbänden eine Vielzahl von Sonderrechten, zum Beispiel die Unterstützung deutscher Behörden anzufordern oder sich frei in Ost- und Westdeutschland zu bewegen.

Politische Erklärungen für diese von Misstrauen getragene Haltung lassen sich aus dem WEU-Vertrag gewinnen. Bei der Umwidmung des Brüsseler Vertrags im Oktober 1954 hatte man den Text eingefügt, «die Einheit Europas zu fördern». Das ursprüngliche Ziel lautete, vor einer deutschen Angriffspolitik zu schützen. Daraus lässt sich der eigentliche Vertragszweck ableiten, die zukünftige Rüstungskontrolle und -beschränkung in der Bonner Republik zu sichern. Neben den anfänglich massiven Auflagen für die Rüstungswirtschaft – zentral auch der A-, B- und C-Waffenverzicht – wurden in vier bis Anfang der sechziger Jahre verabschiedeten WEU-Protokollen alle Details, Struktur und Bewaffnung der Bundeswehr zu überprüfen, festgelegt. Auch Rüstungskontrolle blieb ein Privileg der Alliierten.[59] Das Militärische Sicherheitsamt der Alliierten aus der Besatzungszeit wurde aufgelöst und firmierte danach einfach als Sekretariat der WEU in London. Alle Waffenbestände und Kasernenanlagen, jedes Depot und Gerät der Bundeswehr wurden in den folgenden Jahren in Hunderten von Stichproben und Vor-Ort-Inspektionen überprüft. Dieses Kontrollregime, dessen Bedeutung in der Öffentlichkeit kaum wahrgenommen wurde, erwies sich als das wirksamste System der Verifikation jener Zeit.

Sogar der Beitritt zur NATO trug das doppelte Kennzeichen der Kontrolle durch Integration und des Fortbestehens offener «Restbestände der Diskriminierung».[60] Die mit Bedacht wegen des Beitritts der Deutschen im Oktober 1954 aufgebaute integrierte Kommandostruktur der NATO garantierte, dass die Bundeswehr, deren einsatzfähige Truppen alle dem Bündnis unterstellt wurden, nicht durch deutsche Offiziere operativ eigenständig geführt werden konnte. Die Befehls- und Kommandogewalt war so verteilt, dass die Schlüsselstellen in anglo-amerikanischer Hand blieben, wie das restriktive Umlaufverfahren der Akten zeigte – das Label «For American Eyes Only» ordnete die Vertrauenswürdigkeit. Da die Bundeswehr keinen Generalstab bilden konnte, war die Leitungs- und Organisationsgewalt der höheren Führung amputiert, bevor es überhaupt Soldaten gab. Zähe Verhandlungen brachten Ende der sechziger Jahre eine Zunahme an Einfluss in den NATO-Stäben.

Das Vertragswerk von 1955 hatte epochalen Charakter. Im historischen Bewusstsein der beiden Weltkriege verfasst, sicherten sich die westlichen Alliierten alle für nötig erachteten Befugnisse zur Einhegung, damit von deutschem Boden keine Politik der Bedrohung mehr ausging. In militär- und sicherheitspolitischer Hinsicht war die Bundesrepublik ein von den Amerikanern «penetriertes System».[61] Die völkerrechtliche Fixierung garantierte die Beständigkeit der Struktur, die – zunächst nur geringe – Spielräume für eine Transformation bot. Auf Dauer blieb das Bedürfnis nach Kontrolle, aber über Erfahrungen in den integrierten Stäben entstand Kalkulierbarkeit, bis die Partner Vertrauen empfanden und schließlich auch Freundschaft im Bündnis entwickelten. 1955 wurde eine teilsouveräne Republik etabliert. Sie konnte die weltpolitische Konstellation des Kalten Krieges nutzen, weil die gleichzeitige Eindämmung der Sowjetunion durch Gegenmachtbildung in Westeuropa die Bonner Entwicklungschancen förderte.

Auf die Ratifizierung dieser Verträge und die Umsetzung in nationale Gesetze hatte Blank warten müssen, ehe das Bundesministerium für Verteidigung konstituiert werden konnte. Im Juni 1955 hatte er vor dem Bundestag die Grundzüge der Politik vorgetragen: «Aus dem Willen der Bundesregierung, die Streitkräfte nach rechtsstaatlichen Grundsätzen aufzustellen, ergibt sich die Notwendigkeit, mehr Gebiete der gesetzlichen Regelung zuzuführen, als dies früher der Fall war (...). Die Streitkräfte (...) unterstehen der dem Parlament verantwortlichen Bundesregierung und damit der Kontrolle des Parlaments.»[62] Dieses Ziel zu verwirklichen, traute man Blank zu, dessen Biographie ihn von Jugend an in der Arbeiter- und Gewerkschaftsbewegung auswies. Er stand nicht unter Verdacht, eine falsche Distanz zur militaristischen Vergangenheit oder zum NS-Regime gehabt zu haben. Und in der Tat: Er verantwortete das große Konzept der parlamentarischen Militärreform. Er hatte ein offenes Ohr für die Widerstände der kritischen Jugend, der gewerkschaftlichen, politischen und kirchlichen Jugendverbände.

Die Sozialdemokratie bekämpfte die Aufrüstung aus Gründen der nationalen Einheit. Von Kurt Schumacher, der über manche Hintergründe schon zu Zeiten Schwerins informiert war, ist die frühe Aussage überliefert: «Wenn das deutsche Offizierkorps sich jetzt versagt, versagt es zum dritten Mal in diesem Jahrhundert.»[63] Wilhelm Mellies, Carlo Schmid, Fritz Erler und der junge Helmut Schmidt taten sich hervor. Sie hielten Kontakt zu Baudissin – diesem «ostelbischen protestantischen Junker» (was die Baudissins nie waren) –, den der rheinische Katholik Blank nicht mochte. Will Rasner und Richard Jaeger auf Seiten der Union bekräftigten den allenthalben postulierten Primat des Politischen und den Vorrang der Zivilen als zentrale Maxime bei der Einordnung der Streitkräfte in das Regierungssystem. Derartige Positionen unterstützten sogar linke Studentenverbände.[64] Die parteiübergreifenden Gemeinsamkeiten betonte auch Adenauer eingängig: «Der

Militarismus ist tot.» Die «zentrale Stellung» eines ambitionierten Offizierkorps vergangener Zeiten werde es nie wieder geben. Das «Soldatsein» sei ein Beruf, «der gleichgeachtet neben anderen steht».[65] Die Diskussion im Bundestag führte zur Vergewisserung und Reflexion der Geschichte, das Militär der parlamentarischen Verantwortung unterzuordnen. Eine Dominanz des Militärischen sollte in der Bonner Republik keinen Platz haben. Doch in rechtsnationalen Kreisen, als deren Sprecher sich etwa Ritterkreuzträger Erich Mende von der FDP verstand, bekämpfte man das Konzept der Militärreform mit ganzer Kraft und forderte, den Sonderstatus des Militärs zu bewahren.[66]

Die Kodifizierung setzte im Frühsommer 1955 nach einer ersten Änderung des Grundgesetzes im Jahr zuvor ein und endete im Juli 1957 mit dem Gesetz zur Militärseelsorge. Die Wehrgesetzgebung kann als Ausdruck der dezidierten Militärreform begriffen werden. Die militärpolitischen Übereinkünfte von Himmerod jedoch blieben verdeckt. So entging der parlamentarischen Kenntnis ein wesentlicher Teil der Realität der Militärpolitik in der Ermekeilkaserne und dann auf der außerhalb der Stadt liegenden Hardthöhe. Die ganze Dimension der ablaufenden Geschäftigkeit im Amt Blank wurde nicht überblickt. Anfang 1954 hatte es schon über 700 Mitarbeiter, davon die Hälfte ehemalige Offiziere, die Tausender-Grenze war bald erreicht. Es übertraf die meisten Ministerien an Umfang.

Die politische und staatsrechtliche Einordnung der Bundeswehr in das republikanische Regierungssystem von Bonn erfolgte nicht ohne Beachtung der bürgerlich-liberalen Lehren aus der Geschichte eines militärischen Sonderwegs. Verfassungsentwürfe der Revolution von 1848, die herausgehobene Stellung des Militärs in der Verfassung des Deutschen Reiches sowie die Erfahrungen mit der Reichswehr als eigenem Machtfaktor und ‹Staat im Staate› in der Weimarer Republik stützten die Überzeugung, in der Bonner Republik effektive normative und institutionelle Regelungen, die fest und justiziabel sein mussten, einzuführen. Man setzte tatsächlich Zeichen, die Wertordnung des Grundgesetzes in hohem Maße auf das Militär zu übertragen sowie rechtsstaatliche und freiheitliche Grundrechte für den Soldaten zu gewährleisten.

Schon die Entscheidungen über die obersten militärischen Führungs- und Befehlsbefugnisse rührten an den Kern des soldatischen Selbstverständnisses. Das Rechtsinstitut des Oberbefehlshabers alter Art wurde gänzlich abgeschafft. Die Tradition, auf König, Kaiser, Reichspräsident oder den «Führer» den persönlichen Eid abzulegen, wurde nicht fortgesetzt. Die personengebundene Sonderstellung gegenüber dem Staatsoberhaupt wurde verhindert, da der Bundespräsident nur noch Ernennungen und Entlassungen vornimmt oder für Orden und Ehrenzeichen zuständig ist. Die Befehls- und Kommandogewalt hingegen, die Summe aller Befugnisse der Sicherheitspolitik und der militärpolitischen Leitung, liegt im Frieden beim Bundesminister der Verteidigung (Art. 65 a), im Verteidigungsfall beim Bundeskanzler (Art. 115 b). Der Primat der Politik umfasst alle militärischen Befugnisse. Der parlamentarisch legitimierte Minister ist Vorgesetzter nicht nur des Ministeriums und der zivilen Bundeswehrverwaltung, sondern zugleich auch der Soldaten. Der oberste Soldat, der Generalinspekteur, ist nicht Stellvertreter des Ministers; er folgt im Rang nach dem Parlamentarischen Staatssekretär. Diese Ordnung soll den Status des Militärs als Berater der Politik und als Teil der Exekutive dokumentieren – ein Vorrang ziviler Machtbalance. An dieser Machtfrage entzündeten sich auch im Amt Blank Widerstände. Es ist bezeichnend, dass noch im September 1955 sogar Heusinger und Speidel gegenüber dem Kanzler ihre Zweifel am Primat des Zivilen in der Bundeswehr äußerten.[67] Die Eingliederung des Militärs in das System der parlamentarischen Politik beseitigte die historische Sonderrolle im Staat.

Der Parlamentarismus aber zeigte seinen Anspruch gegenüber dem Militär durch weitreichende Kompetenzen. Frühere vor- oder antidemokratische Ausnahmen bezüglich der parlamentarischen Zuständigkeiten sollten nicht wieder aufleben können. Das Desaster der Auseinandersetzungen um das Budgetrecht in Preußen und zuletzt in Weimar hatte gelehrt, den Anfängen zu wehren und dem Haushalts- und dem Fachausschuss des Bundestages eindeutige Macht zu geben. Transparenz aller militärischen Angelegenheiten gewann hohe Priorität. Daher erhielt der Verteidigungsausschuss auch die Möglichkeit, sich nach eigenem Ermessen jederzeit als Untersuchungsausschuss zu konstituieren. Damit nicht genug. Mit dem Amt des Wehrbeauftragten (Art. 45 b) schuf sich der Bundestag ein eigenes Organ mit dem gesetzlich verbrieften Auftrag, «zum Schutz der Grundrechte» der Soldaten und zum Schutz der Grundsätze der «Inneren Führung» aktiv zu werden. Diese Maßnahmen unterstrichen die Ziele der Militärreform. Das Militär sollte sich nicht mehr von der Politik verselbständigen oder gar von der Gesellschaft abkapseln. Es erwies sich als weise Entscheidung, ein solches unabhängiges und starkes Instrument zu schaffen. Die Einrichtung des Wehrbeauftragten ging auf Initiativen der SPD zurück, die vom schwedischen Vorbild begeistert war. Alle großen Parteien des Parlaments stimmten im März 1956 dieser weitreichenden Änderung des Grundgesetzes zu.

Natürlich stießen derartige auf Öffentlichkeit hin angelegte Ansprüche bei konservativen, technokratisch oder traditionalistisch eingestellten Kräften in der Bundeswehr auf Ablehnung. Sie empfanden dies als ungeheure Provokation ziviler Einmischung in innermilitärische Belange.[68] Wie sollte man auch akzeptieren, dass sich jeder Soldat mit Beschwerden direkt, nicht auf dem Dienstweg und ohne Behinderung durch Vorgesetzte an eine Stelle außerhalb des Militärs wenden konnte? Und darüber hinaus hatte dieser Parlamentarier noch das Recht, «jederzeit und ohne vorherige Anmeldung», wie das Gesetz lautete, sich in der Bundeswehr Zugang zu verschaffen und volle Akteneinsicht zu verlangen. Doch nicht nur das Militär, sondern auch die Politik freundete sich nicht leicht mit der Forderung an, von außen Transparenz in die Bundeswehr zu bringen. Franz Josef Strauß, im September 1956 zum Minister ernannt, handelte in seinem Verständnis einer bedingten Militärreform nur konsequent, wenn er bis 1959 die Errichtung dieses Amtes hintertrieb. Aus Reverenz vor dem Zeitgeist der widerständigen Hardthöhe berief man mit ehemaligen hochrangigen Offizieren die ersten beiden Wehrbeauftragten milieukonform: Helmut von Grolmann war Generalleutnant – er resignierte schließlich 1961 – und Hellmuth G. Heye immerhin Vizeadmiral gewesen. Das verhinderte freilich nicht heftigste Querelen bis in die Mitte der sechziger Jahre.

Die Normen der Gesetze zielten ebenfalls auf die Integration des Militärs in die Gesellschaft. Ihre pluralistische Vielfalt und freiheitliche Gestalt würden jedes Sonderleben des Militärs verhindern. Das betraf zunächst den Status des Soldaten. Als erstes wurde er gesellschaftlich auf die Füße gestellt. Er war, ähnlich wie andere Berufsgruppen auch, Teil des öffentlichen Dienstes; jeder Dienstgrad korrelierte mit einer Besoldungsgruppe; Beförderungen mussten jedem offen stehen und mit bestimmbaren Qualifikationen verbunden sein; Leistungen sollten objektiv, überprüfbar und vergleichbar sein. Der Gleichheitsanspruch des Grundgesetzes stand den gewohnten militärischen Standards der Rekrutierung und der Personalauswahl entgegen. Aus dieser Rechtsbasis folgte die Trennung von Dienst und Freizeit. Das Uniformtragen nach Dienstschluss war ebenso nicht mehr obligatorisch wie die Zustimmung des Dienstherrn zur Auswahl der Frau vor der Verlobung – mit den noch in Weimar geltenden Auswirkungen bis zum Pensionsanspruch. Das wurde zwar fast überall wie noch zu Kaisers Zeiten praktiziert, aber solche Konventionen verloren mit der Zeit ihren Geltungsanspruch. An diesem kleinen Beispiel wird deutlich, was das Ideal vom Staatsbürger in Uniform im militärischen Alltag bedeuten kann.

Viele gesetzliche Einzelmaßnahmen wirkten erst mittelfristig. In ihrer Gesamtheit förderten sie in langwierigen Prozessen die Auflösung des gewohnten Milieus mit seinem spezifischen Korpsgeist. Mit der angestrebten gesellschaftlichen Öffnung sollten pluralistische Tendenzen, Meinungsvielfalt und die politische Breite der Gesellschaft im Militär wirken. Das Ideal des «unpolitischen Soldaten» der zwanziger und dreißiger Jahre hatte ja gerade den Kontakt zu Sozialdemokratie, Liberalismus und Parlamentarismus verhindert und stattdessen nationalistische oder antidemokratische Parteien gefördert. Daher wurde das aktive und passive Wahlrecht im «Soldatengesetz» verbrieft. Als gravierender aber erwiesen sich die Eingriffe der Militärreform in das innere Gefüge des alten Militärsystems. Die traditionellen Mechanismen der Personalpolitik, Berufs- und Zeitsoldaten zu rekrutieren, und diese in bestimmten Verfahren zu assimilieren, wurden in der Bundeswehr prinzipiell aufgehoben. Der Vorgesetzte wurde weitgehend neu definiert, seine Allmacht gebrochen. Der Soldat mußte sich rechtsstaatlichen Verfahren stellen. Wirkungen mit großer Reichweite hatten: die Abschaffung der militäreigenen Gerichtsbarkeit zu Gunsten ziviler Instanzen der Verwaltungsgerichtsbarkeit; die Aufhebung der uneingeschränkten Befehls- und Disziplinarbefugnisse zu Gunsten des Rechts auf Widerspruch und Überprüfung erteilter Befehle; die Wahl und die Mitwirkung von Vertrauensleuten und Personalräten; die größere Unabhängigkeit der Kirchen bei der Seelsorge sowie deren Auftrag, im Lebenskundlichen Unterricht eine Art politisch-ethischer Bildung zu betreiben; das Recht, die Interessen der Soldaten in Verbänden und Gewerkschaften zu organisieren. Diese von der Legislative gesetzten Regeln übertrugen Verfahren aus dem Wirtschafts- und Berufsleben auf den Soldatenberuf. Insgesamt waren es zivile Elemente, die das Militär tatsächlich in eine bis dahin unbekannte Struktur einpassten, damit es sich zu einem «kongruenten Teil der Gesamtordnung» entwickelte.[69]

Ideal und Wirklichkeit klafften freilich weit auseinander. Das Gesetzeswerk der Militärreform war außergewöhnlich fortschrittlich. Es ließ die Realität, den Zeitgeist des Beharrenden und die militärische Eigenwelt, weit hinter sich. Die Verbindlichkeit der Gesetze war gegeben, da beamtete Juristen sie administrativ umsetzten. Auf Dauer hatte die Reform Erfolg. So ist das Jahr 1955 für die Bundeswehr nach innen wie nach außen ein Schlüsseljahr. Die formativen Strukturen waren festgelegt. Daher ist es nur zu verständlich, angesichts der Reichweite dieser Reformen eine Übergangszeit bis zu ihrer Verwirklichung in Rechnung zu stellen. Es gab das Phänomen, dass viele Soldaten sich latent oder demonstrativ gegen diese Neuerungen stellten. Die Bundeswehr zeigte schon bald eine ambivalente Gestalt. Der Spagat zwischen Norm und Alltag überforderte sie und führte sie bis zum Ende der sechziger Jahre in eine große Krise. Innere Führung war gesetzlich und administrativ geregelt, man konnte sie abheften.[70] Damit war sie vorläufig erledigt. Der nächsten Soldatengeneration konnte sie helfen. Doch die Entmythologisierung des alten Militärs mit seinen besonderen Normen war, wie schon Max Weber beobachtet hatte, vor der Geschichte längst in Gang gekommen.

Minister Strauß brachte die Wende. Er gab den Militärs, was die Militärs wünschten. Seit der ersten Sicherheitsdebatte des Bundestages im Februar 1952 hatte er sich als der heimliche Minister präsentiert. Planungs- und Aufbauschwierigkeiten, auch Streit um die Finanzierung der Aufrüstung bildeten den Anlass, «den unseligen Herrn Blank» mediengerecht kaltzustellen. Strauß gewann Rückhalt, als er gleich mit der Forderung nach einer «Art Reichswehrqualität» für die Bundeswehr von sich reden machte. Bewusst griff er auf das Personal des Grenzschutzes zurück, der stolz bekannte, «noch im alten Geist, im Drill der Reichswehr und der Wehrmacht» auszubilden. Strauß wollte keine Zweifel an seiner Politik aufkommen lassen, einen Kontrapunkt gegen die «Reformarmee» zu setzen.[71] Er wollte diese Politik. Ihn scherte daher nicht, dass der Bezug zur Reichswehr delikat war, weil ihr Offizierkorps politisch «dem demokratischen Staat fremd, indifferent, z. T. ablehnend» gegenüberstand.[72]

Strauß brachte nicht nur eine rhetorische Wende. Er stellte die Machtverteilung im Militär nach Maßgabe der Vergangenheit wieder her. Mit der Ernennung der allein verantwortlichen Inspekteure Hans Röttiger für das Heer, Josef Kammhuber für die Luftwaffe und Friedrich Ruge für die Marine schuf er organisatorische Fakten: die Dominanz der Teilstreitkräfte anstelle einer gemeinsamen Bundeswehrführung. Die im Herbst 1956 etablierten Zuständigkeiten waren entscheidend für die kommenden Jahrzehnte der Bundeswehr. Die Inspekteure übten de facto den Oberbefehl aus. Ganz nach alter Manier schotteten sie sich gegeneinander ab, rivalisierten um Waffen und Finanzen – und hatten die Macht, die Militärreform in die Schranken zu verweisen. Dafür mußte der Generalinspekteur eine schwache Stellung haben. Im Bündnis mit der zielstrebigen Generalität ernannte Strauß General Heusinger erst im Juni 1957, als wesentliche Entscheidungen innerhalb der Teilstreitkräfte längst getroffen waren. Auch wurde sein Amt nur mäßig mit Kompetenzen ausgestattet: Gegenüber den Inspekteuren war er nicht einmal ein primus inter pares, denn er brauchte deren Zustimmung. Auf diese Weise wurden die Vorlagen zur Militärreform weithin ausgehebelt.

Mit größten Anstrengungen war es Baudissin 1953 noch gelungen, den nationalsozialistischen Begriff «Inneres Gefüge», der in Himmerod eingeführt worden war, zu verhindern und – nachdem «Staatsbürger in Uniform» als Begriff für die Militärreform auf völliges Unverständnis gestoßen war – als «Sammelbegriff» wenigstens «Innere Führung» einzuführen.[73] Dann hatte Heusinger im Amt Blank noch den Fehler begangen, die Bedeutung der «Inneren Führung» «bewusst in der Schwebe» gehalten zu haben.[74] Deswegen hatte Baudissin schon 1954 damit gedroht, sich «nicht länger als Aushängeschild verschleißen zu lassen».[75] Auf diese Weise konterkarierte Heusinger jene Programme, auf die er später zurückgriff. So schadete er sich selbst. Die Demontage der «Inneren Führung» konnte gar nicht heftiger sein. Ob Lehrpläne für die Ausbildung, Vorschriften für die Einstellung von Offizieren, Pläne für den Aufbau von Akademien oder Vorschläge für das Traditionsverständnis erarbeitet wurden, Heusinger begrenzte diese Papiere auf die eigene Abteilung. Bis 1955 hatten sie organisationsbedingt überhaupt keine Chance, bei der Feinplanung von Nutzen zu sein. Danach konnte Heusinger keine Anweisungen erteilen. Man sprach bereits von Reaktion.[76] Die Verhältnisse waren bereits desolat, ehe Strauß die «Innere Führung» vollends deklassierte und auf der Hardthöhe das Wort vom «inneren Gewürge» in Umlauf setzte.

Zu Beginn des Gesetzeswerks der Militärreform hatte der Bundestag noch 1955 einen Sonderausschuss eingerichtet, um die Personalauswahl der obersten Soldaten zu prüfen. Oberste und Generale der ersten Stunde der Bundeswehr durchliefen die Prozedur und stellten sich dieser mit zivilen und militärischen Sachverständigen besetzten Instanz. An ihnen sollte kein Makel haften, vor 1945 in Verbrechen verstrickt gewesen zu sein. Von 533 Überprüften wurden 470 angenommen, 32 zogen ihre Bewerbung zurück. Ganz untragbare Fälle wurden aussortiert. Am Ende akzeptierte der Personalgutachterausschuss alle im Amt Blank eingestellten 40 Generale und Admirale der Wehrmacht und die vier vom Grenzschutz. Hermann Foertsch, der diese unselige Rolle in

Himmerod gespielt hatte, fiel unter die Ausgesiebten, obwohl sich die militärische Spitze für ihn verwandte. Einer der abgelehnten Bewerber entlarvte sich gegenüber dem Mitglied des Ausschusses, Philipp von Boeselager, der mit dem 20. Juli zu tun hatte, mit den Worten: «Tut mir leid, dass ich Sie vorher noch nicht gesehen habe, dann hätten wir Sie schon vergast.»[77]

Auch die in die Bundeswehr Übernommenen hatten ihre narbigen Seiten. Sie waren Wanderer zwischen der NS-Diktatur und der Demokratie. Speidel solidarisierte sich öffentlich mit NS-Generalen und behauptete, das Trio Foertsch, Heusinger und er seien die eigentlichen Gründungsväter der Bundeswehr. Speidel war vermutlich bis 1942 in Paris an Geiselerschießungen und an der Vorbereitung der Deportation von Juden nach Auschwitz beteiligt gewesen.[78] Heusinger war zum Chef der Operationsabteilung im Oberkommando des Heeres avanciert und wichtiger Berater an der Seite Hitlers. Nach eigenen Aussagen wusste er Bescheid, dass sich die Wehrmacht in der Sowjetunion an der «systematischen Reduzierung des Slawen- und Judentums» beteiligt hatte.[79] Der Ausschuss akzeptierte übrigens Heusinger nur «mit Einschränkungen» und lehnte es ab, ihn für höhere Positionen vorzusehen.[80] Das allgemeine Fazit im Abschlussbericht an den Bundestag war niederschmetternd genug. Es hieß, demokratische Überzeugungen, Geschichtsbewußtsein und soziale Offenheit seien «nicht genügend zur Geltung» gekommen.[81] Ähnliche Unschärfen zeigten sich noch häufig, beispielsweise bei dem späteren Drei-Sterne-General Karl-Wilhelm Thilo, der für seine Art der «Bandenbekämpfung», nämlich die Vernichtung und das Niederbrennen von Dörfern mit der 1. Gebirgsdivision auf dem Balkan, berüchtigt war.

Die Auswahl der Offiziere der ersten Generation war ein Politikum ersten Ranges. Die Bundeswehr suchte ihr Offizierkorps durch Kaderung einheitlich und korporativ auszurichten. Nach Abwägen «theoretisch verschiedener Möglichkeiten» hatte man sich für ein bestimmtes System der Personalpolitik entschieden.[82] Die mehrheitliche Auswahl der Generalstäbler führte zu einem Mangel an Frontoffizieren. Diese personelle Beschränkung allein brachte im Heer fachliche Einseitigkeiten. Bezeichnend ist, dass anfänglich Lehrgänge in der NS-Ordensburg Sonthofen abgehalten wurden.[83] Bis Oktober 1956 wurden aus dem Oberkommando des Heeres 31 Generale, 100 Oberste und 84 Oberstleutnante rekrutiert. An der Schwelle zu den sechziger Jahren waren 12 360 Offiziere aus der Wehrmacht und 300 Offiziere der SS im Dienst der Bundeswehr. Diese wenigen Daten illustrieren die bemerkenswerte soziale Homogenität.

Die Zeitläufe spielten zu Gunsten von Strauß, wenn er das Vorbild ‹Wehrmacht› propagierte. Die längerfristig Dienenden und die Berufssoldaten wurden zunächst nur auf der Basis der Freiwilligkeit verpflichtet. Wehrpflichtige kamen erst ab April 1957 in geringen Kontingenten hinzu, da es bis dahin massive Probleme bei der Aufstellung der Streitkräfte gab. Es schien mit einem Male geboten, von dem anvisierten Umfang der Bundeswehr – 500 000 Soldaten – abzugehen. Die Planungen mussten wegen unrealistischer Annahmen wiederholt revidiert werden. Die Kompetenz der militärischen Experten im Ministerium wurde bezweifelt. Adenauer war der Ansicht, sie hätten «vor allem auf dem Gebiet der Aufrüstung völlig versagt».[84] Aber kaum war der neue Minister im Amt, wurde mit dem Hinweis auf «Umrüstung», «reappraisal» und «Prioritäten» der NATO von einer großen Lösung gesprochen. Als dann das Wort vom «Qualitätsheer» durchs Land geisterte, waren alle hoch begeistert. Ambitioniert schwadronierten manche sogar von einer 800 000 Mann starken Armee. Natürlich sollte bei der «neuen Wehrmacht» «Qualität vor Quantität» gehen. Doch für Uneingeweihte kamen große Irritationen auf, als Strauß die Gesamtstärke auf 300 000 Mann reduzierte.[85]

Strauß, der ehemalige Atomminister, verfolgte auch auf der Hardthöhe seine alten Interessen, die Bonner Republik zur Atommacht zu entwickeln. Er glaubte sich als Vorreiter dieser Politik, tatsächlich war er nur der Minister, die Politik der konkreten Atombewaffnung durchzuführen. Auch wenn der Legende nach der Kanzler kaum Ahnung vom Militär hatte, fand Strauß in Adenauer seinen Meister in der atomaren Machtpolitik. Sie hatte in Adenauers außenpolitischer Strategie einen hohen Wert und stellte ein notwendiges Additum für den nationalen Status souveräner Staatlichkeit dar – gerade aus Rivalität mit den westeuropäischen Nachbarn Großbritannien und Frankreich.[86] «Großmacht» definiere sich durch atomare Teilhabe. Adenauer hatte sich seit Jahren von den Amerikanern präzise informieren lassen. Er hielt den CDU-Bundesvorstand seit 1954 vertraulich auf dem Laufenden und bereitete ihn ab September 1956 auf die anstehende Entwicklung vor. Eine Leitungsgruppe der Bundeswehr war, wie Ulrich de Maizière notierte, schon im April 1956 zu dem Resultat gelangt: «Wichtig ist die faktische Ausnutzung des Einsatzes von Atomwaffen, im Sinne des taktischen Zieles. Bei der taktischen Ausnutzung darf keine Lage ohne Berücksichtigung des taktischen Atomwaffeneinsatzes geübt werden.»[87] Kaum ein halbes Jahr später, eben im September 1956, legte das Ministerium das Dokument über die «Umstellung hinsichtlich Gliederung, Bewaffnung und Ausbildung» vor. Atomwaffen seien für örtliche oder weltweite Kriege unverzichtbar – selbst wenn man den Lebensstandard senken müsse. Vom «Nordkap bis zum Kaukasus» müssten Atomwaffeneinsätze als «schlagkräftige Immediatmaßnahmen» vorgesehen werden. Bezeichnend war das Urteil: «Die Weiche ist bereits auf ‹Umrüstung› gestellt.»[88]

Das war die Lage, als Adenauer Strauß auf die Hardthöhe holte, um dort klare Verhältnisse zu schaffen. Der Kanzler hatte die notwendigen Absprachen mit Washington längst in Gang gesetzt, er saß «wie die Spinne im Netz der Entscheidungsprozesse» der Atombewaffnung, wie Hans-Peter Schwarz zutreffend diese Geheimpolitik bezeichnete. Adenauer brauchte Strauß als willigen Vollstrecker. Es war einiges in Unruhe geraten. Eine bestimmte Kategorie der Offiziere, konservative zumeist, begründete ihre Opposition zum Bündnis mit der nuklearen Bewaffnung von NATO-Verbänden. Erst recht wurde eine solche Ausstattung für Deutschland abgelehnt. Im Bündnis wurde ein Strategiewandel vorbereitet und am 9. Mai 1957 die Doktrin der «Massive Retaliation» (MC 14/II – Dokument der Militärischen Führung) verabschiedet. Auch dabei galt, dass sogar konventionelle Angriffe mit dem Einsatz von (taktischen) Atomwaffen beantwortet werden konnten. Jene Gruppe unter den Offizieren der Bundeswehr äußerte heftig ihren Unmut. Sie hatte mit größtem Missfallen im Juni 1955 erfahren, mit welcher Leichtigkeit die atomare Kriegführung exerziert und verharmlost wurde, als die NATO im Luftmanöver «Carte Blanche» von Ramstein und Mönchengladbach aus eine Nuklearschlacht mit 300 taktischen Atombomben probte und Deutschland aus Gründen der Verteidigung in Schutt und Asche legte. Manche Offiziere und große Teile der Bevölkerung verstanden diese Art der Verteidigung als Freifahrschein in den Atomtod.

Damals, als im Herbst 1954 in London die Verträge mit Bonn ausgehandelt wurden, hatte es hitzige Debatten um alternative Formen der Verteidigung gegeben. Dort hatten die Deutschen nach harten Verhandlungen den Verzicht auf eigene Atomwaffen ausdrücklich bestätigen müssen. Zeitgleich hatte die NATO ihr Konzept der Integration konventioneller und atomarer Waffen (MC 48) verabschiedet. Danach sollte der Einsatz von Atomwaffen – wo immer dies militärisch vorteilhaft wäre – automatisch erfolgen. Der ehemalige Oberst i. G. Bogislaw von Bonin schlug stattdessen echte militärpolitische Alternativen vor. Feste Befestigungsgürtel sollten in Verbindung mit mobilen Panzerabwehreinheiten Westdeutschland sichern.[89] Vor allem aber würde man ohne Atomwaffen auskommen. Ein ähnliches auf Panzerabwehr eingestelltes Verteidigungssystem strebte Oberst Gerd Ruge an.[90] Auch Vizeadmiral Heye entwickelte ein küstengebundenes Konzept einer defensiven Strategie. Schon Schwerin verfolgte früh ähnliche Konzepte konventioneller Verteidigung.[91] Es gab auch einen Verbund milizartiger und befestigter Komponenten wie bei General Geyr von Schweppenburg. Allen war gemeinsam, dass sie im Unterschied zu der von Adenauer und den USA sanktionierten Richtung um Heusinger und Speidel defensive Alternativen ohne Atombewaffnung suchten. Obwohl Schwerin gleich und Bonin mit der Aufstellung der ersten Verbände mit großem Eklat gefeuert worden waren, gewann die alternative Verteidigung erneut Anhänger, als die NATO ihre Atomrüstung und -strategie ab 1957 fortentwickelte.

Sollte Strauß mit starker Hand die Kontroversen im Innern des Militärs erledigen, so hatte der Kanzler mit dem öffentlichen Protest der Atomkriegsgegner mehr zu tun, als ihm lieb war. Seit Jahren waren die Medien voll davon gewesen. 1957 spitzte sich alles zu. Die Synoden der evangelischen Landeskirchen eröffneten den Kanon der ethischen Ächtung der Atomwaffen. «Es ist eine Illusion, von den Massenvernichtungsmitteln die Erhaltung von Frieden und Freiheit zu erwarten.»[92] Das wusste auch der Kanzler: Die «völlige Umstellung des Kriegsdenkens» zwinge zu den «nicht ungefährlichen Grundsätzen, dass man alles auf eine Karte setzt durch eine Steigerung des Schreckens, durch eine Steigerung der Zerstörung bis zur völligen Vernichtung der Erde mit der Möglichkeit, die gesamte Erde (...) unbewohnbar zu machen».[93] Diese Aussage hätte wortwörtlich ein Beitrag des pazifistischen Anti-Atom-Protests sein können, doch wenn oppositionelle Gruppen dies aussprachen, hatte der Kanzler nur Verachtung dafür übrig: «Die Borniertheit eines Teils der evangelischen Pfarrer ist geradezu himmelschreiend.»[94] Adenauer machte nur Agitation und Panikmache aus und mobilisierte alles gegen die Bedrohung seiner Politik.

Er hatte auch allen Grund zur Sorge, dass die als geheime Kommandosache konzipierte Atombewaffnung aufflog. Gerade hatte im Januar 1957 Präsident Eisenhower dem Kanzler die wichtige Zustimmung gegeben, die Bundeswehr erhalte in eigener Regie die Trägersysteme – Haubitzen, Flugzeuge und Raketen – und die Amerikaner verwalteten die Atomsprengköpfe, beide hätten gewissermaßen je einen Schlüssel, die nur gemeinsam den Einsatz ermöglichten. Sehr viele Prominente spürten diesen Wendepunkt – ob Bertrand Russell oder Joseph Rotblat von der Pugwash-Bewegung, ob Albert Einstein oder Albert Schweitzer, ob Helmut Thielecke oder Helmut Gollwitzer, Karl Jaspers, Gustav Heinemann, Martin Niemöller.[95] In diese bemerkenswerte Schar reihten sich am 12. April 1957 noch Atomphysiker wie Otto Hahn, Werner Heisenberg oder Carl Friedrich von Weizsäcker mit der «Erklärung der Göttinger Achtzehn» ein. Erschreckt durch Adenauers forsche, bewusst verharmlosende Formulierung, die Atomwaffen seien nichts anderes als die Fortentwicklung der Artillerie, brachen sie ihr Schweigen, weil Strauß ihnen im Herbst 1956 bei Beratungen im Atomministerium gesagt hatte, die zivile Forschungspolitik habe das Ziel, die Kernenergie militärisch zu nutzen.[96] Adenauer reagierte prompt. Er wies ihren Beitrag als unerhörte Einmischung politisch inkompetenter Wissenschaftler zurück. Wenig später trat Albert Schweitzer in einer berühmten Rede aus Oslo an die Öffentlichkeit. Die Kampagne «Kampf dem Atomtod» mochte die Massen mobilisieren, doch der Slogan «Keine Experimente!» brachte Adenauer im Herbst 1957 den Wahlsieg.

Es dauerte noch ein wenig, bis ein Kompromiss in der Atombewaffnung gefunden wurde. Ein inoffizielles Dokument aus der evangelischen Kirche, die «Heidelberger Thesen», brachte im Jahr 1959 zwei heiße, die Gesellschaft tief spaltende Kontroversen zusammen.[97] «Friedensdienst» war das Geheimnis, Unterschiedliches auf einer komplementären Ebene zu schlichten. Verteidigung mit Atomwaffen sei ethisch unerträglich, aber politische Wirklichkeit. Daher müsse der Versuch, «durch das Dasein von Atomwaffen einen Frieden in Freiheit zu sichern», als «eine heute noch mögliche christliche Handlungsweise» anerkannt werden. Im Mittelpunkt stand das Wörtchen «noch», weil es radikale und gradualistische pazifistische Ansätze verband. Heute «noch» war der politische Auftrag zur Abrüstung zu erfüllen. Aber «noch» war Atombewaffnung zu verantworten. Der andere ethische gesellschaftliche Konflikt, die geächtete Kriegsdienstverweigerung, wurde aus der Ecke der Diskriminierung herausgeholt und die religiösen Motive wurden respektiert. Friedensdienst sei mit und ohne Waffen legitim. Auf Dauer haben die «Heidelberger Thesen» zum inneren Frieden in der Gesellschaft beigetragen und dem Zivildienst Anerkennung verschafft.

Der Aufbau der Streitkräfte erfolgte gemäß dem Kaderprinzip. 1960 zählte die Bundeswehr 270 000 Soldaten, unter ihnen etwa 100 000 Wehrpflichtige. Fast zwei Drittel waren Zeit- oder Berufssoldaten. 1965 wurde die vorerst größte Stärke von 455 000 Mann bei 215 000 Wehrpflichtigen erreicht. Rüstungsprobleme und -skandale um Panzer oder Flugzeuge gehörten zum Alltag. Noch 1958 erklärte Innenminister Höcherl im Namen der Regierung, eine Atombewaffnung stehe gar nicht zur Debatte. Die «Umrüstung» der Bundeswehr aber lief auf vollen Touren. «Moderne Waffen», also größere Atomsprengköpfe als die von Hiroshima, fanden in den Arsenalen der Bundeswehr ihren Platz.[98] Der «Atomkrieg» wurde Teil der ‹normalen› Organisation und des militärischen Alltags. Schon 1959 meldete ein Korps, die «Möglichkeit» eines Krieges ohne Einsatz von Atomwaffen sei «absolut uninteressant (...). Die Truppe hat z. Zt. Ausbildungsbefehle und -richtlinien, um sich auf den nuklearen Krieg vorzubereiten.»[99] Laien fällt es schwer sich vorzustellen, in welchen Vernichtungswelten Soldaten bis Mitte der neunziger Jahre eine Verteidigung dachten. Andere werden weggeschaut, alles nicht für realistisch oder durchführbar gehalten haben. Aber es war Realität.

Nach der «Roten Fibel» des taktischen Atombombeneinsatzes und der -ausbildung, der TF 59 und TF 60 sowie der Dienstvorschrift des Heeres (HDv 100/2) von 1961 wurden Atombomben zum «wichtigsten Kampfmittel in der Hand des militärischen Führers». Feuerfelder – Kampfkraft – Angriff – Erfolg fand eine suggestive Engführung: «Daher müssen die Atomwaffen im Mittelpunkt der Überlegungen stehen.» Die Einsatzdoktrin verlangte, den Gegner «schlagartig» zu vernichten. Atomgranaten waren «nicht unbegrenzt» einsetzbar, da, wie denn auch sonst, «auch der Feind über Atomwaffen verfügt». Das hieß: «So setzen die noch kampffähigen Teile den Angriff fort. Führer aller Grade und beherzte Soldaten müssen mit allen Mitteln eine Panik verhindern.» Dieser Umgang vermittelte die trügerische Sicherheit einer kalkulierbaren atomaren Handhabbarkeit. Ulrich de Maizière, seit Beginn mit allen Einzelheiten der Atompolitik vertraut, sprach in seinen Erinnerungen von dem «geplanten großzügigen, fast unbekümmerten Einsatz atomarer Gefechtsfeldwaffen».[100] Diese Vorschrift galt bis 1973, als Strategiewandel und Waffenmodernisierung eine Differenzierung verlangten. Die Mahnung ‹Hiroshima› sowie ‹Stalingrad› und ‹Dresden› blieb im militärischen Alltag ohne Folgen.

Strauß verlangte eine Schärfung des sicherheitspolitischen Denkens «mit allen Konsequenzen», um dem durch Atomwaffen «erzwungenen Wandel des Kriegsgedankens» Rechnung zu tragen. Die Regierung suchte trotz der Verträge von 1954/55 die Verfügungsgewalt über Atomwaffen. Am 18. Januar 1957, also nur wenige Tage nach der Übereinkunft mit Eisenhower, unterzeichnete Strauß mit seinem französischen Kollegen den ersten Geheimvertrag zur Atombombenforschung. Doch das um Italien erweiterte

Projekt scheiterte im Herbst 1958 an Präsident Charles de Gaulle – «La capacité atomique (...) ne se partage pas.» Seitdem verfolgte Bonn die Option, im Bündnis das Verfügungsrecht zu erweitern. Bis 1966 wurden die deutsch-amerikanischen Beziehungen zum Teil extrem belastet, da Bonn mit dem Projekt einer Multilateralen Atomstreitmacht (MLF) Mitbestimmung und Mitbesitz beanspruchte. Ein anfänglicher Vorschlag belief sich darauf, 450 Mittelstreckenraketen mit einer Reichweite von 2800 Kilometern auf Schiffen beziehungsweise Atom-U-Booten zu stationieren. Das schien eine Lösung für die ersehnte atomare Gleichberechtigung.

Das Streben nach Einfluss auf den Atomeinsatz wurde mit dem Stichwort «Keine Diskriminierung!» auch auf die Ebene der direkten Kriegführung übertragen. In einer Stellungnahme der Hardthöhe zeigte sich die andere Version der Teilhabe, dem Offizier im Einsatz vor Ort, also auch deutschen Truppenoffizieren, alle Kompetenzen zu übertragen: «Nach deutscher Auffassung ist es notwendig, dass die Verfügungsgewalt über Sprengköpfe im Kriegsfall dem taktischen Führer, ohne Rücksicht auf dessen Nationalität, übertragen wird.»[101] Das Thema des politischen Zugriffs auf Atomwaffen fand in Bonn eine ungeahnte Steigerung, als John F. Kennedy am 25. September 1961 einen Sperrvertrag (NPT) vorschlug, um die Weitergabe von Informationen und Material zur Herstellung von Atomwaffen zu verhindern. Ein «Zweites Jalta», meinte Adenauer, ein «Versailles von kosmischen Ausmaßen», dramatisierte Strauß. Der Widerstand der Deutschen war vorprogrammiert. Diplomatie und Bündnispolitik litten darunter ein Jahrzehnt, bis sich im Zeichen einer gewandelten Sicherheits- und Ostpolitik eine Lösung anbot.

Noch hatte Bonn nicht begriffen, dass nach dem Start des ersten Satelliten 1957 – dem Sputnik-Schock – Washington begonnen hatte, den «Weg zu global wirksamen Vernunftlösungen» in der Atomfrage einzuschlagen.[102] Der Kanzler erkannte dies wohl, aber gerade deswegen verfolgte ihn ‹Jalta› oder ‹Potsdam›. Die seit dem Ultimatum von Ministerpräsident Nikita Chruschtschow von 1958 schwelende Berlin-Krise spitzte dies zu. Der Mauerbau am 13. August 1961 wurde zum Angelpunkt, die Außen- und Sicherheitspolitik auf eine ernste Probe zu stellen. Die Berlin-Krise hatte nach Westen hin eine Dimension, die vor der Öffentlichkeit verschleiert wurde. Bonn wagte eine Machtprobe mit Washington. Während Kennedy an der Mauer in Berlin von Moskau forderte, die Absprachen von Potsdam für seine ‹nationalen› Truppen in ganz Deutschland, in Berlin und auch in der DDR sowie für die freie politische Ausgestaltung in Berlin (West) einzuhalten, interpretierte Bonn den Mauerbau als provokanten Übergriff auf westalliierte und bundesdeutsche Rechte.

Die Eskalation zwischen den Bündnispartnern begann bereits Wochen vor dem Mauerbau, als Strauß und Staatssekretär Volkmar Hopf eine «gewaltige Machtprobe» bis hart an den Rand des Krieges befürchteten. Strauß drängte schon im Juli seinen US-Kollegen McNamara, die «Diskrepanzen zwischen Phrasen und Taten» aufzugeben und einen realistischen Aktionsplan vorzubereiten. Das bezog sich auf eine vor Jahren entworfene Planung für den Fall, dass Berlin (West) von sowjetischen Truppen besetzt oder von Westdeutschland abgeschnürt würde.[103] Nach dem 13. August beanspruchte Bonn eine Mitsprache mit dem Argument, der Mauerbau sei wohl ein alliiertes Problem, aber zugleich sei der Bündnisfall eingetreten. Das Bündnis müsse gemäß der Strategie der «Massiven Vergeltung» eingreifen, wie es NATO-General Lauris Norstad und Präsident Eisenhower noch im April 1959 zugesagt hätten. Washington reagierte gelassen, wies den Anspruch der Deutschen auf die Verquickung der Zuständigkeiten zurück und suchte durch Information zu deeskalieren. In Washington wurde eine Botschaftergruppe eingerichtet, um die Rechtslage, wie zuletzt in den Verträgen von 1955 festgehalten, zu verdeutlichen. Als Bonn in einem Memorandum zur Sicherung der Zufahrtsrechte über die Autobahn den vollen militärischen Einsatz von Atomwaffen vorschlug, instruierte Sicherheitsberater Paul Nitze einen militärischen Ausschuss, in den auch deutsche Offiziere entsandt wurden, über die differenzierte Einsatzplanung von Atomwaffen bei «lokalen Konflikten». Der Automatismus eines massierten Atomschlags würde die Ratio einer Eskalationskontrolle außer Kraft setzen.

Dann brachte der militärische Vertreter bei der NATO, General Johannes Steinhoff, die Forderung nach selektivem Einsatz von

Atomwaffen ein. Hardthöhe wie Kanzleramt aber wurden enttäuscht, als die Amerikaner diesen Kompromiss ablehnten, weil die Berlin-Krise nur ein «relativ geringfügiger Anlass» sei.[104] Die Deutschen erhöhten den Druck. Im September schlugen sie den Einsatz von Bodentruppen der NATO vor, wobei deutsche Panzerdivisionen berücksichtigt werden sollten. Allein die Hardthöhe wollte den konventionellen Vorstoß mit Atomwaffen flankieren. Im November suchte Strauß persönlich Kennedy, McNamara und Nitze von der Notwendigkeit der «nuklearen Abschreckung» zu überzeugen. Alles andere komme «einem Bruch der geltenden NATO-Strategie» gleich. Zum Schluss drängten Strauß und Oberst Friedrich Beermann im Dezember 1961 in Washington, erneut vergebens, darauf, eine oder wenige Atombomben demonstrativ «against no target» über der Ostsee oder über einem Truppenübungsplatz in der DDR abzufeuern. Bonn hatte machtpolitisch hoch gepokert, aber Washington setzte Grenzen.

Diplomaten des Auswärtigen Dienstes, die an diesen Besprechungsrunden beteiligt waren, erklärten ihr Vorgehen später, sie hätten «nicht den Verdacht bestärken dürfen, dass sie risikoscheu» seien. Außerdem hätten sie der in Bonn «vorherrschenden Ansicht Ausdruck geben» müssen, dass «ein großer Atomschlag (...) zu einem frühen Zeitpunkt notwendig sei».[105] Diese Worte stammen von den renommiertesten Botschaftern des Auswärtigen Amtes, von Wilhelm Grewe und Hans-Georg Wieck.

Dieses ausführlich vorgestellte Beispiel der Politik Adenauers ist der extreme Höhepunkt, Atomwaffen im Sinne deutscher Machtpolitik zu instrumentalisieren, aber auch ein Musterbeispiel dafür, wie die Alliierten deutscher Macht Grenzen setzten. Das Ganze erhält noch eine weitere, beinahe kafkaeske Note, da der Führungsstab der Bundeswehr gerade in dieser Zeit eine Bewertung der Bundeswehr vornahm. Am 13. Juni 1961 hieß es, sie sei wohl das «Instrument der politischen Führung», doch sei dies nicht mit dem «militärischen Wert (...) im Falle einer kriegerischen Auseinandersetzung» gleichzusetzen. Denn ihre Leistungsfähigkeit war niederschmetternd gering: «Die Bundeswehr ist zur Zeit nur bedingt für begrenzte konventionelle Verteidigungsaufgaben und unzureichend für atomare Kriegführung einsatzbereit.»[106] Trotz dieses eindeutigen Urteils waren das Kanzleramt sowie die außen-, sicherheits- und militärpolitischen Eliten zum äußersten Risiko, auch zu einem Krieg mit Atomwaffen bereit. Die deutschen Ansprüche, einen Einsatz der Bundeswehr oder gar der Atomwaffen maßgeblich initiieren zu können, scheiterten jedoch auf der ganzen Linie. Das Vertragssystem von 1955 erwies aus Washingtoner Sicht seine Handhabbarkeit und Zuverlässigkeit, die Bonner Republik in Schranken zu halten. Dies verhinderte 1961 einen Krieg.

Traditionalisten auf dem Vormarsch

Der Aufbau der Bundeswehr ging voran. Dort, wo es verdächtig klang, an das Vorbild der Wehrmacht anzuknüpfen, bezog man sich auf die Reichswehr. Sie schien eher eine legitime Tradition zu bieten. Doch diese Methode begünstigte restaurative Zustände. Beispielsweise zeigte das System der sozialen Rekrutierung der Offiziere, wie fatal und vertrackt die Verhältnisse sich entwickelten. In Himmerod hatte im Geist der Reform noch formuliert werden können, die Personalpolitik müsse eine «soziale Einordnung ohne Sonderrechte» der Soldaten anstreben. Das Gegenkonzept war für Kenner der Materie damals jedoch nicht verschleiert worden. Offen wurde eine Personalpolitik «des erwünschten Ersatzes» proklamiert. Hinter diesen Worten verbarg sich die Politik des historischen Sozialprotektionismus, um ausgewählte bürgerliche Kreise gezielt zu selektieren und zu assimilieren. Die im Kaiserreich definierten «erwünschten Kreise» der sozialen Herkunft hatten für fast hundert Jahre das Offizierkorps des «Adels der Gesinnung» gebildet.[107] In Weimar war dies in optimaler Weise gelungen und sogar in der Wehrmacht auf der obersten Führungsebene bis 1944 erhalten geblieben.[108] Daran knüpfte die Bundeswehr an und legitimierte sich selbst, die Gründergeneration. Dieses System sollte die innere Festigkeit der alten Gruppen stärken. Zu Beginn der sechziger Jahre aber wurde immerhin mehr als die Hälfte des Nachwuchses und 1967 noch 49 Prozent der Leutnante nach den Kriterien der «erwünschten Kreise» rekrutiert – die Generalität erfüllte das Ideal zu 80 Prozent (Oktober 1967).[109]

Das Rad der Geschichte ließ sich nicht mehr aufhalten. Das soziale Bild der Vergangenheit mochte alte soldatische Werte vollkommen reflektieren, doch die Anforderungen der technischen Revolution in der Rüstung und der gesellschaftlichen Umbrüche seither wurden damit eben nur teilweise abgedeckt. Kai-Uwe von Hassel, der das Ministeramt Anfang 1963 übernahm, entdeckte bald die «reaktionären Unterströmungen» der Personalpolitik.[110] Auch zeigte die Truppe im Alltag kaum ausreichende fachliche Fähigkeiten. Die soziale Schieflage schwächte die militärische Professionalität, die zudem unter Personalmangel litt. Das «Notsoll» an Unteroffizieren in Permanenz war geradezu sprichwörtlich. Hassel ließ die Zustände analysieren und Alternativen prüfen. Verantwortliche im Ministerium erkannten spät, dass wesentliche Ursachen in den vom Militär vorgegebenen Einstellungskriterien lagen. Diese hätten «nur einen sehr geringen Aussagewert» für die Anforderungen des modernen Soldatenberufs.[111]

In der Bildungspolitik kamen mit Himmerod die bekannten Kontroversen wieder auf, die seit den Reformen von Scharnhorst mit ‹Bildung› im deutschen Militär verbunden sind. Nutzen, Funktionalität und Zweckdienlichkeit auf der einen und Persönlichkeit, Leistung und Entfaltung auf der anderen Seite prägten seit alters her den Streit über die Fähigkeiten des Offiziers zwischen handwerklichen Fertigkeiten und individuellen Eignungen und Leistungen. Um diese elliptischen, mehr dem beharrenden Alten oder mehr dem bürgerlichen Fortschritt verbundenen Zentren kreisten die Auseinandersetzungen, die sich in den Lehrplänen für die Ausbildung und Bildung der Offiziere finden. Die Ausbildungspolitik der fünfziger Jahre knüpfte zunächst einfach an konkrete Vorbilder der Wehrmacht an. Man übersah, dass es sich entweder um Notkonzepte aus dem Krieg oder um typische NS-Entwicklungen handelte – auf jeden Fall um unzulängliche Vorbilder der Führung. Taktik und operative Strategie folgten auch im Atomzeitalter dem Alten. Den Mangel sollte der Glanz der ewigen Tugenden des Soldatentums kitten. Es gab keine ‹optimierte› konservative Orientierung. Heeresinspekteur Röttiger schrieb im November 1956 ins Gästebuch der Kampftruppenschule Munster: «Allen Widerständen zum Trotz werden wir die Panzertruppe im alten Geist wieder gestalten. Diesem Ziel soll auch meine Arbeit dienen.»[112]

Planung und Praxis der Ausbildung der Soldaten, Unteroffiziere und Offiziere waren den Teilstreitkräften übertragen worden. Die in der Zeit der Kaderung entworfenen provisorischen Kurzlehrgänge gewannen ein Eigenleben und bestanden ganz oder in Teilen fort. Vorschriften aus der Kriegszeit wurden mit den Bearbeitern aus der Zeit vor 1945 abgestimmt und begründeten in der Praxis die «Basis, von der wir losmarschierten».[113] Man verließ sich auf die eigene Erfahrung, verwendete auch Originaldrucke der Wehrmacht. Selbst die Generalstabsausbildung, die schon 1935 massiv an Qualität eingebüßt hatte und zur simplen Auffrischung von höherer Taktikschulung verkümmert war, kam nicht auf die Sprünge. Nicht einmal das mindeste Ziel beruflicher Ausbildung, «militärische Effizienz», wurde erreicht, Osterfahrung und «das Bewährte» dominierten die Ausrichtung.[114] ‹Wehrmacht› war ein Fetisch, sodass man im Militärgeschichtlichen Forschungsamt urteilte, in der Bundeswehr habe das Heer ein Ausbildungsmodell restituiert, «das sich nur unwesentlich von dem unterschied, das zu Beginn der Heeresvergrößerungen im Jahr 1933 entwickelt worden war».[115] Die Vorstellungen einer ein Vierteljahrhundert alten Ausbildung wurden unbeschadet des technologischen Fortschritts beibehalten. Die Bundeswehr setzte hier auf eine anachronistische Handwerklichkeit.

«Innere Führung» und die 1951/52 dort entwickelten Aufbaupläne akademischer und universitärer Ausbildung mochten eine gute Idee für die Bundeswehr sein, aber längst nicht für Heer, Marine oder Luftwaffe. Jede Bildungspolitik wurde verworfen. Taktik und Drill – realitätsnahe Ausbildung genannt – erhielten die Oberhand. Tendenzen der Re-Ideologisierung kamen auf, der Führungsstab führte sie bald auf das völlige Fehlen eines Ausbildungssystems zurück. Noch im Jahr 1959/60 gab es keine ordentlichen Schulen für die Standardausbildung der Unteroffiziere, Offiziere und Generalstäbler. Ein wahrer Skandal, empfand Heusinger. Er war keineswegs einer falschen Nähe zur «Inneren Führung» verdächtig und doch strebte er ein umfassendes Konzept eines militäreigenen Bildungssystems an, mit eindrucksvollen Dokumenten eines modernen Bildungsbegriffs soldatischer Berufsausübung. Trotz größter Anstrengungen gelang es ihm nicht, das Ruder herumzuwerfen. Stolz, Tradition und Anspruch der Teilstreitkräfte pochten auf Eigenständigkeit, die ihnen von Strauß verliehen worden war und die Hassel nicht aufzuheben vermochte. Mit allem Nachdruck wurden Alternativen verhindert und beispielsweise die Führungsakademie in Hamburg nach dem Vorbild der Wehrmacht aufgebaut, sodass ihr Chef vermeldete, die Akademie erfülle wieder «die gleiche Funktion wie die alte Kriegsakademie in Berlin». Auch der Kommandeur bestätigte rückblickend, die Lehrgänge seien «nach Ziel und Inhalt annähernd so wie an ihren Vorläuferinstitutionen» abgelaufen.[116]

In der Bundeswehr war eine generell restaurative und höchst restriktive Politik der Qualifizierung eingeschlagen worden, die nicht aus Zwängen der Praxis oder eines Pragmatismus resultierte, sondern der traditionalistischen Orientierung am falschen Vorbild und – wohl auch – dem unzulänglichen Überblick der Verantwortlichen in der frühen Bundeswehr zuzuschreiben war. Bis zum Ende der sechziger Jahre blieb das System ein Torso. Das erzeugte Unruhe. Permanent wurden neue Ansätze entworfen, Erprobungen angesetzt, Modelle vorgestellt – aber sie gingen fast alle von einem antiquierten Ausgangspunkt aus, sie waren erfolglos und Stückwerk. Da nie umfassende Reformen versucht wurden, zeigten sich in der Bundeswehr früh die Anzeichen einer allgemeinen Bildungskatastrophe.

Das Urteil der NATO, das die zeitgenössischen Medien skandalwitternd verbreiteten, kam nach einem internationalen Vergleich in einer großen Übung zustande. «Fallex 62» erbrachte die schlechteste Note für die Einsatzbereitschaft der deutschen Streitkräfte: «Bedingt einsatzbereit», titelte «Der Spiegel» im Oktober 1962.[117] Die Kritik aus Paris fiel niederschmetternd aus: Heer und Luftwaffe seien «mäßig einsatzbereit», die Marine verfüge nur über «sehr begrenzte Fähigkeiten». Strauß organisierte daraufhin widerrechtlich die Verhaftung des Herausgebers des Magazins, Rudolf Augstein, und dessen Redakteur in Spanien, Conrad Ahlers. Das brachte das Fass zum Überlaufen. Nicht Skandale um Rüstungsprojekte oder die Atompolitik, Entsetzen über Unglücke, technokratischer Bürokratismus oder Übergriffe nach 08/15-Manier brachten Strauß zum Straucheln, sondern sein zügelloser Machtinstinkt ließ ihn die Grenzen der Rechtsstaatlichkeit missachten. Obwohl auch der Kanzler im Bundestag einen «Abgrund an Landesverrat» ausmachte und Strauß zu stützen suchte, trat dieser, der der erste Verteidigungsminister hatte werden wollen, als zweiter unter öffentlichem Druck im Dezember 1962 zurück.

Die Politik der Nähe zum militärischen Milieu der Ära Strauß hatte der Bundeswehr ein Debakel hinterlassen. Ein eigentümlich diffuses Milieu hatte sich ausgebreitet. Die Praxis der rückwärts gewandten Orientierung und die Reformkonzeption der Wehrgesetzgebung verlangten einen täglichen Spagat, an dessen inneren Widersprüchlichkeiten jeder scheitern musste. Konsolidierung lautete daher das Zauberwort, mit dem Hassel seine Amtszeit überschrieb. Eine Schnittstelle, um sich von Ballast zu trennen, war die Tradition: der von den Traditionalisten in Militär und Politik verankerte Vorbildcharakter der Wehrmacht. Beispielhaft als Provokation für ein Militär in der Demokratie können die Namen gelten, die für Kasernen der Bundeswehr gewählt wurden. Ohne Zögern waren ‹Helden› aus der 1937/38 vom «Führer» persönlich erstellten Liste würdiger Vertreter übernommen worden.[118] Neben dieser NS-Traditionsoffensive kamen treue Anhänger Hitlers zu Ehren wie Oberst Werner Mölders, General der Gebirgstruppe Ludwig Kübler, Generaloberst Eduard Dietl und 30 andere. Sie boten der Bundeswehr die Orientierung für eine ‹sauber› konstruierte Vergangenheit, die wie selbstverständlich seit dem ‹Gründungskompromiss› von Himmerod geradezu inkorporiert war. Die notwendigen Anstöße für eine aufgeklärte militärische Geschichtspolitik kamen von außen, von der Politik, aus der Gesellschaft oder von Einzelinitiativen und den Medien. Sie fanden über Jahrzehnte nur mühsam Anerkennung.

Von aufgeschlossenen Offizieren noch vorsichtig als «Traditions-Wildwuchs» bezeichnet, hatte sich der Usus erhalten, den 20. Juli zu verurteilen.[119] Nachdem Baudissin und Schwerin schon 1950 in der persönlichen Einstellung zu dieser Gewissensentscheidung eine Voraussetzung zur Übernahme in die Bundeswehr gesehen hatten, war das Thema in den ersten Lehrgängen in Sonthofen auf heftigste Ablehnung – «Landesverräter» – gestoßen und dann abgesetzt worden. Die politische Leitung kapitulierte vor dem offenbarten Selbstverständnis. Da hatte es auch nicht geholfen, dass Theodor Heuss in einer Feierstunde 1954 diese Offiziere als Vorbilder und das gescheiterte Attentat historisch gewürdigt hatte. Auch der «Beirat Innere Führung», der als Institution der Reform gerade noch ins Leben gerufen werden konnte, erkannte die Problematik, die in dem geflügelten Wort von Manstein über die «Eidbrecher» zum Ausdruck kam, die Tat des 20. Juli sei «eines Offiziers nicht würdig».[120] Der Beirat legte sein «Gutachten zur Neubegründung von Traditionsverhältnissen» am 5. März 1959 vor. Darin wurde der Widerstand als sittlich-religiöse Frage bezeichnet, die in die Tradition berufsethischer Werte und überzeitlicher Verantwortung auch der Soldaten zu rechnen sei. Heusinger hatte daran mitgewirkt und bemühte sich, das Thema Widerstand in Richtlinien populär zu machen.

Hassel stieß auf geschlossenen Widerstand. Die Mühen seiner wenig erfolgreichen Arbeit lassen die Macht der Traditionalisten erkennen. Wortführer, von Strauß gefördert, machten Front gegen den neuen Minister. Oberst Heinz Karst verwarf die Empfehlungen des Beirats wegen der Kritik an der Wehrmacht, besser sei es, wie weiland eine absolute «Treue zum Dienstherrn» herauszustellen. Der Chef des Führungsstabes, Generalmajor Albert Schnez, wollte eine «klare, harte und ungebrochene soldatische» Tradition, die einen Damm gegen den «Aufweichungsprozess unserer Zeit» errichten sollte, der auch in Baudissins Konzept stecke. Und Oberst Eberhard Wagemann stand für die radikalste Vergangenheitspolitik einer ‹sauberen› Wehrmacht. Sie sei Opfer einer «Vergewaltigung» durch den Nationalsozialismus. Solche Legenden fabrizierte die Bundeswehr selbst, Wagemann wurde zum neuen Beauftragten des Erziehungs- und Bildungswesens ernannt. Hassel schaffte es, am 1. Juli 1965 den Traditionserlass zu unterzeichnen. Es verwundert kaum, wie sehr er allein durch vieldeutige Formulierungen Akzeptanz suchte – und die notwendige Klarheit mied. Welche Leitlinie ist gegeben, wenn Kasernennamen Persönlichkeiten ehren sollen, die «nach Haltung und Leistung beispielhaft» sind? Oder ein Satz, die Menschen hätten «in der

Geschichte» teil an «Glück und Verdienst wie an Verhängnis und Schuld»?[121] Der größte Fortschritt lag darin, den Widerstand des 20. Juli ausdrücklich positiv zu würdigen. Eine Traditionslinie zur Wehrmacht wurde vermieden, wenn man davon absieht, dass Adenauers «qualifizierte» Ehrenerklärungen von 1951 ausdrücklich erwähnt wurden. Das Wort Wehrmacht tauchte nicht einmal auf. Nach einem Jahrzehnt wollte die Bundeswehr die Vergangenheit ruhen lassen. Der Erlass der ungelösten Kontroversen ließ ‹Tradition› als sperriges Gut oder als erratischen Block der weiteren Geschichte der Bundeswehr bestehen.

Das sechste Jahrzehnt des 20. Jahrhunderts bescherte der deutschen Geschichte ein goldenes Jahrzehnt der ökonomischen Prosperität und des wachsenden Wohlstands. Die westliche Gesellschaft richtete sich in der Bonner Republik ein. Aber dieses Jahrzehnt zeichnete die Bundeswehr als ein «hässliches Militär». Nicht nur schien es ein Militär des Übergangs, ein Provisorium in der Republik zu sein, das sich wie eine Larve häutete und häutete, um seine Form zu finden. Was darunter hervorkroch, waren die scharfkantigen Schatten militaristischer Provenienz, die Untertanen im Drillzeug wollten, keine Bürger in Uniform und keine liberale und pluralistische Gesellschaft.

In der Öffentlichkeit ist mit ‹Nagold› ein Begriff entstanden, der Repression, Kommandowirtschaft und Schinderei in der Bundeswehr umschreibt. Der Skandal in der Fallschirmjägerkaserne in Nagold vom Januar 1962 verband sich mit dem aus dem Jahre 1957 an der Iller, weil in rigider Weise Befehle durchgesetzt wurden, die gemeinhin als menschenunwürdig und -verachtend angesehen werden. In der Iller ertranken 15 Soldaten. In Nagold wurde die als normal empfundene, schikanöse Behandlung in den folgenden Gerichtsverfahren zu einem öffentlichen Thema, weil Schleifermethoden der Vergangenheit das innere Gefüge dieser Kompanie bestimmt hatten. Auch wenn «auf schwere Verstöße gegen die Grundsätze der Inneren Führung und auf entwürdigende Behandlung Untergebener und Misshandlung» von Soldaten hinzuweisen war, rechtfertigte der Inspekteur des Heeres, Generalleutnant Alfred Zerbel, dies mit den Worten: «Die Forderung nach einer harten Ausbildung ist aus der Belastung, die den Soldaten im modernen Gefecht erwartet, zu verstehen.»[122] Das blieb Konsens der militärischen Führung, fast ein Jahr nach dem Skandal. Um die Technik zu meistern, sollte die Kampfmoral durch Festigung der «soldatischen Grundlagen» gesteigert werden; Generalinspekteur Foertsch suchte als Reaktion auf Nagold die Lösung: «Nur Zucht, Ausdauer und Treue zur Sache können diese technischen Soldaten bei ihrem nach früheren Maßstäben recht unheldischen Tun festhalten.» Damit spielte er auf die Atombewaffnung an, mit der die Soldaten nur mit einem «Ethos der technischen Pflichterfüllung» fertig würden.[123]

1964 kam die Bundeswehr überhaupt nicht aus den Schlagzeilen. Höhepunkt war sicherlich die zusammenfassende Analyse des Wehrbeauftragten Heye, der den alten Eigensinn beklagte, mit 08/15-Schleifermethoden die Soldaten auf vermeintliche Kampffähigkeit zu trimmen, und ihn besorgte die überkommene soldatische Ideologie des Sui-generis-Denkens, wonach das Militär aus Staat und Gesellschaft herausgehoben sei. Voller Sorge beobachtete der Wehrbeauftragte die soziale Abkapselung. Die Offiziere drohten zu Fremdkörpern in der Gesellschaft zu werden: «Dann sind sie isoliert, ausgestoßen, wirklich Staat im Staate. Dann sind sie für unseren Staat gefährlich.»[124] Die Bundeswehr sei auf dem Weg zu einer Armee militaristischer Technokraten in Uniform. Politik und Militär reagierten empört. Eigentlich aber kapselte sich die Bundeswehr «in dieser Stunde der Anfechtung», wie Generalinspekteur Trettner in einem Tagesbefehl abwehrend formulierte, nur gegen diese «schweren Belastungen» von außen ab.

Das konnte man Hassel wirklich nicht vorwerfen. In seinem gewiss konservativen Verständnis war er ein Minister, der die Missstände in der Bildungspolitik erkannte und versuchte, das Selbst- und Berufsbild des Militärs liberaler anzulegen. Doch, das sollte man nicht vergessen, er war umringt von der alten Garde der Offiziere der ersten Generation, die ihre Wurzeln in der Wehrmacht suchte oder in Weimar fand. Hassel war ein Mann der leisen Töne. Vielleicht glaubte daher die militärische Spitze, Chancen zu haben, endlich die Rangerhöhung – die Gleichstellung des Generalinspekteurs mit dem Staatssekretär – durchsetzen zu können. Doch damit hatten die Generale Friedrich Foertsch und Heinz

Trettner keinen Erfolg. Der Minister widerstand. Das war die erste Hürde, die er 1966 definitiv nahm. Die zweite folgte sogleich. Die Marine verlor eine ganze Besatzung beim Untergang ihres U-Bootes «Hai». Die Serie der Abstürze bei der Luftwaffe nahm kein Ende. Unzählige Flugzeuge gingen verloren, darunter 63 «Starfighter». Der zuständige Inspekteur schien mit der Technik und der Organisation nicht zurechtzukommen. Diese Hürde konnte Hassel nehmen, nachdem sich das dritte Hindernis aufgetan hatte. Am 1. August 1966 unterzeichnete er den «Gewerkschaftserlass», der es Gewerkschaften gestattete, in Kasernen ihr Material auszulegen. Um das zu verhindern, hatte man 1956 den «Deutschen Bundeswehr Verband» gegründet, der als «Standesvertretung» das Militär vor den Gewerkschaften schützen sollte.[125] Das führte zur Generalskrise. Wegen «Schädigung der Disziplin» protestierten die Offiziere zuhauf. Generalinspekteur Trettner und weitere höchste Generale traten daraufhin zurück. Hassel überstand die Krise und konnte für die Zukunft wichtige Generale befördern: Johannes Steinhoff wurde Inspekteur der Luftwaffe und Ulrich de Maizière Generalinspekteur.

Das Ende des Jahrzehnts zeigte schließlich, wie unübersichtlich die Lage in der Bundeswehr war. Beobachter attestierten ein Versagen auf der ganzen Linie: «Missverhältnis zwischen Befehl und Gehorsam» schien noch das geringste Übel, «organisatorisches Chaos» im Ministerium, keine Führungskräfte, kein modernes Management, «technisch zurück» – dieser Verriss kam aus der sehr konservativen Ecke von Hans-Georg von Studnitz: «Die Vorstellungen von Führung und Ausbildung sind nicht modern.»[126] Der Alltag der Truppe war miserabel. Schlendrian hatte sich eingerichtet. «Stimmungsabfall (...), Diebstähle an Waffen und Munition, gehäufte Gehorsamsverweigerung, Propaganda (...) bis zur Zersetzung» zwangen im Mai 1969 Minister Schröder zu einer «Basisuntersuchung».[127]

In der Bundeswehr brodelte es. Doch die Wortführer griffen auf alte Rezepte zurück. Karst, nunmehr als General für die Ausbildung zuständig, verbreitete die Parole: «Freiheit und Demokratie sind keine letzten Werte!»[128] Dem entsprach der Eklat, der das innere Gefüge des Militärs ins Rampenlicht der Öffentlichkeit zwang. General Hellmut Grashey, der seit Jahren mit völkischen Äußerungen auffiel, hatte in einem Lehrgang für Generalstäbler an der Führungsakademie in Hamburg massiv die Ehre der Offiziere des 20. Juli angegriffen und dann offenbart, die Zeit sei reif dafür, die «Maske» der «Inneren Führung», hinter der sich die Bundeswehr allzu lange habe verstecken müssen, nun «endlich abzulegen».[129] Im Juni 1969 legte der Inspekteur des Heeres, Albert Schnez, seine mit den Kommandeuren der Korps und der Führung im Ministerium abgestimmte Studie vor, in der er von Minister Gerhard Schröder «die von der Sache her gebotene Eigenständigkeit des soldatischen Auftrags und damit auch des Soldatenberufs» forderte. Demokratie sei für das Militär nur «ohne übertriebene parlamentarische Kontrolle» akzeptabel. In Anlehnung an die klassischen Worte Martin Luthers kulminierte alles in dem Satz, die Republik brauche eine «Umformung der zivilen Gesellschaft an Haupt und Gliedern» nach militärischem Vorbild.[130] Schröder nahm die «Schnez-Studie» an. Sein Nachfolger, Helmut Schmidt, befand sie für «diskussionswürdig, aber auch diskussionsbedürftig» und beließ Schnez als Inspekteur des Heeres im Amt.

Die Manifestation des Ewig-Gestrigen wurde mit dem Satz kommentiert: «Die Restaurateure bliesen zum letzten Gefecht.»[131] Es stand schlecht um die Bundeswehr. Es klingt unglaublich, aber es war nicht zynisch gemeint, als auf einer Offizierstagung festgestellt wurde: «Ins Kaiserreich ließe sich auch diese Bundeswehr hervorragend integrieren.»[132] Der Krisenbefund offenbarte die Dilemmata des Militärs. Die Titel dreier Bücher über diese Zeit fassen die Misere zusammen: *Armee im Abseits*; *Tradition als Last*; *Zur Perfektionierung eines Anachronismus*.[133] Auch war die Frage eines vierten Buchtitels unbeantwortet: *Wie integriert ist die Bundeswehr?*[134] Die inzwischen ausgeschiedenen Generale der ersten Stunde – Heusinger, Speidel und Baudissin – klagten 1969 übereinstimmend, die Militärreform der Bonner Republik sei «gescheitert».[135]

II.
Reform und Stabilisierung
(1969–1982)

Sicherheit und Entspannung

Der Wandel war auf Dauer nicht aufzuhalten. Auf der Ministerratstagung der NATO in Athen hatten die Deutschen am 5. Mai 1962 noch einmal alles blockieren können. Strikt dem Denken in den Kategorien der massiven Vergeltung der totalen Atomwaffen-Abschreckung verhaftet, lehnte Bonn jede Veränderung der NATO-Doktrin ostentativ ab – beinahe so, als wollte man noch nachträglich die unbeugsame Haltung in der Berlin-Krise rechtfertigen. Die Brüskierung der US-Minister Dean Rusk und Robert McNamara schlug weniger zu Buche als die Ablehnung der Athener «Guidelines» mit ihrem Leitgedanken der Détente in Europa. Détente war der amerikanische Begriff für Entspannung. Kooperation über die Systemgrenzen hinweg und Abbau der Bedrohung aus dem Osten zählten jedoch keineswegs zur Strategie Adenauers. Die Bundesregierung schien auch noch nicht bereit, die Lektion der 1955 unterzeichneten Verträge anzunehmen, dass es einen «territorialen Revisionismus, wie ihn Adenauer in den ersten Jahren seiner Amtszeit vertreten» hatte, nicht mehr geben konnte.[1] Die Grenzen waren für die deutsche Politik unantastbar. Bonn aktivierte noch einmal die brüchigen Reste der Hallstein-Doktrin, mit Handelsboykott und Kontaktverboten die DDR zu isolieren und dieses «Phänomen» aus der internationalen Politik auszuklammern.

Der Kontrast zur Reaktion auf den Mauerbau vom 13. August 1961 vor Ort in Berlin konnte nicht größer sein. Aus der irritierenden Diskrepanz, was für die USA Recht und Macht geboten und die Bonner Politik als Fiktion entlarvte, entstanden politische Impulse. Der Regierende Bürgermeister Willy Brandt ging mit Egon Bahr an die Ursachenforschung. Die schematische Politik des Alles oder Nichts, des Drucks und Gegendrucks der Konfrontation des Kalten Krieges schien an ein Ende gekommen. Die Mauer war eine Realität. Sie verwies darauf, Realitäten anzuerkennen. Berlin hatte einen anderen besatzungsrechtlichen Status als die beiden deutschen Staaten, aber alles unterlag alliierter Zuständigkeit. ‹Potsdam› bot einen Schlüssel zur Erkenntnis der Lage in Deutschland. Hatte nicht Adenauer diese Realität gegenüber den westlichen Alliierten 1949 und 1955 anerkannt und damit zugleich einen Zugewinn an Souveränität erwirkt? In Anlehnung an Diktion und Vision des «Grand Design» von Kennedys «Strategie des Friedens» entstand der große Wurf der westdeutschen Politik der Entspannung. Die Veränderung des Ost-West-Verhältnisses, welche die USA anstrebten, diente der «Überwindung des Status quo, indem der Status quo zunächst nicht verändert werden soll». Dieses Prinzip klang paradox, aber die Wendung «zunächst» eröffnete Aussichten auf einen allmählichen Wandel der Verhältnisse in Deutschland und Hoffnungen auf eine europäische Friedensordnung.[2] In der berühmten Rede in Tutzing stellte Egon Bahr am 15. Juli 1963 das Konzept dieser Politik im Zeichen des «Wandels durch Annäherung» vor.

Die Probe für die Entspannung kam unversehens, als Ende 1966 die Große Koalition der Regierung Kurt-Georg Kiesinger mit Vizekanzler Brandt als Außenminister gebildet wurde.[3] Kaum im Amt, konnte Brandt die eingefrorenen Beziehungen zu den USA in Brüssel entspannen. Im Rückgriff auf die Athener Initiativen übernahm der belgische Außenminister Pierre Harmel die Aufgabe, das politische Konzept zu formulieren, das die Bündnisstaaten aus der Starre der bloßen Konfrontation herausführen sollte. Im August 1967 einigten sich Präsident Lyndon B. Johnson und Kanzler Kiesinger auf die neue bilateral abgestimmte Ausrichtung der internationalen Politik und erklärten, ein Abbau der Spannungen würde helfen, Konflikte aus der Teilung Europas abzubauen. Damit hatte Bonn offiziell die Plattform betreten, die den Wandel der Sicherheitspolitik ermöglichte. Der «Harmel-Bericht» wurde auf der NATO-Konferenz der Außenminister am 14. Dezember 1967 verabschiedet. Er war ein Dokument von epochalem Rang, das Grenzen öffnete und Orientierung bot. Die grundlegenden politischen Probleme in Europa sollten aus der bedrohlichen Konfliktlage gelöst werden, indem Sicherheitspolitik durch die beiden unverzichtbaren Komponenten Verteidigung und Entspannung definiert wurde. Neben einer ausreichenden militärischen Stärke gegen Aggression oder Druck, um ein «Klima der Stabilität, der Sicherheit und des Vertrauens» zu schaffen, hieß es zu den zukünftigen Aufgaben der Allianz: «Militärische Sicherheit und eine Politik der Entspannung stellen keine Widersprüche, sondern eine gegenseitige Ergänzung dar.»[4]

Gerhard Schröder, der ehemalige Außenminister mit zaghaften Kontakten und einer Politik der «friedlichen Absichten» nach Osteuropa, tat sich als Minister auf der Hardthöhe mit dieser Deklaration der sicherheitspolitischen Wende nicht so schwer wie die ihm nun anvertrauten Soldaten.[5] Der gerade ernannte Generalinspekteur Ulrich de Maizière folgte den Signalen aus Brüssel und übermittelte an die Bundeswehr: Auch sie habe eine Friedensaufgabe, daher benötige sie kein Feindbild mehr. Das waren neue Töne, mit denen er die Bundeswehr auf die neue NATO-Politik einzustimmen suchte. Doch auf der Hardthöhe ging man vorsichtshalber in Deckung. Die Verunsicherung war riesig. Die Konsequenzen des «Harmel-Berichts» brachten mit einem Male ans Licht, wie geradezu existenziell das deutsche Militär nach Osten fixiert war. Entspannung unterminierte die Vorstellungen einer tödlichen Feindschaft, die in dem Slogan «lieber tot als rot» so eingängig war. Das Feindbild der Bedrohung durch die Sowjetunion aufzugeben rührte an den Kern der Legitimität. Bedrohung aus dem Osten als Motivation zum Dienst in der «neuen Wehrmacht» hatte Tradition, die ideologisch den Kampf für die Freiheit des Abendlandes mit dem Drang des Ritterordens nach Osten verklärte und mit der Tilgung der Schmach von Stalingrad vermengte. Der «Harmel-Bericht» zeigte, wie brüchig Selbstbild, Identität und Akzeptanz der Bundeswehr waren. Die Sinnstiftung, die schon lange vor ihrer Gründung seit den vierziger Jahren Pate gestanden, die die Aufrüstung und nicht zuletzt die Atombewaffnung bestimmt hatte, zerbröselte Ende der sechziger Jahren zusehends.

Die Westintegration hatte die Bundesrepublik nach Westen stabilisiert. Détente und Entspannungspolitik brachten in der Anerkennung der Realitäten der Nachkriegszeit eine neue amerikanisch-deutsche Identität hervor, nämlich die andere Hälfte der Kriegsfolgen, den östlichen Part von ‹Potsdam› sowie die Teilung Deutschlands und Europas als Ergebnis des Krieges anzuerkennen. Das führte zu Umbrüchen, die nur zu meistern waren, wenn die Bonner Politik nach Westen hin stabil verankert blieb. Der «Harmel-Bericht» wies die Richtung, die mit der anschließenden Verabschiedung der Strategie der «flexiblen Reaktion» (MC 14/III) den politischen Aspekt der Verteidigung differenziert interpretierte. Ein vielfältiges «Spektrum von Reaktionsarten» sollte «in Abhängigkeit zu Umfang und Zielsetzung einer Aggression» entwickelt und eingesetzt werden.

Für die Bundeswehr war die Welt gleichsam auf den Kopf gestellt. Diese Entscheidungen im Bündnis gaben der Bundeswehr nicht, was sie suchte. Die gewohnte Anlehnung an die USA warf Fragen auf, da dort ein Konzept vertreten wurde, das den Interessen der Hardthöhe zuwiderlief. Hatte die militärische Führung 1966 noch mit Kanzler Ludwig Erhard in Washington letztmalig und verbissen über eine Teilhabe an der Verfügungsgewalt über Atomwaffen in der MLF, dem Modell einer internationalen Flotte der NATO, verhandelt, erwies sich mit dem Scheitern dieses Ansinnens unwiderruflich, dass die Hardthöhe den Bogen gewaltig überspannt hatte. Die Militärs hatten sich verkalkuliert und die Realitaten der politischen Lage nicht adäquat erfasst. Kaum ein Jahr später – 1967 – waren die Verhältnisse im Bündnis gewandelt. Die Diskrepanz zu den deutschen Vorstellungen war extrem, so als ob sie aus dem Reich politischer Träume stammten. Wenig später wurde ein Exempel statuiert, das deutlich machte, wer das Sagen in der NATO hatte. Die Krise in der Tschechoslowakei diente dazu, den Vorrang der internationalen Détente vor eigenständigen deutschen Aktivitäten zu unterstreichen. Als am 21. August 1968 sowjetische Truppen Prag besetzten, definierte die NATO die Lage ganz restriktiv, da – wohl nach Abstimmung zwischen Moskau und Washington – in diesem Fall keine Bedrohung gegen den Westen vorliege. Entgegen der NATO-Weisung jedoch gab der Kommandeur in Regensburg in den Nachtstunden Einsatzalarm und ließ die ihm unterstellte Division in die entsprechenden Stellungen ausrücken. Moskau beunruhigten diese Aktivitäten. Daraufhin reagierten die USA umgehend und, da der automatisch ablaufende Aufmarsch längere Zeit keine Kommunikation zuließ, setzten von Schottland aus eine Bomberstaffel in Bewegung. Nur unter größten Mühen konnten die deutschen Panzerspitzen zur Umkehr gebracht werden. Das Signal lautete, die NATO plane keine Intervention, das eigenmächtige Vorgehen der Deutschen werde nicht geduldet – eine harte Lektion.

Aber es kam noch schlimmer. In der Regierungserklärung der sozialliberalen Koalition Ende 1969 kündigte Kanzler Brandt den Beitritt zum Vertrag über die Nichtverbreitung von Atomwaffen (NPT) an. Das verstand er nicht als Vorleistung, sondern als Zeichen des Vertrauens an die Adresse Washingtons und Moskaus. Für die Hardthöhe aber war damit endgültig der Schlusspunkt unter alle Hoffnungen auf eine Sicherheitspolitik mit eigenständiger deutscher Verfügungsgewalt über Atomwaffen gesetzt. Eine Fundamentalopposition des konservativen Teils der alten Sicherheitselite war die Folge, weil der Beitritt aus ihrer Sicht einem doppelten Verrat gleichkam: «Einem Verrat durch den wichtigsten Verbündeten und einem Verrat an den eigenen Zielen und Traditionen.»[6]

Die Bundeswehr musste feststellen, dass für sie nicht nur im Osten, sondern auch im Westen eine neue Lage eingetreten war, welche die alten Bindungen erschwerte. Die Aufweichung und dann die Auflösung der starren Nachkriegsordnung war bereits 1968 praktizierte Bündnispolitik. Damit tat sie sich schwer. Deutschlands Rolle in den internationalen Beziehungen war verändert. Bonn wehrte nicht mehr defensiv Veränderungen ab, sondern übernahm aktiv die Rolle des Handelnden. Mit dem Bezug nach Osten deutete sich eine neue Qualität weltpolitischer Verantwortung an.[7] So bereiteten sich die Bedingungen für die neue Ostpolitik, die Brandt Anfang der siebziger Jahre in Szene setzen konnte.

Diese Etappe einer vertieften Integration in das Bündnis brachte für die Bonner Politik noch ganz andere, erhebliche Konsequenzen mit sich. Die westlichen Alliierten gewährten nach 1949 und 1955 den dritten Zuwachs an Souveränität – eine erste Dividende der Entspannung. Sie übertrugen Bonn einen großen Teil der bis dahin ihnen vorbehaltenen Rechte «zum Schutz der Sicherheit» und damit für den inneren Frieden ihrer ehemaligen Besatzungszonen. Deutsche Institutionen erhielten alle Befugnisse für den Einsatz staatlicher Machtmittel im Innern der Bundesrepublik. Erstmals nach 1945 stand daher auch der Einsatz von Militär im Innern zur Debatte. Dieses Thema stiftete Unruhe unter der studentischen und außerparlamentarischen Opposition (APO), die im Blick auf den Vietnamkrieg den Sinn des Militärs überhaupt in Frage stellte. Die Ergänzungen des Grundgesetzes und die Notstandsgesetzgebung der Jahre 1968 und 1969 hatten einen hohen außen- und sicherheitspolitischen Stellenwert, da Vorbehaltsrechte von 1955 für den Frieden im Innern grundsätzlich (außer im Zusammenhang der Rechte der ‹nationalen› Truppenkontingente) abgelöst wurden. Seitdem können Truppen der Bundeswehr beim «inneren Notstand» (Art. 87 a, Art. 91) im Fall von Naturkatastrophen und zur «Bekämpfung organisierter und militärischer bewaffneter Aufständischer» eingesetzt werden.

Die Respektierung des Status quo in Europa führte in konservativen Kreisen der Öffentlichkeit und besonders in der Bundeswehr zu einer Frontenbildung sondergleichen, als im Herbst 1969 die Regierung Brandt mit Walter Scheel als Außenminister gebildet wurde. Symptomatisch hatte der im Frühjahr gewählte Bundespräsident Gustav Heinemann die gewandelten Perspektiven der Politik in die Wendung «Der Frieden ist der Ernstfall» gefasst, aber damit die vom Wandel beunruhigten alten Eliten eher provoziert. Alle in der Bevölkerung genährten Illusionen über eine Revision der als illegitim angesehenen Osteuropapolitik der Sowjetunion gerieten in Konflikt mit dem Realismus der Anerkennung der 1945 eingetretenen Verhältnisse. Diese «Ergebnisse der Geschichte» mochten viele nicht akzeptieren.[8] In der Bundeswehr stand die Ost- und Entspannungspolitik deshalb im Kreuzfeuer emotionaler Ablehnung. Sie wurde diffamiert. Aber die Epoche der Entspannungspolitik hatte ihren Höhepunkt noch vor sich. Und der ging in hohem Maße auch das Militär an.

Die Handlungsfreiheit der deutschen Politik konnte im Zuge des außen- und sicherheitspolitischen Aufbruchs zu Beginn der siebziger Jahre erfolgreich ausgeweitet werden. Eine enge vertrauliche Kommunikation zwischen dem Verhandlungsführer im Kanzleramt, Egon Bahr, und Henry Kissinger sollte den ständigen Kontakt zur Administration von Präsident Richard Nixon sowie nach Moskau zu Außenminister Andrej Gromyko und Berater Valentin Falin sicherstellen. Dabei hatte Priorität, die Führungsrolle der USA in Europa nicht in Zweifel zu ziehen. Denn trotz aller (Teil-)Identität der Interessen nagte im Bündnis Misstrauen an der Loyalität Bonns. Mehr als einmal knirschte es gewaltig: «Washington sah mit Bestürzung ein neues Schreckgespenst auf sich zukommen: Westdeutschland könnte versucht sein, auf eigene Faust aus dem Verbund auszubrechen.»[9] Doch es gelang, auch die divergierenden Ansätze aufs Engste zu verzahnen. Gerade für die europäische Situation hatte dies Bedeutung, da Kissinger durch die Entspannung hauptsächlich eine Krisenreduktion anvisierte. Brandt aber warb für die große Lösung einer europäischen Friedensordnung. Die Abstimmung war wichtig, da ein komplexes Vertragswerk deutsche, europäische und amerikanische Interessen tangierte, um die Strukturen der Konfrontation des Kalten Krieges im Konsens mit der Sowjetunion zu transformieren. Atomare strategische Abrüstungs- und Rüstungskontrollverträge ließen sich die beiden Hegemonialmächte nicht aus der Hand nehmen, auch wenn die jeweiligen Bündnispartner davon betroffen waren. Der Vietnamkrieg war abzuwickeln, die Ostpolitik zu integrieren.

Diese Entwicklungen verbanden sich mit den Ideen der Verständigung, der gutnachbarlichen Beziehungen, der Zusammenarbeit in Kultur und Kunst, der Kontakte in Wissenschaft und Wirtschaft, der Reduktion von Rüstung und der Unantastbarkeit der Grenzen – ein Bündel mit eigener Dynamik. Schließlich ging es um Stabilität und um die Grundzüge des Friedens in Europa. Am 1. August 1975 wurde die «Schlussakte der Konferenz für Sicherheit und Zusammenarbeit in Europa» (KSZE) in Helsinki von den Staats- und Ministerpräsidenten der 35 Teilnehmerstaaten unterzeichnet. Mehr als fünf Jahre lang war das diplomatische Stück der Verwirrung und Entwirrung gespielt worden, seitdem die finnische Regierung im Mai 1969 in einem Memorandum zu dieser Grundlegung eines Friedensprozesses angeregt hatte. Staatsmänner neutraler Staaten wie der Österreicher Bruno Kreisky und der Schwede Olof Palme bauten mit viel Engagement Brücken über die Blockgrenzen, um den notwendigen Konsens zu finden. Die Stärke der KSZE war, Menschen- und Bürgerrechte zu verbriefen und sie in einem fünfjährigen Konferenzrhythmus öffentlich auf ihre Verwirklichung hin zu überprüfen. Dieses System der KSZE-Rechte hielt «das Bewusstsein für Grundwerte und Maßstäbe wach (...), die über aller Ideologie und Staatsräson standen».[10] Die KSZE verdankte ihre Wirksamkeit nicht einer ausgeklügelten, diplomatisch ausbalancierten Organisation, sondern der Überzeugungskraft allein ihrer Wertbezogenheit. Ihre institutionelle Unauffälligkeit bot die Chance, dass die Realisten der Machtpolitik ihren Empfehlungskatalog akzeptierten, gerade weil sie über keine Divisionen verfügte. Viel Hohn und Spott musste die KSZE daher anfänglich wegen ihrer Unverbindlichkeit ertragen.[11]

Der komplementäre Charakter der politischen und militärischen Sicherheit wurde in dem «Dokument über vertrauensbildende Maßnahmen und bestimmte Aspekte der Sicherheit und Abrüstung» sichtbar. Auch dies wurde völlig unterschätzt.[12] Das Paket der Übereinkünfte zur Sicherheitspolitik schien, auffällig minimalistisch formuliert, kaum mehr als symbolische Bedeutung zu haben. Worum ging es? Um Ankündigungen von Manövern, Informationen über umfangreichere Truppenbewegungen und, als Nachweis des guten Willens, Einladungen von Beobachtern fremder Staaten zu eigenen, vor allem größeren militärischen Übungen, kurz: um «vertrauensbildende Maßnahmen».[13] Diese Maßnahmen allerdings hatten es in sich, sie wirkten unberechenbar. Im Kernbereich der antagonistischen Gegensätzlichkeit – im Militär – bauten sie das Misstrauen ab, stellten Kontakte unter den Kontrahenten her, schufen Transparenz gegenüber Rüstung, Bedrohungen und Doktrinen. Die wechselseitige Wahrnehmung wurde diskret, aber tiefgründig verändert. Der Kalte Krieg, der ohne sein Schema von Gut und Böse nicht existieren konnte, unterminierte sich selbst. Wenn die Bundeswehr zu ihren Manövern eine Anzahl osteuropäischer Offiziere einlud und selbst dorthin Experten der Manöverauswertung entsandte, gewann die Qualität der internationalen Stabilität durch militärische Transparenz des jeweils anderen

Bündnisses. Die KSZE leitete den Prozess ein, alle fünf Jahre die eigene Position offen zu legen und öffentlich zu rechtfertigen.[14]

Die Philosophie der Entspannungspolitik – «Wandel durch Annäherung» – leistete durch mehr Information und Kommunikation konkrete Beiträge zu einer Politik der Veränderung, auch wenn alles seine Zeit brauchte und mit viel Reibungsverlusten verbunden war. Das Prinzip, die Grenzen und Territorien zu respektieren, transformierte gleichwohl die gewohnten Formen der Abgrenzung. Das Militär in Europa – auch die Bundeswehr, die gewohnt war, allein auf militärische Potenziale zu vertrauen – wurde auf diese Weise in eine internationale Kooperation eingebunden, in der es mit einem Male in der vertragstreuen Erfüllung der KSZE selbst zum Träger der Entspannungspolitik wurde. Der Ära der Konfrontation folgte eine Ära der Verhandlungen, welche die Konfrontation in ihrem Wesen auf Dauer veränderte.[15]

Bundeswehr im Wandel

Seit dem «Harmel-Bericht» hatte sich ein verändertes Verständnis der Verteidigung bemerkbar gemacht. Sie wurde gemäßigter. Der defensive Aspekt, den Gegner von einer Aggression abzuhalten, wurde hervorgehoben und es wurde eher ausgesprochen, der Einsatz von Atomwaffen vernichte das, was es zu erhalten gelte. Der im Herbst 1969 zum Verteidigungsminister ernannte Helmut Schmidt, Jahrgang 1918, erklärte mit einer von Pragmatismus wie Realitätssinn geprägten Haltung angesichts der wechselseitigen atomaren Vernichtungskapazitäten, das Bündnis erfülle «immer noch» seine Funktion, doch es diene «auf die indirekte Weise der Abschreckung» und der Sicherheit. Auch wenn nicht einmal er die konkreten Zahlen kannte, ging er zutreffend von unermesslichen Mengen von Atomwaffen in den Arsenalen der beiden Bündnisse aus. Das Erschrecken über diese «Mutual Assured Destruction» (MAD) hatte zum Einhalten und Umsteuern geführt. Zwar lasen manche dieses Kürzel nur noch zynisch als «verrückt», aber andere suchten Lösungen in kalkulierten Strategien der atomaren Umrüstung. Tatsächlich hatte die atomare Aufrüstung gigantisch zugelegt und überstieg die schlimmsten Vorstellungen der zeitgenössischen Kritiker noch bei weitem. Der vorerst erreichte Höchststand an Atomwaffen lag auf amerikanischer Seite im Jahr 1967 bei 32 500 Sprengsätzen; es konnte wohl kaum beruhigen, dass die sowjetische Armee zu jener Zeit kaum die Hälfte besaß. Bis in die Mitte der achtziger Jahre schwankte der weltweit einsatzbereite Bestand an Atombomben zwischen 45 000 und 50 000.[16] Auch die Bundeswehr verfügte dauerhaft über einige tausend Trägersysteme, darunter Kurz- und Mittelstreckenraketen, Flugzeuge und Kanonen. Schmidt überzeugte viele Experten und Offiziere, wenn er die Sorgen angesichts eines möglichen Einsatzes dieser Waffen aufgriff: «Eine effektive Verteidigung Westeuropas wäre nur kurze Zeit oder nur punktuell möglich, sie würde schnell zur Zerstörung Europas führen. Die NATO verteidigt Europa deshalb indirekt durch die Herstellung abschreckender Risiken für einen potenziellen Angreifer.»[17]

Die Sicherheitspolitik war an der Wende zu den siebziger Jahren heftig umstritten. Gerade in diesem Bereich sah die Opposition ihre ureigensten Interessen verraten. Sie geriet in eine lang andauernde Identitätskrise und reagierte mit massiver Kritik an Schmidts vermeintlichen Rücksichten auf den linken Zeitgeist, obwohl er die aktuelle NATO-Strategie der atomaren Abschreckung und die «Herstellung abschreckender Risiken» seitens der Bundeswehr akzeptierte und eine Militärpolitik des Rüstungsgleichgewichts verfolgte. Nur eine Grenze hatte er strikt gezogen. Ein Zurück zu Vorstellungen einer massiven Vergeltung mit Atomwaffen gab es nicht mehr. Ein Zündeln in internationalen Konflikten war chancenlos.

Schmidt fand bei der militärischen Spitze Anklang mit der Vorstellung, Sicherheit diene zuallererst der Politik der europäischen Friedenssicherung – durch militärische Abschreckung, Glaubwürdigkeit und Gleichgewicht. Er brachte Bewegung in die militärischen Bewertungskriterien. Das Prinzip Gleichgewicht werde nicht infrage gestellt, aber es müsse sich immer wieder unter der Annahme der «Sicherheit für beide Seiten» neu bewerten lassen. Schmidt beherrschte die Sprache des differenzierten Denkens gewiefter Experten einer Atompolitik, deren Rationalität Kennedy und McNamara schon ein Jahrzehnt zuvor eingeführt und in der Berlin- und Kuba-Krise auch praktisch erprobt hatten. Gemäß dieser Politik sollten die Umstände eines riskanten und unkalkulierbaren, insofern leichtfertigen Einsatzes ausgeschlossen werden. Deeskalation in Krisen gewann Vorrang. Schmidt verkörperte eine staatsmännische Haltung politischer Vernunft und der konservativen Wahrnehmung deutscher Machtinteressen. Selbst bewandert in den Feinheiten der Sicherheitspolitik und der Strategie, wurde er ein Gesprächspartner der hohen Generalität, die er aus der alten Fixierung totaler Eskalationsmechaniken herausführen konnte.

Schmidt mochte sich aber nicht auf eine tiefere Kritik an den Grundlagen der Atompolitik und der Rüstungsstruktur von Bundeswehr und Bündnis einlassen. Es wurde sein politisches Schicksal, dass in den siebziger und achtziger Jahren eine gesellschaftliche Auseinandersetzung über Sinn und Grenzen einer atomaren Verteidigung aufkam. Beteiligt daran war auch die von Bundespräsident Heinemann in Deutschland geförderte Friedens- und Konfliktforschung. Trotz des Zieles einer praktischen Politikberatung geriet diese Wissenschaftsrichtung ins Sperrfeuer einer ideologisierten parteilichen Kritik. Die Solidität der Studien war nicht das Problem. Die innenpolitische Wahrnehmung jedoch folgte weithin den scharfen Gegensätzen aus den Anfängen des Kalten Krieges. Allerdings entstanden auch Brücken der Fachlichkeit zwischen Wissenschaft und Militär – gerade in der Frage, ob und wie die Bundesrepublik (noch) verteidigt werden könne.

Eine der großen Studien über die Folgen eines in Deutschland geführten Atomkriegs wurde bereits 1971 von Carl Friedrich von Weizsäcker vorgelegt.[18] Das Ergebnis erschreckte auch hartgesottene Befürworter einer automatischen Eskalation: Bereits in einem Szenario mit einem Einsatz von 20 oder 50 taktischen Atombomben – und die Bundeswehr allein verfügte über einige tausend Trägersysteme – gab es in Mitteleuropa für Jahrhunderte keine Überlebensmöglichkeiten mehr für eine komplex organisierte Gesellschaft. Das sicherheitspolitische Resultat war gravierend genug: Wenn jede nuklear geführte Verteidigung in Mitteleuropa keine Sicherheit herstellen konnte, da Atomwaffen mit Sicherheit das vernichteten, was es zu verteidigen galt, musste nach Alternativen einer konventionell geführten Verteidigung gesucht werden. Die Grenzenlosigkeit der Bedrohung und der Ängste vor dem «absoluten Feind» aber konnte nicht mehr durch die absolute Sicherheit einer atomaren Vernichtung des Gegners aufgehoben werden.[19] Das verband die deutsche Friedensbewegung mit der Friedensforschung. Wissenschaftler wurden zu Experten für Zerstörung und Abschreckung, Glaubwürdigkeit und Gleichgewicht, Defensive und Destruktion – kurz: Fachleute aller Varianten der Kriegführung fanden in der Friedensforschung ihren Platz auf der Suche nach Alternativen des Kriegshandwerks.[20] Kriegsverhütung bildete den Schwerpunkt, bevor konkrete Alternativen der Strategie und Verteidigung vorgelegt wurden.[21] Diese Themen begleiteten Schmidt in den Zeiten als Minister und Kanzler und bestimmten die innenpolitischen Kontroversen um die Sicherheit während der beiden folgenden Jahrzehnte.

Zuvor allerdings hatte die Politik zu handeln. Die große und umfassende Reform der Bundeswehr stand an. Dafür hatte sich Schmidt gut gerüstet. Der Krisenbefund der Bundeswehr war für ihn und seine rechte Hand auf dem Posten des Staatssekretärs, Karl Wilhelm Berkhan, offensichtlich in den zwei Schwerpunkten erfasst: Optimieren von Militär und Ministerium. Das führte zu einem Aktionsprogramm der Verbesserung in der Praxis. In Verbindung mit großen Kampagnen zur Aufklärung der Öffentlichkeit und innerhalb der Bundeswehr zeigte Schmidt seine Qualitäten als Macher. Ein Sofortprogramm einer bezifferten Mängelliste, vom Schuh des Rekruten bis zur Belüftung eines gepanzerten Fahrzeuges, wurde aufgelegt und abgearbeitet. Reorganisation lautete die Devise: Neuorganisation der administrativen Abläufe des Ministeriums, neue Leitungsstruktur und Aufgabenverteilung sowie Beheben der Sorgen der Truppe.[22] Das entsprach ganz dem schon im September 1965 von der SPD im Bundestag vorgelegten Katalog mit dem Titel «Erste Maßnahmen des Verteidigungsministers einer sozialdemokratischen Bundesregierung».

Wegen der unendlichen Kette an militärischen Skandalen in den sechziger Jahren hatte die SPD in der Opposition auch die Hintergründe der qualitativen und strukturellen Unzulänglichkeiten in der Bundeswehr analysiert. Dabei war von Beginn an das weite Spektrum von der antipluralistischen Haltung bis hin zur fehlenden «Respektierung der Menschenwürde» im Militär in den Blick geraten.[23] Im Bewusstsein der historischen Erfahrungen, die gerade die Sozialdemokratie im Kaiserreich und Gustav Noske dann in der Reichswehr mit dem kaum geglückten Versuch einer Reformpolitik gemacht hatten, gewann das Ziel, das Militär in die demokratischen Verhältnisse einzubinden, zentralen Stellenwert.[24] Das betraf auch die soziale Abkapselung und die politische Abgrenzung gegenüber liberalen und sozialdemokratischen Parteien. Diese seit 1955 bestehenden Mängel an gesellschaftlicher und politischer Integration waren in dem pragmatischen Ansatz von Schmidt Defizite, weil geltende gesetzliche und grundgesetzliche Festlegungen umgangen worden waren. Daraus folgte direkt der Auftrag, die Bundeswehr unzweideutig «in das Gefüge von Verfassung und Staat» einzuordnen.[25]

Des Weiteren ging es um die Frage, warum die Bundeswehr das technisch moderne Militärgerät zu Lande und in der Luft nur unzureichend beherrschte. Eine Ursache der beruflichen Schwierigkeiten lag in mangelhafter fachlicher Ausbildung, die auch mit der Distanz zu den Normen der «bürgerlich industriellen Gesellschaft» zu tun hatte.[26] Das hieß, die damals bekannte deutsche Bildungskatastrophe fand auch im Militär ihre Entsprechung. Aus mehreren Faktoren speiste sich also die Notwendigkeit, die Bundeswehr in die Gegenwart zu holen. Schmidt überschrieb seine konkreten Reformprogramme in Anlehnung an das Kanzler-Wort des politischen Aufbruchs: «Mehr Demokratie wagen!» daher folgendermaßen: «Wenn sich die Bundeswehr den vorherrschenden Wertvorstellungen und Verhaltensweisen der zivilen Gesellschaft entzieht, läuft sie Gefahr, sich von dieser Gesellschaft wegzuentwickeln. Es ist notwendig, dass das Militär Wertvorstellungen und Verhaltensweisen der Gesellschaft verwirklicht.»[27] Als Militärexperte vergaß er nicht anzufügen: «soweit systemimmanente Besonderheiten des militärischen Dienstes dem nicht entgegenstehen.»

Die Mobilisierung der reformfreudigen Kräfte im Militär wurde durch einen Prozess der «Selbsterforschung der Bundeswehr» in Gang gesetzt, um Tabus oder Schlendrian durch offene Diskussionen und Initiativen von unten bis oben in der Hierarchie aufzudecken. Modernisierung, Effizienzsteigerung sowie Funktionsverbesserung der Rüstung und Kommunikation konnten von den einen in der Bundeswehr gefordert werden, während die anderen Pluralismus, Offenheit und Transparenz fördern wollten, um das militärische Milieu zu wandeln. Die Leistung der Crew um Schmidt bestand darin, die politisch-gesellschaftlichen Reformkräfte sowie die beruflich-technischen Fachleute unter den Soldaten anzusprechen und eine Mehrheit für die Reform hinter sich zu scharen. Die Sprecher der traditionalistischen Kräfte, die mit der neuen NATO-Ausrichtung schon nicht konform gingen und denen die «ganze Richtung» dieser Regierung misshagte, hatten nach dem öffentlichen Desaster mit den traditionalistischen Repräsentanten 1969 schlechte Karten. Zudem fand Schmidt in de Maizière einen loyalen Generalinspekteur von soldatischer Haltung und konservativer Provenienz. Er zeigte sogar Sympathie mit der «Schnez-Studie», aber er trug auch nicht unwesentlich dazu bei, die Grundsätze der Reform – indem er sie nach innen legitimierte und die Politik mittrug – zu verwirklichen.[28]

Das Selbstverständnis der Bundeswehr wurde von zwei Seiten her unter Wandlungsdruck gesetzt. Aus Brüssel kamen strategische und operative Initiativen mit Auswirkungen auf die Waffensysteme und Einsatzdoktrinen. Sie verlangten, Struktur und Organisation der Bundeswehr an Haupt und Gliedern umzubauen, da sie aus militärfachlichen Gründen die taktischen und handwerklichen Erfordernisse veränderten. Die Anforderungen des Bündnisses zu erfüllen war ja normaler Bestandteil der Identität der Bundeswehr geworden; diesem ‹militärischen› Profil einer Modernisierung nachzukommen fiel leichter. Zugleich hatte de Maizière im Blankeneser Erlass des Ministers mehr Kompetenzen für die verantwortliche Führung der Bundeswehr gegenüber den Teilstreitkräften zugewiesen bekommen, sodass er diesen Prozess mitsteuern konnte.[29] Nach der Zeit der «massiven Vergeltung» folgte nun das Wort vom «Kämpfen können, um nicht kämpfen zu müssen».

Die zweite Seite der Bundeswehrreform betraf allerdings einen Bereich des Militärischen, der als Kern der genuinen Selbsttradition seit jeher jedem Zivilen verschlossen war. Dieser Kern gründete in der uneingeschränkten Kompetenz der Militärführung für die Personalpolitik und die eigenbestimmte Ausbildung. Hier wurde militärische Kontinuität und Konsistenz begründet und gesichert. Die Kontroverse zwischen Minister und Militär bezüglich zweier Bereiche drang nach außen. Zum einen waren Ansprüche auf einen gesellschaftlichen Sonderstatus des Soldatenstandes sui generis erhoben worden. Die Tendenzen zur sozialen Auswahl des «erwünschten Ersatzes» hatten den Aufbau der Bundeswehr mitgeprägt und sollten fortgeführt werden. Zum anderen sollte die Bildungspolitik des Anfangs, als die demokratischen Alternativen verworfen und stattdessen anachronistisch das Vorbild der dreißiger Jahre übernommen worden war, grundsätzlich unangetastet bleiben.[30]

Es war daher eine Herausforderung von höchster politischer Relevanz, den Fehdehandschuh der Militärs aufzunehmen und diese beiden Bereiche – die Personalpolitik, mit der die personelle Auslese für den Zugang zum Offizierberuf immer gesteuert wurde, sowie die Bildungsreform, mit der das militäreigene Ausbildungssystem modernisiert werden sollte – zur Chefsache zu erklären. Historisch gesehen waren Entscheidungen darüber auch Entscheidungen über die militärische Macht- und Herrschaftssicherung. Doch Schmidt verfolgte keine ideologischen Ziele, er hatte das Recht auf seiner Seite. Nach dem grundgesetzlich verbrieften Recht auf Gleichheit, Gleichberechtigung und freie Berufsauswahl standen alle Berufe, auch der militärische, allen Schichten der Bevölkerung offen. Frauen und Militär war noch kein Thema. Objektivität und Leistung sollten die Karriere bestimmen. Daher mußte die Personalpolitik entsprechend den Werten des Grundgesetzes geöffnet und ein modernes Bildungssystem eingeführt werden. Beide Elemente aber förderten die Demokratisierung des Militärs und verbesserten das Verhältnis zwischen Gesellschaft und Militär.

Für die Bildungsreform wurden hohe Anforderungen proklamiert: «Die Bundeswehr muss mit der gesellschaftlichen Entwicklung Schritt halten. Sie muss ihre Berufsbilder, ihre Bildungs- und Ausbildungsgänge so gestalten, dass die Soldaten daraus für ihren beruflichen Werdegang innerhalb der Bundeswehr und ebenso später im zivilen Leben den größtmöglichen Nutzen ziehen.»[31] Das zielte auf erhöhte Effektivität soldatischer Professionalität und auf erhöhte Attraktivität des Militärs in der Gesellschaft.

Die Reform ging an die Fundamente der alten Bundeswehr. Ein moderner Typ des jungen Offiziers sollte durch ein fortschrittliches und zeitgemäßes Bildungssystem die Streitkräfte wandeln. Wertepluralismus als Selbstverständlichkeit, ‹zivile› Qualifikationen sowie Selbstständigkeit und Urteilsfähigkeit als von Amts wegen gestellte Anforderungen an den militärischen Vorgesetzten entsprangen einem pluralistischen Gesellschaftsbild, das im Wesentlichen im Einklang mit der politischen Kultur der jungen Republik stand.[32]

Vom Gesinnungsoffizier nach dem Bild des «Adels der Gesinnung» wurde Abschied genommen. Das gesamte militäreigene Bildungssystem von der Rekruten- bis zur Generalstabsausbildung wurde umstrukturiert. An dieser Stelle ist daran zu erinnern, dass Zeit- und Berufssoldaten ihre qualifizierende Ausbildung in dem in der Bundeswehr eingerichteten System von Schulen und Akademien erhalten. Dies wurde durch Fachhochschulen und Hochschulen (Gründung von Universitäten in München und Hamburg im Herbst 1973) erweitert. Ausbildungspersonal, Curricula und Prüfungsordnungen mussten zivil vergleichbar sein und wurden der Kontrollaufsicht der Länder zugeordnet. Wie im übrigen öffentlichen Dienst waren Ausbildungen und Prüfungen obligatorisch abzulegen. Das hatte einen enormen Innovations- und Modernisierungsschub zur Folge. So gewannen Soldaten beispielsweise eine zivilberufliche Perspektive, wenn sie nach 12 oder 15 Jahren Dienst als Handwerks-Meister (Unteroffizier) oder als Diplom-Ingenieur (Offizier) in die Wirtschaft wechselten.[33]

Damit wurde erfüllt, was eine Bildungskommission unter Leitung von Thomas Ellwein so auf den Punkt gebracht hatte: Die Ausbildung «in erster Linie auf die Aufgaben des Soldaten» habe als wesentliche Bedingung zu erfüllen, dass das «Ausbildungssystem der Streitkräfte als Teil des allgemeinen Ausbildungssystems verstanden und gestaltet wird».[34] Die Reform der Offiziersausbildung mit einem obligatorischen Studium und der Einführung eines für alle Berufsoffiziere gemeinsam zu absolvierenden Stabsoffizier-Grundlehrgangs an der Führungsakademie wurde am heftigsten kritisiert, ging es dabei doch um die Orte der wichtigen Prägung der Offiziere – sie konnte daher zeitgenössisch leicht als

Systemveränderung durch «Rote Zellen» diffamiert werden. Dabei irritierten im Wesentlichen die erziehungs- und gesellschaftswissenschaftlichen Ansätze eines kritisch-reflexiven Bildungsverständnisses, das wohl nur in dieser Phase der Bonner Republik so verdächtigt werden konnte.[35] Diese Reform führte zu einem kruden, ideologisierten Streit, der in immer wieder neuen Formen die weitere Geschichte der Bundeswehr begleitete.

Nachdem diese Strukturen einmal errichtet waren, wurde weiter heftig um die inhaltliche Substanz der Reformen gerungen. Die militärische Gegenpolitik erzwang von vornherein eine Ausnahme. Die Hardthöhe setzte ein Reservatrecht bei den zweijährigen Lehrgängen zum Generalstabs- und Admiralstabsdienst durch und begrenzte die Reichweite der Reformen damit wieder erheblich. Dazu trug sicherlich bei, dass Georg Leber als Nachfolger von Schmidt stärker dem Vortrag der Militärs folgte und deren Interessen berücksichtigte. Nicht alle Ziele der Reform wurden verwirklicht. Etwa 1975 wurde das höchste Niveau erreicht. Was bis dahin nicht umgesetzt wurde, fand keine Zustimmung mehr und wurde schlicht gestrichen oder beschnitten. Offenbar war eine Grenze des Zulässigen erreicht worden. Von da an galt eine Politik der evolutionären Fortentwicklung. Darunter wurde aber auch verstanden, dass man an den erreichten Reformen der Offizierausbildung eine Reihe von Abstrichen, Kompromissen und Umgewichtungen vornahm, die einiges an Liberalität und Pluralität der einzelnen Reformmaßnahmen kappten. Der wissenschaftliche Charakter der Ausbildung wurde beibehalten, auch wenn technokratisches Denken eine Versuchung und Erziehung zur Anpassung eine Gefahr war und ist. Doch trotz aller Einschränkungen gelang der Reformpolitik von Schmidt grundsätzlich der «bildungspolitische Einbruch» in den Hort der ehemals stark traditionalistischen Orientierungen des Militärs.[36]

Ergänzend zur Bildungspolitik fand sich in der Personalpolitik der zweite wesentliche Bereich, um die Bundeswehr zeitgemäß mit der gesellschaftlichen Entwicklung zu verknüpfen. Die dazu notwendigen Reformen waren in Art einer großen Koalition zwischen Ministerium und SPD-Opposition schon seit 1963 vorbereitet worden. Nachdem bis 1967 ein ausreichend sachlicher Informationsstand aufbereitet war, konnte zielgerichtet die gesamte Rekrutierungs- und Auslesepolitik umgesteuert werden.[37] Die Reform von oben ging auch in diesem Bereich an die Wurzeln des militärischen Selbstverständnisses. Der Nachwuchs des Offizierkorps wandelte sich. Die soziale Öffnung hin zu mehr sozialen Schichten der vielfältig strukturierten Gesellschaft vollzog sich in einem mehrjährigen Prozess, bis ab 1975 der Anteil der großen sozialen Gruppen in etwa stabil gehalten wurde. Am Beispiel der Offiziere, die nun Abitur oder Hochschulreife zumindest nachweisen sollten und ab Ende der siebziger Jahre auch ein Studium (zu fast 90 Prozent) absolvierten, lassen schon die groben Daten die Veränderungen in der Herkunft erkennen: Der Anteil der Offiziere aus Beamtenfamilien verringerte sich von 42 Prozent (1967) auf 26 Prozent (1975); die Landwirte und Selbstständigen nahmen von 26 auf 15 Prozent ab; die Angestellten hingegen gewannen von 26 auf 41 Prozent, die Arbeiterschaft von 4 auf 17 Prozent. Ein paar kursorische Hinweise auf die Kriterien nach dem Modell des «erwünschten Ersatzes» (so der Ausdruck aus dem Kaiserreich) zeigen das Neue der pluralistischen Rekrutierung ganz plastisch: Der Anteil der Adligen sank auf ein Prozent (1967 bei den Leutnanten 15 Prozent); die höheren Beamten fielen weit unter 10 Prozent; die Selbstrekrutierung lag nun bei 5 Prozent; die protestantische Konfession verlor ihre extreme Dominanz und pendelte sich um 40 Prozent ein.[38] Marine, Heer oder die Generalstabsoffiziere differierten in einzelnen statistischen Ausprägungen. Bis zu den personalpolitischen Entscheidungen von Manfred Wörner zu Beginn der achtziger Jahre blieb diese Struktur erhalten.

Dieser – langfristig betrachtet – evolutionäre Prozess der relativ pluralistischen Rekrutierung war einmalig in der Militärgeschichte. Sicherlich konnten nicht alle Gruppen der Bevölkerung direkt und repräsentativ im Militär vertreten sein, aber der extreme Dirigismus einseitiger sozio-ideologischer Rekrutierung der Vergangenheit hatte sich überlebt. Diese soziale Reform kann als eine nachholende Reform bezeichnet werden, weil sie das Militär aus seiner – im Vergleich zur wirtschaftlichen und gesellschaftlichen Entwicklung – restaurativen Sonderrolle herauslöste.[39] Personalpolitische Einseitigkeiten aus der Aufbauzeit der Bundeswehr konnten abgeflacht, ausgeglichen und erweitert werden. Die gesellschaftliche Seite des «Staatsbürgers in Uniform» gewann pluralistische Konturen. Gegen überholte sozial-elitäre Geschlossenheit wurde der offene bürgerliche Leistungsbegriff gestellt. Eine neue Qualität setzte sich durch. Doch so groß die Erfolge der Militärreform auch waren, die gegensätzlichen Grundpositionen, die mit Lernen und Leistung sowie mit Mobilität, Chancengleichheit und sozialer Herkunft verbunden sind, wurden dennoch nicht dauerhaft harmonisiert. Die Bundeswehr schwankte wie eh und je zwischen den so mächtigen antithetischen Normen von «Rustikalität und Urbanität, Charakter und ‹Geist›, Militarismus und Intellektualismus», wie es für lange Epochen der Militärgeschichte galt.[40] Schon bald wurde wieder heftig über ‹Praxis und Theorie› sowie ‹Charakter und Bildung› gestritten.

Wie erklärt sich, dass der Reformschwung schon nach so wenigen Jahren erlahmen konnte? Hätten Schmidt und Berkhan mit diesen Impulsen der Erneuerung das belastende Erbe des Traditionalismus vollends aus den Angeln heben können? Wie sollte man mit dessen Dominanz in den ersten beiden Jahrzehnten der Bundeswehr umgehen? Günstig war zunächst der Umstand, dass eine ganze Generation von ehemaligen Wehrmachtsoffizieren die Altersgrenze erreichte und binnen kurzem 61 Generale und Admirale aus dem Dienst schieden. Vielleicht erfasste Schmidt den politischen Charakter des militärischen Milieus zu wenig und nahm ihre Machtposition zu wenig ernst. Undeutlich bleiben die Gründe, warum er den prominenten Gegnern seines Politikkonzepts so viel Reverenz erwies. Als erster ging Grashey, Karst schied unter Protest gegen die «Einengung» seines Tätigkeitsbereichs nach einem Jahr, zum 30. September 1970, aus.[41] Schnez selbst blieb als Heeresinspekteur ein weiteres Jahr in Amt und Würden. Minister Schmidt hatte ja dessen Studie wenig enthusiastisch als akzeptabel klassifiziert; in internen Gesprächen verharmloste er die Generale als «politisch sehr naiv»[42] – sie seien viel zu schwach, um der etablierten Generalität die Grenzen aufzuzeigen. War es übermäßige Vorsicht vor der Opposition der Generalität oder nur unbedacht, dass er am 6. Januar 1970 der Führung des Heeres bestätigte, sie habe in der «Schnez-Studie» den Primat der Politik nicht infrage gestellt? Schmidt vernachlässigte zumindest, dass federführende oberste Heeresgenerale, die Autoren der «Schnez-Studie», ausdrücklich Grundgesetzänderungen eingefordert hatten. Das Problem blieb bestehen, sodass der Sicherheitsexperte der SPD, Erwin Horn, noch 1973 an ihrer «demokratischen Zuverlässigkeit» zweifelte, da die entlassenen Generale bei ihren Besuchen auf der Hardthöhe weiterhin die Parolen jener Studie vertraten. Horn äußerte: «Immerhin: Generale spielten wenigstens in Gedanken mit Verfassungsänderungen oder sogar Verfassungsbruch, denn eine Änderung der Grundrechte ist im Grundgesetz nicht vorgesehen.»[43] Aber warum lehnte Schmidt die Unterstützung seiner Politik ab, als junge Offiziere an der Heeres-Offizierschule nach Diskussionen mit Baudissin die «Schnez-Studie» in dem Gegenpapier «Leutnant 70» im Januar 1970 kritisierten und weitere Reformen forderten, er aber die Offiziere abwertend in die Ecke stellte?[44] Diese Thesen von acht Leutnanten, die mit den geflügelten Worten begannen: «Ich will ein Offizier der Bundeswehr sein...», seien «teils diskutabel, in einigen Punkten falsch, in anderen provokant». Schmidt erleichterte es seinen Gegnern in Militär und Ministerium, die Front gegen seine Reformen aufzubauen.

Die Alten lancierten sogleich ein Nachfolgepapier, das – taktisch raffiniert – ein gröberer Aufguss der «Schnez-Studie» war. Von einem der Beteiligten der «Schnez-Studie», General Eike Middeldorf, wurden schon im Oktober 1969 im Kommandostab des Korps in Unna Hauptleute zusammengezogen, die ein Dokument verfassten, in dem sie die angekündigten Reformen des noch nicht einmal vereidigten, designierten Ministers strikt ablehnten.[45] Die Reformpolitik wurde in Seecktscher Manier – in Teilen von Karst verfasst – als «Politisierung der Armee», die Entspannungspolitik als «Verharmlosung der wahren Zielsetzung» der sowjetischen Machtpolitik und die Kooperation von Soldaten (wie die des Generalinspekteurs) mit der neuen Regierung als «Hörigkeit militärischer Führer» disqualifiziert, ja, diffamiert. Die Rechtslastigkeit des militärischen Denkens folgte den Ansprüchen von Trettner oder Schnez, als die Autoren mehr «Eigengewicht» für das Militär, nämlich die politische Parität, einen «gleichberechtigten Dialog» zwischen Militär und Politik einforderten. Das Muster des Sui-generis-Denkens wurde voll abgedeckt: Der Soldat sei «in erster Linie Kämpfer», die «Integration in die Gesellschaft» würde wie die «Innere Führung» zu hoch veranschlagt und «die gesamten Reformpläne» seien zu überprüfen. Militärische Erziehung müsse im Gefechtsdrill das «Disziplinierungsmittel» sehen, Arreststrafen müssten ohne richterliche Zustimmung möglich sein und «verschärfter Arrest» sowie eine eigene «Wehrjustiz» wieder eingeführt werden, damit «wieder ein frisch-fröhlicher Geist in die Truppe kommt». Forderungen, die Grundrechte zu ändern und die Zuständigkeiten des Wehrbeauftragten zu beschneiden, fehlten gemäß dem traditionalistischen Credo selbstverständlich nicht. Das Fazit des «Unna-Papiers» zur gegenwärtigen Lage: «In dieser Form ist ‹Demokratisierung der Armee› nicht nur unangebracht, sondern schädlich.»

In einer offiziellen Besprechung mit dem Generalinspekteur hatten die Hauptleute den Eindruck, de Maizière finde fast alles «vollinhaltlich begrüßenswert»; das zuständige Referat im Führungsstab des Heeres jedoch zeigte Mut, eine kritische Stellungnahme vorzulegen, die Inspekteur Schnez, der das «Unna-Papier» allerorten «sehr positiv» bewertete, sogleich kassierte. Der Hardthöhe war klar, dass die Bundeswehr auf einen «Knickpunkt» in ihrer Geschichte zusteuerte. Mit dem «Unna-Papier» ergriff die alte Garde die Initiative, um dem sozialdemokratischen Minister den Schneid abzukaufen. Im Nachhinein meinte sogar General de Maizière, die Traditionalisten hinter ‹Unna› hätten «sozusagen eine neue Reform präsentieren» wollen. Es sei «das letzte Mal» gewesen, dass die Auseinandersetzung um das Schicksal der «Inneren Führung» und die demokratische Gestalt der Bundeswehr zu einer «verhältnismäßig starken Konfrontation» zwischen Militär und Politik geführt habe.[46]

Bewies Schmidt das notwendige Maß an Courage? Erfasste er das Ausmaß des doch politisch zu verstehenden Widerstandes? Daran sind berechtigte Zweifel angebracht. Immerhin erklärte er anlässlich einer öffentlichen Erörterung des «Unna-Papiers», das «Engagement, was letztlich dahinter steckt, respektieren» zu müssen.[47] Damit gab er eine Sprachregelung frei, die das nicht einmal verdeckte Gegenhalten gegen die Reform legitimierte. Dieses

Dokument der «Panzermänner» erfüllte auf der Hardthöhe den Zweck, die Gegner der Reform zu organisieren, vor allem aber die Umsetzung zu verschleppen und die Reichweite der Reformziele zu begrenzen.[48] Schmidt hat diese brisante Dimension von ‹Unna› nicht begriffen. Sicher wurde er durch die politische Entwicklung daran gehindert, persönlich die Reformen konkret umzusetzen. Aber die Reformpolitik der Bundeswehr ist seine Leistung und sein persönliches Markenzeichen. Als er, nun Minister für Wirtschaft und Finanzen, im Juli 1972 die Amtsgeschäfte an Georg Leber übergab, ging der Lotse von Bord, ohne das Schiff der Reformen ausreichend wasserdicht gemacht zu haben.

Normalisierung

Der katholische Gewerkschaftsführer der traditionsreichen IG Bau, Georg Leber, Jahrgang 1920, übernahm mit seinem Amt die Aufgabe, das Reformwerk zu vollenden. Diese Phase war von enormer Bedeutung. Die Bildungsreform stand weitgehend noch auf dem Papier, die Vorlagen für die Wehr- und Personalstruktur waren planungsreif, vieles war angeschoben, aber noch nicht verwirklicht.[49] Für Kontinuität in Sachen Reform sollte Berkhan sorgen.[50] Aber wie stand der neue Minister, der mit dem Wort Konsolidierung die Leitlinie seiner Politik verdeutlichte, zum Militär? Beharrlich tauchte die gewohnte Skepsis gegenüber dem Primat der zivilen und parlamentarischen Leitung wieder auf. Man werde, so ging die Parole unter Generalen, einen Umgang mit ihm finden, man sei ja zum Gehorsam erzogen – eine bemerkenswerte Vorstellung angesichts der Tatsache, dass die Bonner Republik inzwischen dreißig Jahre alt war. Aber auch Leber, einer aus der konservativen Gruppe der «Kanalarbeiter», war nicht frei von bekannten sozialdemokratischen Berührungsängsten zum Militär, das er mit der Arbeiterbewegung versöhnen wollte. Er fühlte sich an die Verhältnisse seines Weimarer Vorgängers Noske erinnert und empfand eine Menge Selbstzweifel, als er dessen Worte wiederholte: «Einer muss der Bluthund sein.»[51]

Doch Lebers Engagement für das von Schmidt ererbte Programm erwies sich schnell als zwiespältig. Ausbildung sollte für alle Stufen vom Rekruten bis zum Generalstabsoffizier verbessert werden. In selbstgewisser alter Tradition der Gewerkschaften übernahm er das Projekt des beruflichen Fortschritts. Sein Elan fand dort eine Grenze, wo Theorien und Konzepte unter den Bedingungen akademischer Ausbildungsstätten auch in der Bundeswehr durchzusetzen waren. Mancherlei pragmatische Kompromisse ging er auf Wunsch der Generale ein, um ihre Ablehnung aufzufangen. Er teilte im Wesentlichen sogar ihre Bedenken gegen «Akademiker in Uniform». Die Folgen lassen sich am besten mit einem Zitat aus dem Urteil der Hardthöhe nach Jahren der Bildungspolitik dieses Ministers umreißen. Ende Dezember 1977 kam der Führungsstab der Streitkräfte zu folgendem Ergebnis: «Die schwerwiegendsten Probleme liegen im Bereich der Menschenführung. Seit Bestehen der Bundeswehr ist es versäumt worden, ein Konzept für die Ausbildung der Vorgesetzten zu entwickeln. (...) Dieses Defizit wiegt schwer.»[52]

Diese Unentschiedenheit des Ministers, die Angelegenheiten seines Ministeriums in die Hand zu nehmen oder das Richtungsmaß der Reform durchzusetzen, zeigte sich, als er später auf sein Wirken in der Bundeswehr zurückblickte: «Das Dafür und Dagegen und auch das Noch-nicht waren in dieser Situation legitim und begründet. Was politisch richtig war, konnte erst die Zukunft erweisen.» Leber fand keine Einstellung zur Bildungsreform, bis zum Schluss lavierte er zwischen den Lagern. Am Ende fand er: «Es ist gut gegangen.»[53] Die Folgen sollten er und sein Nachfolger Hans Apel noch zu spüren bekommen. Ein aktiver General schrieb schon 1973 den ersten Leitsatz nach alter Art gegen die Reform: «Die Gesellschaft ist nicht das Maß aller Dinge.»[54] Leber, der bodenständige Gewerkschaftler und Harmonie suchende «Soldatenvater» und «Mann der Armee», brachte für diese Tendenzen kein Gespür auf. Die neue Taktik der Reformgegner zielte nicht gegen die Modernisierung generell, sondern darauf, die akademische und wissenschaftliche Lehre zu beschneiden. Solche Positionen formierten sich schon um 1975 mit den altbekannten Argumenten, die auf «militärische Forderungen» oder «berufliche Bezüge» abzielten. Ein verkürztes Effizienzdenken mit dem Schwerpunkt auf handwerklicher und administrativer Perfektionierung wurde anvisiert. Nach dem Muster einer «Praxeologie für militärische

Führungsaufgaben» wurde eine deutliche Reduktion der auf breite Persönlichkeitsbildung gerichteten Reformziele erkennbar durchgesetzt.[55] Diese eng ausgerichteten, militärischen Interessen für die Ausgestaltung der Bildungsreform konnten sich tendenziell durchsetzen, und manche alten Strukturen wurden zumindest bezüglich ihrer Wirkung «voll wieder hergestellt».[56]

Im August 1979 steuerte General Jürgen Brandt mit einer Weisung «für Ausbildung, Erziehung und Bildung» eine Kampagne, mit der er – mit der militärpädagogischen Triade: Kriegstüchtigkeit, realistische Ausbildung und soldatische Erziehung – die konservativen Schlüsselbegriffe des kommenden Jahrzehnts lieferte. «Moralische Aufrüstung» der Soldaten verband sich mit pragmatischem Vorgehen. Er suchte wieder militärische «Einheitlichkeit und Homogenität, nicht Pluralität».[57] Baudissin erkannte die tiefgreifende, wenn auch noch hintergründige Wende in der Militärpolitik und wies rechtzeitig auf die «gefährliche Ideologie» hin, dass die Führung der Bundeswehr erneut das restaurative Ziel einer «politisch-gesellschaftlichen Exterritorialität der Soldaten» anstrebe.[58] Er sprach aus, was damals nur wenige Kenner des Innenlebens des Militärs als neue Politik ausmachten: Unter der entwickelten normalen Gestalt der Bundeswehr wurde die Tradition des soldatischen Denkens in Sui-generis-Kategorien bewahrt. Diese Haltung aus der Gründungsphase mit ihren Vergangenheitsträumen hatte sich keineswegs in Luft aufgelöst, sondern überlebte in der Sphäre der Kasernen und in den gleichsam vorpolitischen Räumen der Dienstwelt des Ministeriums im Zustand kommunikativer Latenz.

In der öffentlichen Debatte fand diese militärinterne Spannung ihren Rekurs in Themen wie «Wehrgerechtigkeit» und «Kriegsdienstverweigerung». Erstmals war 1968 der Schwellenwert von 10 000 Antragstellern überschritten worden. Vietnamkrieg, außerparlamentarische Opposition und die Notstandsgesetzgebung signalisierten den Wandel in der Motivation. Neben die christlich-pazifistische Ethik trat zunehmend eine politische, die allerdings leicht als kommunistisch diskreditiert wurde. Zur Ablehnung trug natürlich auch die Atomrüstung bei. Das entzündete eine heftige Diskussion, da der «Dienst an der Waffe» in größeren Kreisen der

Jugendlichen und zum Entsetzen der Bundeswehrführung sogar unter Soldaten abgelehnt wurde. Schon 1967 verweigerten mehr als 3000 Soldaten ihren Dienst. Die Funktionsfähigkeit und Verteidigungsbereitschaft der Streitkräfte schien durch eine gesellschaftspolitische Agitation bedroht. Anfang der siebziger Jahre wurde die Grenze von 30 000 und 1977 sogar 70 000 Anträgen auf Wehrdienstverweigerung erreicht.

Der aufkommende Begriff «Zivildienst» in einem Gegenüber zum «Wehrdienst» entsprach der Auffassung der Obersten Gerichte über die Festlegungen im Grundgesetz, widersprach aber völlig dem von der Mehrheit im Parlament geteilten militärischen Selbstverständnis, die Wehrpflicht habe Vorrang.[59] Daher nutzte die Politik ihre administrativen Mittel, um die Verfahren zur Anerkennung zu erschweren. Die Anträge konnten erst nach der Musterung gestellt werden, ein Ausschuss, der sinnigerweise von Juristen der Bundeswehrverwaltung geleitet wurde, prüfte ihre Begründung. Auf dieser Ebene lag der direkte Einfluss des Staates. Das Wort vom «Massenverschleiß des Gewissens» ging um. Doch der Vorwurf der Parteilichkeit, der Inquisition und Willkür schien gerechtfertigt, da die Gerichte, die nach dem Einlegen des Widerspruchs eingeschaltet wurden, nahezu alle Bescheide der Erstinstanz aufhoben und somit den Eindruck der «Militarisierung» der Verfahren bestärkten.[60] Der andauernde Streit schien nur mit der Radikallösung von 1977 beendet werden zu können, anstelle jener Prozedur eine einfache schriftliche Erklärung einzufordern. Allein, dieses «Postkartenverfahren» fand vor dem Verfassungsgericht keine Anerkennung, der Zivildienst müsse eine «lästige Alternative» sein. Im Januar 1984 trat das neue System in Kraft: Das Bundesamt für Zivildienst wurde geschaffen, es entschied nach Aktenlage über die Glaubwürdigkeit der Anträge und vermittelte die Kriegsdienstverweigerer gemäß dem regionalen Bedarf zum Zivildienst.

Lebers Nähe zum Militär gab seiner gesamten Amtszeit das Profil. Der Minister des Militärs kann er genannt werden, da er das Kunststück fertig brachte, in der Epoche der Entspannungspolitik eine einzigartige Aufrüstungspolitik zu betreiben. Das Heer wurde um drei auf 36 Brigaden mit modernisierter Struktur erweitert, die Bundeswehr insgesamt um 30 000 Soldaten zum ersten und letzten Mal in ihrer Geschichte auf einen Friedensumfang von 495 000 vergrößert und eine «materielle Mobilmachung» eingeleitet, die Regierung und Opposition gleichermaßen verblüffte. Es wurde tatsächlich, wie Leber gerne betonte, eine Politik der systematischen «Runderneuerung» der Bundeswehr betrieben. Die gesamte Ausrüstung – vom Hubschrauber bis zur Haubitze, vom Jagdpanzer bis zum Jagdbomber, von der Fregatte bis zum Feldtelefon, von Raketen bis zu Transportern –, alles, was zur Ausstattung der Bundeswehr zählte, wurde geordert. Sogar die Generale staunten, als der Minister mehr bewilligen wollte, als sie forderten.[61] Nur erwies sich schnell, dass die Kapazitäten der Hardthöhe überstrapaziert wurden. Die planerische, finanzielle und konzeptionelle Kontrolle ging verloren. Beschaffungsskandale waren an der Tagesordnung. Der gravierendste Fall der ministeriellen Inkompetenz bezüglich komplexer Systemsteuerung betraf die Entwicklung des Kampfflugzeugs Tornado, wie ein Parlamentarischer Untersuchungsausschuss nachträglich feststellen musste.[62]

Gab die Rüstung Lebers Politik die Signatur, so wurde sie auch sein Schicksal. Kanzler Schmidt zog im Februar 1978 die Notbremse, um die völlig ins Uferlose wuchernde Rüstungsinflation auf realistische Finanzierbarkeit zurückzuholen, und entsandte seinen besten Fachmann, den Finanzminister Dr. Hans Apel, Jahrgang 1932, auf die Hardthöhe. Stolz betonte Leber bei der Übergabe des Amtes: «Hans, ich habe alles bestellt, Du brauchst nur zu bezahlen!» Nur – ein Signal reichte nicht mehr aus, Schmidt hatte zu spät eingegriffen. Trotz eines harten Sparkurses, um die Beschaffungskosten zu reduzieren und zu kalkulieren, konnte Apel nicht verhindern, dass die Bonner Militärausgaben in den siebziger Jahren auf das Doppelte anstiegen.[63] Es brauchte lange, bis überhaupt eine realistische Lage feststand. Planungen wurden revidiert, Aufträge zeitlich gestreckt, Mengen gekappt. Apels Phantasie, Finanzen zu requirieren und Haushaltslöcher zu stopfen, reichte nicht aus, um den organisierten Wildwuchs an Bestellungen von Rüstungsgütern und beim Neubau der Infrastruktur (Kasernen und Verwaltung) zu lichten. Auch die Reorganisation der ministeriellen Funktionsfähigkeit konnte nicht rückwirkend

Kontrolle und Transparenz herstellen. Kurz vor dem Ende seiner Amtszeit schob er die nächste Haushaltslücke in Milliardenhöhe vor sich her – «mit voller Kraft in die Krise».[64]

Der zweite Aufgabenschwerpunkt ergab sich aus der ambivalenten Haltung Lebers in der Bildungsreform. Nun zeigte sich, wohin es führte, die militärische Führung so grenzenlos zu hofieren. Das traditionalistische Klischee, theoretische Ausbildung sei für den praktischen Beruf des Soldaten ungünstig, wenn nicht gar schädlich, hatten die guten Leistungen dieser Offiziere in der Truppe nicht bestätigt. Gleichwohl erfolgten an der Führungsakademie und an den Hochschulen der Bundeswehr Eingriffe gegen eine vermeintliche liberale oder zivile Überfremdung. Berkhan, mittlerweile Wehrbeauftragter, stellte 1977 fest, die höchsten Ausbildungsstätten verkümmerten zu Anstalten «reinen Spezialistentums ohne gesellschaftliche Bezüge». Eine empirisch vergleichende Untersuchung warnte vor Entwicklungen unter jungen Offizieren, da deren Einstellungen stark rechtslastig geprägt waren und das politische Spektrum auf seiner linken Seite stark «beschnitten» war.[65] Apel hätte gewarnt sein müssen. Und mußte entdecken, wie die Hardthöhe Obstruktion durch Nicht-Handeln betrieb. Weisungen wurden nicht befolgt, sodass der Minister sogar eigenhändig in curriculare Lehrpläne aus Hamburg eingreifen mußte und die Kommandeure davor warnte, die Universitäten verkümmern zu lassen, um stattdessen dort Militärakademien zu errichten.

Die Jahre an der Wende zum achten Jahrzehnt können eindeutig nicht als Glanzzeit der «Inneren Führung» bezeichnet werden. Dazu passt, dass die Frage nach der militärischen Tradition in der Demokratie erneut hochkochte. Ob er 1978 einer Kaserne den Namen des ehemaligen Bundespräsidenten Heinemann verlieh, ob es sich um den Sinn von militärischem Zeremoniell, um den Eid der Berufssoldaten oder die Form des öffentlichen Gelöbnisses, um antisemitische Ereignisse oder um die Beteiligung von Soldaten an der Beisetzung des Großadmirals Karl Dönitz 1980 handelte – Apel hatte in seiner gesamten Amtszeit um eine zeitgemäße Umsetzung der «Inneren Führung» zu kämpfen. Apel selbst empfand im Abstand einiger Jahre seine Politik als zu vage; er bemerkte die Schwäche gegenüber der Generalität, seine Entscheidungen seien zu konturlos gewesen: «Denn sie sind brav, halten sich in den konventionellen Grenzen.»[66]

Zwei Wochen vor dem Ende der Regierung Schmidt unterzeichnete Apel am 20. September 1982 noch einen neuen Traditionserlass. Heftig umstritten und nach endlosen Querelen war dieses Dokument auf der Hardthöhe entstanden. Die politische Leitung der Bundeswehr nannte die demokratische «Wertgebundenheit der Streitkräfte» als oberste Orientierung. Der Rückblick auf die militärische Geschichte blieb zaghaft realistisch: «Die Geschichte deutscher Streitkräfte hat sich nicht ohne tiefe Einbrüche entwickelt.» Das mochte ja noch angehen, aber die folgende Beschreibung traf auf wütende Proteste: «In den Nationalsozialismus waren Streitkräfte teils schuldhaft verstrickt, teils wurden sie schuldlos missbraucht. Ein Unrechtsregime, wie das Dritte Reich, kann Tradition nicht begründen.»[67] Diese eindeutige Aussage wurde zum Stein des Anstoßes. Manfred Wörner erkannte darin eine Beschmutzung des «Ehrenschilds der Wehrmacht» und kündigte sogleich bei der Übernahme seiner Amtsgeschäfte im Oktober 1982 an, er werde diese Traditionsrichtlinien umgehend außer Kraft setzen. Er wollte damit ein symbolträchtiges Zeichen für die neo-konservative Richtung der Wendepolitik der Regierung Kohl geben. Doch als ein zwei Jahre später vorgelegter Bericht bestätigte, der Einsatz deutscher Soldaten im NS-Regime sei mit dem Selbstverständnis der Bundeswehr unvereinbar, gab er widerstrebend seine revisionistische Haltung auf. Der Erlass von 1982 blieb unverändert bestehen.

Die Reformimpulse, wie sie 1969/70 ausgesandt worden waren, hatten dem deutschen Militär der Nachkriegszeit, mehr als nur oberflächlich erkennbar, eine neue Gestalt verliehen. Die Bundeswehr hatte sich gewandelt, sie war, wie viele erkannten, in der Bonner Republik angekommen, erschien vielen als normal und hatte einen Großteil jener Werte verwirklicht, mit denen die Republik in den fünfziger Jahren angetreten war. Bei aller Unterschiedlichkeit der Persönlichkeiten der Minister war es eine «Kärrnerzeit» für die Umsetzung guter zivil-militärischer Verhältnisse. Doch der Prozess des Umbaus verlangsamte sich, er wurde bürokratisiert – und in Maßen gelähmt. Allerdings gärte es unter der

Oberfläche dieser gewonnenen Professionalität und Modernität. Wichtige Vertreter der militärischen Führung hatten wiederholt deutlich gemacht, dass sie mit diesem pluralistisch offeneren Milieu in der Bundeswehr nicht einverstanden waren. Das «Unna-Papier» hatte Pate gestanden für das Gegenhalten, das unübersehbare Spuren auf der Fassade der Normalität hinterlassen hatte. Auch sollte daran erinnert werden, dass die Reformdynamik durch den Wunsch in der Gesellschaft, die Verhältnisse zu stabilisieren, abgelöst wurde, was dann schon um 1974, wie Jürgen Habermas beobachtet hatte, in eine «dann einsetzende Restauration» überleitete.[68] Sie war im Militär nicht ohne Folgen geblieben.

Proteste gegen Rüstung

Kanzler Schmidt hielt wie sein großer Vorgänger Adenauer in Sachen Sicherheitspolitik die Fäden der Verantwortung fest in der Hand. Das gilt auch für den berühmten Nato-Doppelbeschluss vom Dezember 1979, der eine verwickelte Vorgeschichte hatte, die deutsche und internationale Interessen auf höchst eigenwillige Weise miteinander verband – und zugleich krass trennte. Der politische Bezugspunkt für dieses Ereignis, das in den Gesellschaften vieler Länder zu heftigen Gegenreaktionen führte und eine Friedensbewegung initiierte, deren Ausmaß alles bisher Dagewesene überstieg, ist die Rede des Kanzlers in London zwei Jahre zuvor. Am 28. Oktober 1977 trug er am Institut für Strategische Studien die Forderung vor, Deutschland verlange ein numerisches Gleichgewicht an Rüstung auf allen Ebenen der Verteidigung. Wenn also die Sowjetunion Mittelstreckenraketen zu Lande gegen Westeuropa richtete, dann benötigte die NATO in Westeuropa den gleichen Typ an Raketen, lautete die Formel. Raketen auf atomgetriebenen U-Booten der NATO im Nord- oder Mittelmeer blieben dabei außer Betracht. Diese Auffassung des Kanzlers war nicht neu, seit über einem Jahrzehnt vertrat er den Ansatz, eine paritätisch gedachte Rüstung in Ost und West – das «Gleichgewicht» – garantiere Stabilität und Sicherheit. Allein der Zeitpunkt gab dieser Äußerung eine brisante Dynamik.

Diese Unruhe resultierte zum einen aus der Rüstungspolitik der NATO, die bei der modernisierenden Umrüstung der Atomwaffen ein wahres Fiasko erlitten hatte. Beispielhaft hatten sich die Akzeptanzprobleme dieser Waffen gezeigt, als das lang angelegte Konzept des Projekts der Neutronenbombe zur Einsatzreife gekommen war. Sie war eine speziell für den taktischen Einsatz auf dem europäischen Gefechtsfeld entworfene Atomwaffe. Bei hoher Treffgenauigkeit und mit einer geringeren Sprengkraft als die üblichen, die Detonationskapazität von Hiroshima übertreffenden Atombomben galt sie als «saubere» Waffe für eine «diskretere» Zielplanung. Die Logik dieses Waffendesigns entsprach der vom amerikanischen Minister James R. Schlesinger verfolgten Atompolitik, neue Kriterien für den Einsatz festzulegen und ihre Wirkung nach Selektivität, Flexibilität und Kalkulierbarkeit zu bemessen. Von deutscher militärischer Seite wurde diese Waffe in der Nuklearen Planungsgruppe seit 1970 gefordert, Minister und Kanzler wurden seitdem regelmäßig auf den NATO-Ratstagungen informiert.[69]

Schmidt, Protagonist einer realistischen Machtpolitik und der gängigen Variante des Gleichgewichtsdenkens, die der zahlenmäßig konventionellen Überlegenheit des Ostens ein Gegengewicht an taktischen Atombomben des Westens entgegensetzen wollte, unterstützte die Aufstellung der Neutronenbombe. Im Juli 1977 plädierten Regierung und Opposition, Schmidt und Wörner als prominente Redner Seite an Seite, im Bundestag für die Stationierung dieser «Strahlenwaffe» zur Abwehr sowjetischer Panzerverbände. Damit war der Startschuss für größte sicherheitspolitische Kontroversen gegeben. Die Neutronenbombe sollte die Besatzungen töten, die Panzer aber unzerstört lassen. Die Funktionsweise dieser Bombe spaltete die politischen Parteien und die Öffentlichkeit. Egon Bahr übernahm ungewollt die Rolle des Oppositionsführers. Er äußerte seine Kritik an diesem Waffentyp nicht erst, als er von der Vorstellung der amerikanischen Seite erfuhr, der wahrscheinlichste Schauplatz für den Einsatz der Neutronenbombe sei Deutschland, «weil es dort liegt, wo es eben liegt». Diese Technik der Verteidigung zeuge, so Bahr, von der abstrusen «Mutation menschlichen Denkens» – die Neutronenbombe sei «Symbol der Perversion des Denkens».[70]

Bundespräsident Scheel zeigte Sympathie, Exkanzler Brandt äußerte offen seine Unterstützung, die SPD forderte im November

1977 die eigene Regierung zu Abrüstungsinitiativen auf, um diesen Typ von Atombombe überflüssig zu machen. Die hochgehenden Wogen der Mediendebatten zeigten schlagartig – da die Grenzen der «Kultur der Zurückhaltung» erkennbar wurden – die Problematik der gesellschaftlichen Akzeptanz der nuklearen Sicherheitspolitik auf. Der Streit um die richtige politische Ethik polarisierte Parteien und Parlament.

Schmidt aber blieb seiner Linie trotz aller Proteste auch 1978 noch treu. In einer Regierungserklärung bezeichnete er die Neutronenbombe als «unverzichtbares Mittel» zur Sicherung des Friedens. Joseph Luns, Generalsekretär der NATO, warb für die Stationierung, falls Abrüstungsverhandlungen mit Staatspräsident Leonid Breschnew ohne Erfolg blieben. Dessen Vorlage einer «Konvention über das Verbot von Neutronenbomben» in Genf wurden von Verteidigungsminister Harold Brown und Sicherheitsberater Zbigniew Brzezinski prompt als östliche Propaganda eingestuft. Der Westen zeigte sich konzeptionslos: Anfang März trat der niederländische Verteidigungsminister unter dem Beifall des Parlaments aus Protest gegen die amerikanische Politik zurück. Das Klima war dramatisch aufgeheizt. Die gewohnte Rhetorik des Kalten Krieges schlug wieder Wellen, Strauß erkannte in der «jämmerlichen Haltung» der Atomgegner «klar die Position Moskaus», Leber diffamierte die Protestler als «linke Pazifisten», «Wirrköpfe» und «Soldaten des Ostens».[71] Zur Frühjahrstagung der NATO erschien US-Präsident Jimmy Carter nicht mehr, am 7. April 1978 folgte die Erklärung des Weißen Hauses, die Entscheidung über die Produktion der Neutronenbombe sei verschoben worden.

Das sicherheitspolitische Establishment – nicht nur Carter, sondern die gesamte amerikanische Administration – war aufs Höchste verärgert, fühlte sich geradezu diskreditiert. Da hatte man über Jahre den Wünschen der Europäer, voran der Deutschen, für diese atomare Aufrüstung Rechnung getragen, die Bombe entwickelt und produktionsreif gemacht – und dann sprangen sie kurzerhand ab. Die Spannungen aber hatten tiefere Ursachen. Sie hatten sich schon im Konzept der Détente und der Entspannungspolitik gezeigt, als trotz aller Teilidentität der Interessen die Amerikaner stärker auf eine funktionale Krisenprävention setzten. Auch waren die USA empfindlich, die Narben der «schmutzigen Niederlage» in Fernost brannten heftig. Nachdem Kissinger die USA Mitte der siebziger Jahre endlich von dem Joch des Krieges in Vietnam befreit hatte, suchte man nach Stabilität und versuchte sich neu einzurichten. Nun auch noch die Europäer – das würde man sich nicht mehr bieten lassen. Die Geschichte der Neutronenbombe war eine Geschichte des Gesichtsverlusts. Nicht nur Carter, auch Schmidt hatte sein Fiasko erlebt.

In diese aufgewühlte Lage des Jahres 1977 platzte die Londoner Rede des Kanzlers. Konkret beklagte er die fehlende Parität gegenüber den sowjetischen Mittelstreckenwaffen mit dem Kürzel SS 20; denn nur einen Monat zuvor hatten Washington und Moskau sich grundsätzlich über die Begrenzung der strategischen Atomwaffen (SALT II) geeinigt, ohne die Thematik dieser Waffenart abschließend geklärt zu haben. Dies war auch schwierig, setzten die Amerikaner doch eher auf U-Boote und auf Bomber als Träger von Raketen für Atomsprengsätze anstelle der Boden-Boden-Raketen. Diese sowjetischen Raketen befänden sich gewissermaßen in einer Grauzone zwischen taktischen und strategischen Atomwaffen. Es war ein Routinetext, den Schmidt vortrug, übernommen im Kontext der terroristischen Bedrohung im Innern. Klang es in manchen Ohren auch harmlos: «Die Allianz muss bereit sein, für die gültige Strategie ausreichende und richtige Mittel bereitzustellen», so hatte doch nur wenige Tage zuvor die Nukleare Planungsgruppe eine umfassende Revision der Atomrüstung in Europa beschlossen.[72] Die Rede des Kanzlers schien die ausdrückliche Bestätigung für diese neue Konzeption der NATO zu geben.

Diese Umstände verliehen den Äußerungen des Kanzlers über die Grauzonenwaffen ihre Brisanz. Damit forderten die Deutschen ein neues euro-strategisches Gleichgewicht; die Bundeswehr hatte die Chance, das sowjetische Territorium mit weitreichenden ballistischen Atomsystemen direkt zu bedrohen und die Abschreckung radikal zu erhöhen. Ihre obersten Generale, Jürgen Brandt und Wolfgang Altenburg, unterstrichen dieses Eskalationsspektrum nachdrücklich, schien sich doch auf diese Weise der Anspruch auf nukleare Teilhabe wie in der MLF-Politik der sechziger Jahre am Ende noch einlösen zu lassen. Für den Kanzler spielte der Aspekt, mit dieser Atomrüstung eine immer befürchtete Abkoppelung der USA im Bündnis zu verhindern, eine wesentliche Rolle. Was aber die Deutschen als Garantie des Eskalationsverbundes der Abschreckung bezeichneten, bot im Gegenteil den Amerikanern den Schlüssel, den Automatismus der unkontrollierten Eskalation zu unterbrechen. US-Verteidigungsminister Brown war zufrieden, da nach diesem Konzept ein Bündel von Kurzstreckenwaffen endgültig ausgemustert wurde.[73]

Bei so viel Übereinstimmung über den Atlantik hinweg verwundert es nicht, dass bereits zwei Monate nach der Londoner Rede im Dezember 1977 in Brüssel der Beschluss gefasst wurde, eine «evolutionäre Anpassung» der weitreichenden Atomwaffensysteme vorzunehmen. Im Februar 1978 erfolgte die militärinterne Festlegung der NATO in Los Alamos, dem Zentrum der Atombombenherstellung seit 1941,[74] in Europa ein größeres Potenzial an Mittelstreckenraketen zu stationieren. Die NATO-Ratstagung im April 1978 schließlich sanktionierte diese Planung auf politischer Ebene. Am 5. Januar 1979 bereiteten Carter und Schmidt auf der französischen Insel Guadeloupe zusammen mit dem französischen Präsidenten Giscard d'Estaing und dem britischen Premier James Callaghan die Durchführung nach dem Grundmuster vor: Aufstellung der neuen nuklearen Waffensysteme in Verbindung mit dem Angebot der Abrüstung. Die Amerikaner wollten die Kohäsion im Bündnis durch diese Doppelstrategie flankieren.

Der Kanzler allerdings schien trotz des beachtlichen zeitlichen Vorlaufs vom Ergebnis dieses Treffens überrascht, wie sein Wort verdeutlicht, Carter habe den Entwurf für den Doppelbeschluss «wie ein Kaninchen aus dem Hut» gezaubert. Anders als die deutsche Politik agierte Washington zielgerichtet. Im Sommer 1979 lag das diplomatische und militärische Konzept ausformuliert vor und war von der Nuklearen Planungsgruppe der NATO bestätigt. Die interne «Klarstellung» sollte dem politischen Ablauf der kommenden Jahre die Grenzen aufzeigen: (1) absolute Priorität für Stationierung und Dislozierung der Waffensysteme; (2) auch bei positiven Verhandlungsergebnissen Abrüstung erst nach vollständiger Aufstellung der Raketen; (3) Verhandlungen ausschließlich über landgestützte Waffensysteme großer Reichweite (Raketen und Marschflugkörper); (4) somit keine Berücksichtigung der britischen und französischen land- wie seegestützten Raketen- und Bomberverbände, der amerikanischen Bomber in Schottland und der Atom-U-Boote im Nord- und Mittelmeer.

Die USA hatten fast zwei Jahre darauf verwendet, das Konzept der «Nachrüstung» vorzubereiten und den Konsens im Bündnis mannigfach abzusichern. Die Führerschaft im Westen war wiederhergestellt, die Stellung als Hegemonialmacht konsolidiert und die internationale Reputation zurückgewonnen. Der Doppelbeschluss der NATO wurde auf der Tagung vom 12. bis 14. Dezember 1979 gefasst. Er signalisierte auch das vorläufige Ende der Entspannungspolitik, die in eine neue, frostige Epoche des Kalten Krieges überging.

Dieser Beschluss stand für den Wandel der amerikanischen Strategie, die schon seit Jahren erheblich umgewichtet worden war. Worte wie «die Atomschwelle heben», das Memorandum des Nationalen Sicherheitsrats vom 17. Januar 1974 mit Hinweisen auf eine selektive, regionale Atomkriegführung in Europa und schließlich auch das Gesetz über die Kompetenzen des Präsidenten im Atomkrieg zeigten klar, wie amerikanische Interessen in der Sicherheitspolitik des Bündnisses ihren Ausdruck fanden. Die USA wollten nicht unfreiwillig oder automatisch in einen Krieg gezogen werden. Daher fanden sie die Lösung darin, auf keinen Fall das breite Spektrum an taktischen bis hin zu den strategischen Atomwaffen einzusetzen. Auf diesem sogenannten Kontinuum der gesicherten Atomabschreckung aber beharrten die Deutschen.[75] Das Sicherheitsdilemma Deutschlands blieb so oder so bestehen. Jeder, auch ein selektiver Atomwaffen-Einsatz würde die Existenz des Landes mit Sicherheit vernichten. Ein atomares Kriegstheater – das «theatre of war» – konnte nicht inszeniert werden, ohne «Bühne» und «Zuschauerraum» gleichermaßen zu treffen. Auch diese so genannte Nachrüstung bot dafür keine Lösung.

Das Weiße Haus zog seine Konsequenzen in einer umfangreichen Revision der alten Doktrin. Ähnlich wie Kennedy aus dem Automatismus der eigenen und weltweiten Vernichtung durch die politischen Handlungsmaximen der Strategie der flexiblen Reaktion herauskommen wollte, löste Carter seine amerikanischen

Sicherheitsprobleme, indem er ein neues Muster differenzierter Optionen des nuklearen Instrumentariums festlegte. Die Ratio, von den Sicherheitsberatern Brzezinski und Samuel Huntington eingebracht und im Ansatz von Kissinger schon 1969 enthalten, war nicht ohne Realismus: Keine «Massenvernichtung der zivilen Bevölkerung» in der Sowjetunion, damit kein «Gemetzel an Amerikanern» erfolge, wie es in der PD 59, der «Presidential Directive 59», vom 27. Juli 1980 hieß.[76] Die Sorgen um die Existenz der USA hatten hohe Relevanz, die so nicht unbedingt für Europa galt. Das gab der Sicherheitsexperte McGeorge Bundy auf der Herbsttagung des Londoner Instituts 1979 zu bedenken, daher sollten die Amerikaner «diese Stationierungsart» ihren Verbündeten nicht «aufzwingen». Überleben können im Atomkrieg, lautete die amerikanische Devise. Mit der «Counterforce»-Doktrin sollten mit nuklearen Gegenschlägen bedeutende militärische Objekte und die Zentren der Kommunikation ausgeschaltet werden. Das war möglich, da zu Beginn der achtziger Jahre viele Waffen- und Trägersysteme der neuen Generation gemäß dem Standard der Mondlandungs-Technologie entworfen, erprobt und entwickelt waren. Die Diversifizierung der Atomwaffen erreichte ihren Höhepunkt. Die technische Fähigkeit, mehrere Atombomben einer Rakete auf verschiedene Ziele zu steuern, führte zu einem Boom an vorgeplanten gigantischen Vernichtungsszenarien. Gab es 1974 «nur» 24 000 Objekte in der Kriegsziel-Planung, fanden mit der PD 59 nunmehr 40 000 relevante Ziele Berücksichtigung, nur noch überboten vom Planungsrahmen des nächsten Ministers, Caspar W. Weinberger, in seiner Weisung vom Juli 1982 mit 50 000 Koordinaten für Atombomben.[77] Im europäischen Teil der Sowjetunion lagen rund 6000 strategische Ziele, davon 1000 mit hoher Priorität. Da passte es, diese Ziele mit den aufzustellenden Waffen des Doppelbeschlusses direkt von europäischem Boden aus zu bedrohen.

Doch damit nicht genug. Der nächste Präsident schärfte die sicherheitspolitischen Normen in ideologisch radikaler und weltanschaulich puristischer Weise und teilte die Welt bipolar auf. Er deutete den ethisch-politischen Gegensatz zwischen Freiheit und Totalitarismus der ersten Phase des Kalten Krieges in religiös-fundamentalistischer Diktion um in den Kampf zwischen einer guten und einer «bösen Macht». Vor der Militärakademie in West Point proklamierte Ronald Reagan am 27. Mai 1981 das typische Denken dieser Ära, über den Feind – das «Reich des Bösen» – auch im Atomzeitalter «den Sieg zu erringen». Unbekannte Töne überlagerten die bekannten Begriffe der letzten Jahrzehnte, via Abschreckung und Gleichgewicht eine wechselseitig gesicherte Stabilität zu erzeugen. Die Vorstellung einer «horizontalen Eskalation» tauchte auf, also beispielsweise den Kampf zur Verteidigung der Region Europa in die Region Arabien zu verlagern. Dafür benötigte man die Fähigkeit, global zu agieren und Macht zu «projizieren», indem Truppen und Waffen überall hinverlegt werden konnten.

Im Handbuch der Armee vom 20. August 1982 mit dem Namen «AirLand Battle» finden sich die Operationsanweisungen für eine hoch mobile Kriegführung mit nuklearen und chemischen Waffen als «weltweite Herausforderung». Die Sprache ließ keine Zweifel an der unverhohlenen Forderung nach genereller Offensive «für den totalen Sieg».[78] Der defensive Ansatz einer kalkulierten Abschreckung im Atomzeitalter schien vollends verloren, als das FOFA-Konzept («Follow On Forces Attack») bekannt wurde, mit dem bei einem ansonsten konventionellen Krieg mit weitreichenden Atomschlägen ins gegnerische Hinterland in Europa die Kriegführungsfähigkeit mit Atomwaffen demonstriert werden sollte. Angesichts dessen erinnerten sich viele an die Rede von Minister Brown zur Stationierung der Mittelstreckenwaffen. Er hatte betont, «auch nach einem begrenzten nuklearen Angriff» rechne er mit der Zerstörung Europas und der Vernichtung aller seiner Truppen, aber diese Atomwaffensysteme böten für die USA den Vorteil, dass danach noch «Dutzende bis Hunderte Gefechtsfeldwaffen» für einen flexiblen Gegenschlag aus der Region – nämlich Europa – verfügbar seien.[79]

Unter diesen Verhältnissen verwundert es nicht, dass erst nach knapp zwei Jahren, ab dem 30. November 1981, gemäß dem Doppelbeschluss Abrüstungsverhandlungen aufgenommen wurden. Reagan setzte sich nach außen an die Spitze aller pazifistischen Strömungen und forderte eine umfassende Null-Lösung bei den

Mittelstrecken- und Grauzonenwaffen in Ost und West. Doch alle diplomatischen Bemühungen waren natürlich entsprechend der internen Vorgaben zum Scheitern verurteilt – auch jener unkonventionelle Versuch der Unterhändler Paul Nitze und Julij A. Kwizinskij, auf einem «Waldspaziergang» in Genf im Juli 1982 eine tragbare Formel der Verständigung zu finden, die in Washington akzeptabel wäre.[80] Das Raketenschach, wie Nitze es später nannte, schlug fehl. Der Nato-Doppelbeschluss wurde von Reagan und der frisch gewählten Premierministerin Margaret Thatcher offen sabotiert. «Die Amerikaner haben uns betrogen», analysierte Egon Bahr die irritierende Weltlage.[81]

Hatte im Jahr 1969 Kanzler Brandt die junge und kritische Generation mit den Worten «Mehr Demokratie wagen!» hinter sich geschart, brachte nur ein Jahrzehnt später sein Nachfolger Schmidt mit seinem Engagement für den Doppelbeschluss diese Generation gegen sich auf. «Mehr Rüstung wagen!» kam nicht an. «Frieden schaffen mit immer weniger Waffen» wurde hingegen Gemeingut der Empörung. Der Verdacht, den Amerikanern gehe es nicht um kooperative Rüstungssteuerung, sondern um eine einseitige Aufrüstung, war für die neue Friedensbewegung ebenso eine Gewissheit wie für die Befürworter, dass die Aufstellung eine unerlässliche, aber angemessene Reaktion auf die Raketenbedrohung aus dem Osten darstelle. Die «Nachrüstung» schied die Geister und spaltete die Gesellschaft nachhaltiger als die «Wiederaufrüstung» der fünfziger Jahre. Protest und Widerständigkeit wurden zum politischen Ereignis ersten Ranges. Den «Krefelder Appell» unter dem Motto «Der Atomtod bedroht uns alle – keine Atomraketen in Europa» unterschrieben 1980 etwa vier Millionen Bürgerinnen und Bürger, angeführt von Carl Amery, Wolfgang Abendroth, Ulrich Albrecht und vielen anderen; auf dem Hamburger Kirchentag demonstrierten im Juni 1981 erstmals 80 000 Menschen unter dem Motto «Entrüstet Euch – der Atomtod bedroht uns alle!»; am 10. Oktober 1981 übertraf dann in Bonn jene massenwirksame Initiative «Friedensdemonstration für Abrüstung und Entspannung in Europa» mit 300 000 Menschen alles bisher in Deutschland bekannte öffentliche Protestverhalten. Aktionsgemeinschaften aller Art entzogen der Sicherheitspolitik mit Atomwaffen von Grund auf jede Legitimation, wie es in einem Aufruf zur Nachrüstung hieß: «Sie ist militärisch ebenso unnötig, überflüssig und unsinnig wie abrüstungs- und entspannungspolitisch disfunktional. Opposition (...) ist daher angezeigt.»[82] Am 10. Juni 1982 schließlich glich Bonn einer militärischen Festung, als die dortige NATO-Gipfelkonferenz vor der gleichzeitig im Hofgarten vor dem alten Schloss organisierten Friedensdemonstration ungeahnten Ausmaßes – Hunderttausende Menschen wollten «Aufstehen! Für den Frieden» – gesichert wurde.

Im Bundestag proklamierte eine Große Koalition unter Führung von Schmidt, Strauß und Wörner die Devise «Mut zur Rüstung», die, kaum dass sie ausgesprochen war, von den Demonstranten entfremdet und zum Motto «Mut zum Frieden» umgedeutet wurde. Die Aktionen entwickelten eigene gesellschaftliche Rituale bei Mahnwachen, Antikriegstagen, Lichter- und Menschenketten, Friedensforen und -seminaren, Frauentreffs – das bunte Bild der Friedensbewegung gestaltete sich aus einem Netzwerk von Basis- und Graswurzelarbeit, Bürgerinitiativen und pazifistischen Gruppen aller Art. Gerade auch wissenschaftliche Initiativen, Ärzte und Naturwissenschaftler wie Hoimar von Ditfurth oder Hans-Peter Dürr traten ins Rampenlicht des Interesses, da sie beruflich-ethische Fragen auf eine politisch-gesellschaftliche Ebene der persönlichen Verantwortung hoben.[83]

Die Absurdität nuklearer Sicherheit fand noch eine Steigerung in dem am 23. März 1983 verkündeten Konzept von Präsident Reagan, eine «Festung Amerika» zu errichten. Die Strategische Verteidigungsinitiative (SDI) kann als technologisch extrem hoch gespannte Innovation dieses militärischen Projekts angesehen werden, mit der anfliegende ballistische Raketen früh im Weltraum geortet werden sollten, um sie vor Erreichen des Ziels mit Atomraketen oder Strahlenwaffen zu vernichten. Dieser Krieg der Sterne («Star Wars») brach endgültig mit der seit Jahrzehnten entwickelten «Philosophie der Sicherheit im Atomzeitalter», sich gegenseitig vom Nukleareinsatz durch die wechselseitig gesicherte Zweitschlagskapazität abzuschrecken. SDI sollte eine Zukunftsvision der Sicherheit begründen, die auf Unverwundbarkeit beruhte. Aber Reagan zerstörte damit das Dogma der

Abschreckung. SDI verwarf das sicherheitspolitische Paradigma der Atompolitik der gesamten Nachkriegszeit. Reagan wurde zum Kronzeugen der Friedensbewegung, der die Sinnlosigkeit der Atomrüstung und die Fragwürdigkeit der NATO-Strategie bewies. Denn das SDI-Programm begründete er mit den Unzulänglichkeiten der bestehenden Militärdoktrin der Atompolitik, die «impotent and obsolete» und unmoralisch sei. Damit hatte er auf den Punkt gebracht, was die Friedensbewegung nicht überzeugender hätte vorbringen können: Das Sicherheitsdilemma der nuklearen Abschreckung erwies sich als Scheinlösung der Kriegsverhinderung.

Das war ein Paukenschlag, der alle erschreckte, die Friedensbewegung – und die Soldaten. Die objektiven Fakten im weiten Feld von Rüstung und Strategien verlangten einen wachsenden Bedarf an Aufklärung und Information. Die UNO hatte im Herbst 1980 eine große internationale Expertise über die Atomarsenale als «ständige Bedrohung der Menschheit» vorgelegt.[84] Das Ergebnis konnte natürlich nur bestätigen, was Weizsäcker in seiner Studie über die Atomkriegsfolgen bereits zehn Jahre zuvor erkannt hatte.[85] So wurde über die Folgen eines Atomkriegs festgestellt: «Das System der internationalen Sicherheit würde zerstört sein wie auch die traditionelle Vorstellung von den Staaten, Nationen und Gesellschaften, die überlebt haben könnten.» Das Grausen über die Nachrüstung wurde in Buchtiteln – nuklearer «Holocaust» oder «Euroshima» – begreiflich.[86] Doch die Bundeswehr wurde vor allem durch die aus der Friedensforschung kommenden Konzepte gradualistischer Alternativen irritiert, die eine defensiv angelegte Militärpolitik entwickelten. Sogar der Bundestag veranstaltete zur alternativen, nämlich zur defensiven Verteidigung ein intensives Hearing.[87]

All diese Vorstöße und Dokumentationen kratzten an der inneren Legitimation der Bundeswehr, da viele Offiziere sich der fachlichen Argumentation sowie den gegebenen Dilemmata einer Verteidigung Europas mit Atomwaffen nicht verschlossen und sich öffentlich zu dieser Problematik bekannten. Das war ein harter Brocken für die Bundeswehr. Sie hatte noch nie erlebt, dass Offiziere aus ihren Reihen eine Revision und Reformulierung der amtlichen Sicherheitspolitik einforderten. Die Probe aufs Exempel, inwieweit die «Innere Führung» Spielraum bot, einen politisch denkenden, kritischen Offizier im Militär zu akzeptieren, stand an. Einige Kritiker aus den Führungsrängen seien namentlich genannt, etwa Oberst Klaus von Schubert, die Generale Eckart Afheldt, Christian Krause, Jochen Löser, Franz Uhle-Wettler oder die in verschiedenen Parteien politisch Engagierten wie Oberstleutnant Alfred Mechtersheimer, General Gert Bastian und Admiral Elmar Schmähling.[88] Gerade Bastian und Schmähling gegenüber versagte die Bundeswehr jegliche Toleranz. Daher meinten Beobachter, die Bundeswehr habe «wichtige Bewährungsproben nicht bestanden».[89]

Jüngere Offiziere reagierten ähnlich und traten mit einem Aufruf an die Öffentlichkeit, in dem sie angesichts der Ausweglosigkeit einer auf Atombomben gestützten Verteidigung an die Verantwortlichen appellierten. Mit dem «Darmstädter Signal» griffen sie die Losung «Frieden schaffen mit immer weniger Waffen» auf. Sie traf der Bannstrahl der Hardthöhe am schärfsten. Im Zeichen der eigenen Sinnkrise grenzte die Bundeswehr sie klar aus und degradierte sie. Nach Gerichtsverfahren war das Ministerium gehalten, sie formal zu rehabilitieren und nolens volens diese vermeintlich abtrünnigen Offiziere in den eigenen Reihen zu dulden. Diese Affären sind erwähnenswert, weil sie das Klima in der Bundeswehr verdeutlichen, deren Normalität auch dreißig Jahre nach Himmerod nicht so weit gediehen war, die Probleme der Gesellschaft mit der Sicherheitspolitik zu akzeptieren. Sie suchte nach altem militärischen Muster – Gehorsam war die Devise – diese Probleme durch Abschottung von der internationalen Diskussion zu lösen und die eigenen Reihen fester zu schließen. Darin stimmte die militärische Führung mit der Parlamentsopposition überein.

III.
Konservative Konsolidierung
(1982–2000)

Nach der Wertewende

Die Wahlen vom Herbst 1982 brachten den Umschwung. Die «Unregierbarkeit des Landes» verlange nach politischer Festigkeit, nach normativer Besinnung und moralischer Erneuerung – nach der «geistig-moralischen Wende». Die Transformation dieses Leitbegriffs der Regierung Helmut Kohl ins Militärische übernahm Dr. Manfred Wörner, Jahrgang 1934. Er wollte mehr als nur eine Klimaveränderung, er wollte tradierte Werte des militärischen Milieus wie Leistung, Pflicht und Dienen, Effizienz und Ordnung aufwerten und ihnen wieder ihren angestammten Platz geben. Er schien der geborene Kandidat dafür zu sein: Sicherheitsexperte der CDU-Fraktion, alerter Oberstleutnant der Reserve, technikbegeisterter Pilot; seit zehn Jahren, seit dem Scheitern des Misstrauensvotums gegen Kanzler Brandt, hatte er sich auf dieses Amt vorbereitet. Als Atlantiker personifizierte er Verlässlichkeit gegenüber den USA und der Bündnispolitik. Mit offenen Armen empfing die Hardthöhe im Oktober ihren neuen Minister.

Das Durcheinander im politischen Konzert der Auf-, Nach- und Abrüstung der vorangegangenen Jahre sollte ein Ende haben. Einhellig standen Minister und Fraktion an der Seite des Militärs. Vor allem wurde sogleich klar Front gemacht: für die Nachrüstung und gegen die Friedensbewegung; für die amerikanische Position der Stärke und gegen Apels Sparkurs. Kanzler und Koalition bezeugten der Bundeswehr Respekt. Als Teil des Staates rangierte sie ganz oben auf der Werteskala der Wende. Prompt und auffällig erhöhte die Regierung die Verteidigungsausgaben und demonstrierte «Mut zur Rüstung». Es galt, sich auch materiell von der

Politik der Regierung Schmidt zu distanzieren und den SPD-Kurs als eng, gar defätistisch zu demontieren. Die Losung «Klotzen statt kleckern» bestimmte die 1984 gebilligte Bundeswehrplanung für die neunziger Jahre, mit der in einem ersten Schritt bis 1987 der Verteidigungsumfang der Streitkräfte, also die in kurzer Zeit mobilisierbaren Soldaten für den Einsatz, auf 1,34 Millionen gesteigert und später sogar auf 1,8 Millionen erhöht werden sollte. Wörner suchte den Schulterschluss mit der amerikanischen Sicherheitspolitik. Mit einer machtpolitischen Geste legte er ein Programm vor, die konventionelle Rüstung und die Atombewaffnung durch Investitionen in Führungsfähigkeit, Aufklärung und Infrastruktur, elektronische und Luftkriegführung zu modernisieren. Die Rüstungsforschung wurde innerhalb von drei Jahren um 50 Prozent erhöht. Wörner hielt an dem hergebrachten nuklearen Bedrohungsschema fest: «Verteidigungsbereitschaft und die Kraft der Abschreckung» verlangten «Geschlossenheit und Standfestigkeit unter Druck», damit in Mitteleuropa niemals Bedingungen für einen «denuklearisierten Konfliktschauplatz» entstünden.[1] Die Hardthöhe übernahm Reagans konzeptionelle Betonung der Atompolitik und akzeptierte zugleich ohne irgendeinen dissonanten Ton den Abzug von 1500 taktischen Atomsprengköpfen bis zum Jahr 1985. Das Arsenal an Atombomben umfasste dennoch 5000 Waffen. Diese Politik signalisierte in Richtung Amerika Solidarität, nach Innen aber Härte.

Wichtige Zeichen der Politik betrafen die Militärgeschichte. Das seit Jahren gebeutelte Selbstwertgefühl sollte durch eine Revision der Traditions- und Vergangenheitspolitik Linderung erfahren. Die Schranken zur Wehrmacht wurden geöffnet. An den Gräbern gab man Zeichen für den Kämpfermythos einer glorreichen Wehrmacht. Schon 1980 hatte Wörner die Teilnahme von Soldaten in Uniform am Begräbniszeremoniell des ehemaligen Großadmirals Dönitz wie zwei Jahre später bei Flieger-As und Held der NS-Propaganda, Oberst Rudel, unterstützt. Dieses Bekenntnis verband er mit der Ankündigung, den Traditionserlass umzuschreiben.[2] Der Nachhall dieser Politik findet sich noch im Weißbuch 1985, in dem die «Bewahrung von Beispielen vorbildlicher soldatischer Leistung und Haltung» zum «verpflichtenden Bestand der

Tradition» der Bundeswehr erklärt wurde. Die Ambivalenz war gewollt, um Leistung und Haltung der Soldaten zu entpolitisieren und den Bezug zur NS-Politik auszuklammern. Die historisch bedenklichen Mechanismen, erneut eine Tradition zu einem Wehrmachtsmythos zu konstruieren, fielen trotz aller historischen Fakten und Forschungen auf fruchtbaren Boden und überzeugten viele. Beispielsweise wurde in der Hessenkaserne großartig das Jubiläum «50 Jahre Panzertruppe» gefeiert; der Kommandeur des Korps in Ulm machte mit dem großen Heeresmusikkorps Ernst Jünger zu dessen 90. Geburtstag seine Aufwartung;[3] Teile der evangelischen Militärseelsorge zeigten Sympathie für die Wende in der Geschichtspolitik und verbreiteten die Position eines aktiven Generals, wonach es «heute» nicht mehr hinzunehmen sei, dass «ganze Gruppen oder Verantwortungsebenen» der Wehrmacht «pauschal» verurteilt würden.[4] Wörner führte auch gemeinsam mit dem «Kameradenkreis der Gebirgstruppe» einen langjährigen Kampf für die Traditionswürdigkeit des prominenten NS-Generals Eduard Dietl als Kasernen-Name.[5] Erst im November 1995 wurde die Füssener Kaserne in «Allgäu-Kaserne» umbenannt.

Flankiert wurde diese rechtslastige Ausrichtung mit Kampagnen gegen die Objektivität der Militärgeschichtsforschung; sie manipuliere die Geschichte der Wehrmacht im Nationalsozialismus und habe «das deutsche Militär diffamiert» sowie «das Ansehen des deutschen Soldaten (...) böswillig» angegriffen.[6] Deswegen wurde gefordert, Manfred Messerschmidt, den international renommierten Historiker, als wissenschaftlichen Leiter des Militärgeschichtlichen Forschungsamtes in Freiburg abzulösen.[7] Fanden im Historikerstreit Debatten um die Einordnung der Vergangenheit statt, so unternahm die Bundeswehr «staunenerregende Schritte in die handfeste wissenschaftspolitische Praxis».[8] Hinter solchen symbolträchtigen Projekten standen prominente Traditionalisten, die schon beim «Unna-Papier» die Strippen gezogen hatten. Karst brachte diese Auffassung bereits im Herbst 1982 in einer 50 Seiten starken Studie Wörner nahe; die Militärgeschichte werde «von einer Gruppe extrem linker Wissenschaftler und Offiziere nicht nur beherrscht, sondern tyrannisiert». Messerschmidt habe «die Fäden in der Hand» und, so die harsche These, «verfügt, was wissenschaftlich vertretbar ist oder nicht».[9] Einen ähnlichen Missbrauch dienstlicher Machtpositionen entdeckte Karst auch in dem anderen bedeutenden Forschungszentrum, dem Sozialwissenschaftlichen Institut der Bundeswehr. Dessen zivilen Wissenschaftlern wurde vorgehalten, an der «totalen Vergesellschaftung» des Militärs mitzuwirken.[10] Ob mit diesem Urteil auch der Beitrag des Instituts zur Bildungsreform von Schmidt gemeint war, blieb unklar. Aber die Diffamierung fiel auf fruchtbaren Boden. Das Ministerium verstieg sich in einer Stellungnahme zu der kühnen Behauptung, diese Forschungen «würden die Integration von Bundeswehr und Gesellschaft beeinträchtigen und die Identifikationsschwierigkeiten der Soldaten mit ihrem Auftrag» erhöhen.[11] Bonner Eingriffe in die Freiheit der Wissenschaft führten zur Ablösung des Institutsleiters, Ralf Zoll, der an die Universität Marburg wechselte. Die geplante Auflösung des Instituts aber gelang nicht.

Das Gerücht ging um, eine Gruppe ehemaliger Generale tauche regelmäßig auf der Hardthöhe zu Beratungen auf. Doch es war Realität. Sie wurden die «Lodenmantelfraktion» der Alten genannt, zu denen auch Karst als einer der Führenden zählte. Sie zogen durch die Säle der Akademien, der Stäbe und Schulen der Bundeswehr und predigten das Ethos der Vergangenheit. Die ideologischen Ziehväter des Traditionalismus aus der Gründerzeit der Bundeswehr wurden von der Söhnegeneration reaktiviert. Die «Schnez-Söhne» des «Unna-Papiers» hatten das Sagen.[12] Ihre Gedanken prägten die «geistige Wende». Daher ist es angemessen, auf die erwähnte «Karst-Studie» vom Herbst 1982, eines dieser richtungsweisenden Dokumente der Gesinnungswende, ausführlicher einzugehen. Allem voran stand das Diktum, «soldatische und erzieherische Elementaria» seien wieder vonnöten.[13] Ursache für die desolate Lage der Bundeswehr seien die sozialdemokratische Ämterpatronage – «Die ‹Baracke› hat die Bundeswehr noch in der Hand»[14] – und die falsche Politik der Integration von Militär und Gesellschaft, wie im Konzept der «Inneren Führung» belegt. Sie begünstige Pluralismus und damit die «totale Vergesellschaftung» des Militärs. Die Politik der Sozialdemokratie der vergangenen 13 Jahre habe fatale Folgen, da «der antisoldatische

Affekt, der ‹Zivilismus› Pate stand».[15] Demgegenüber legte die «Karst-Studie» großen Wert auf den Primat des Militärischen für die zivil-militärischen Verhältnisse: «Nur wenn die ‹Gesellschaft› sich mit dem Verfassungsauftrag der Bundeswehr identifiziert, sind die Soldaten ‹integriert›.»[16]

Die sicherheitspolitische Umsetzung dieser traditionalistischen Position hatte gravierende Folgen. Das alte Feindbild des Kalten Krieges wurde mit Hinweis auf die «Realität der Bedrohung» reaktiviert; die «unvermeidliche *Orientierung am Gegner*» verstand die «Karst-Studie» als Voraussetzung, um den Aufbau einer einsatzfähigen «Kriegsbundeswehr» einzuklagen. «Kriegsbundeswehr» – der Leitbegriff der «Karst-Studie» – war schon eine bemerkenswerte Wortschöpfung. In ausdrücklicher Ablehnung der Erkenntnisse der Studien von Weizsäcker oder der UNO über die Folgen einer Atomkriegführung in Europa hieß es: «Bei selektivem Einsatz von Atomsprengkörpern wäre Verteidigung noch durchzuführen (...). Die Streitkräfte können im Verteidigungsfall nur mit entschlossenem Willen zum Sieg am Ort ihres Gefechts kämpfen. Anders kann überhaupt keine Truppe ihre Waffen gebrauchen.»[17] Daher müsse «soldatische Erziehung» den «Irrweg» der «einseitigen Ausbildung des Menschen über die Ratio» ersetzen, da im Kriegsfall «allein eine so erzogene und zusammengeschweißte Kampfgemeinschaft bestehen kann».[18] Zu diesem Zweck sollten die Universitäten in Militärakademien umgewandelt werden: «Auch wenn sich linke Medien und Geister gegen die Akademielösung wehren und von ‹Kadettenanstalt› raunen, so wäre sie ideal.»[19]

Die «Karst-Studie» kam zur rechten Zeit. Berater und Planungsstab des Ministers folgten ihren Grundlinien wie selbstverständlich.[20] Die Generalstabsoffiziere Dieter Farwick und Dieter Stockfisch, zwei führende Vertreter aus Wörners Umfeld, die sich ausdrücklich auch noch auf die «Schnez-Studie» bezogen, erkannten die Wurzel allen Übels: «Es ist der Geist der Truppe», der aufgrund der Reformen von Schmidt zu einer «Friedensarmee» im Sinne Heinemanns, wonach der Frieden der Ernstfall sei, verkommen sei. Mit dem «Spiegelbild der Gesellschaft» im Militär sei es vorbei: «Der Wertepluralismus (...) eroberte auch die Bundeswehr und löste eine tragfähige Basis gemeinsamer Wertvorstellungen auf.» Dank der Wendepolitik sei das «Ende der Zivilisierung» des Militärs gekommen.[21] Oberst Gerhard Hubatschek, zuständig für die Koordinierung der Planung, griff auf plakative Parolen der mentalen Abschottung aus der Nachkriegszeit zurück, um ein soziales Eigen- und Sonderleben des Militärs zu legitimieren. Die «Integration in die pluralistische Gesellschaft» sei ein «verhängnisvolles Konzept», das zur «Desintegration aus der militärischen Gemeinschaft» führe. In Zukunft müssten die «spezifisch soldatischen Normen» wieder belebt werden.[22] Baudissin beobachtete diese Entwicklung zu einem ressentimentgeladenen Antipluralismus mit Sorge. Er bescheinigte Hubatschek, seine Argumente stammten aus den zwanziger und fünfziger Jahren und bestätigten, «dass es den Graben zwischen ‹Fortschrittlern› und ‹Traditionalisten› bis heute gibt, dass er also keine selbst errichtete Kulisse ist».[23] Da verwundert es nicht, dass in der Öffentlichkeit die «Karst-Studie» als Studie des Planungsstabs über den Zustand der deutschen Streitkräfte wahrgenommen wurde.[24]

Der Kreis der Themen, welche die Wendepolitik charakterisieren, schloss sich mit der Forderung nach mehr Kampfmotivation zur Steigerung der «Effektivität» des Soldaten.[25] Große Teile des Offizierkorps folgten wie Christian Millotat der Auslegung von Karst, den «Kämpfer» im Militär gegen den «Denker» in der Gesellschaft zu stellen.[26] Beifall fand die Forderung, «Kriegsfähigkeit» und «Gefechtstüchtigkeit» zur Maxime der Ausbildung im Rahmen einer dezidierten Gegenpolitik gegen die Bildungsreform von 1970/71 zu erheben.[27] Der Kämpferkult wurde erneut kreiert. Das Sui-Generis-Denken erfordere Geschlossenheit und Homogenität, Korpsgeist. Zu diesem Zweck wurden einzelne militärische Fähigkeiten und Anforderungen isoliert und, orientiert am Vorbild des militärischen Milieus des Weltkriegs, überbetont sowie «tendenziell Züge einer asketischen Elite propagiert».[28] Der Kämpfertyp als Ideal des Soldaten – für die Traditionalisten im Militär von jeher «das zentrale Berufsleitbild des Soldaten» – wurde mehrheitsfähig.[29]

Diese Politik der Wende richtete die Bundeswehr für die Dauer von mehr als einem Jahrzehnt auf den Kurs der Kriegspraxis und des Kämpferkults aus. Hinreichende Kriegstüchtigkeit wurde zum Zauberwort des Bekenntnisses. Sogar in der technisierten Armee sollte der Soldat überall «auch ohne sein Hauptgerät oder Waffensystem als Kämpfer» taugen, den «nichts mehr aus der Fassung bringt».[30] Vor Kommandeuren des Heeres schien 1985 der Spagat zwischen konventioneller und atomarer Militärpolitik im Elan der eigenen Sinnstiftung noch zu gelingen, aber im Offizierkorps hatte die Geschlossenheit der Überzeugung längst Risse bekommen. Kritik und Zweifel aus der Friedensbewegung konnten so nicht gekittet werden. Die Unruhe wurde zum Faktum. Nur wenige Jahre später machte die deutsche Einigung die Verunsicherung im Militär offenbar. Angesichts der neuen Verständigung über die Grenzen nach Osten hinweg wurde mit Schärfe reagiert und 1991 die Parole ausgegeben: «Der Krieg ist der Ernstfall!»

Der Stachel des Postulats von 1969, der Frieden sei der Ernstfall, hatte wohl tief gesessen. Nun endlich konnte man diese Last abstreifen: «Auf die Kriegstüchtigkeit der Bundeswehr ist alles auszurichten, Ausbildung, Ausrüstung und Struktur.» Auch sei die alte Devise – «Kämpfen können, um nicht kämpfen zu müssen» – nutzlos und zu ersetzen durch «Kämpfen wollen!»[31] Andreas Broicher, der General für die Ausbildung, empfahl im Jahr 1991 die großen Vernichtungsschlachten – Tannenberg 1914, Charkow 1943 oder die Ardennenoffensive 1944 – als Vorbild für die operative Panzerführung. Das war neu, Schlachten und Feldzüge der Wehrmacht aus dem politischen und moralischen Zeitbezug zu lösen und zu ‹sauberen› Operationen von Großverbänden zu verklären. Wie Haltung und Leistung Einzelner sollten auch Operationen der Wehrmacht Traditionsgut werden. Über den Mythos der Wehrmacht wurden die militärischen Tugenden der Kriegstüchtigkeit und des soldatischen Ethos verfügbar gemacht. Unter diesem Blickwinkel ist verständlich, wie störend, ja geradezu dysfunktional die Ausstellung zur Geschichte der Wehrmacht – «Vernichtungskrieg» – für die militärische Führung des Heeres auf der Hardthöhe war.

Das «Bild des Offiziers» war nach der Wende vom Verteidigungsministerium gründlich revidiert worden. Die Inspekteure folgten 1983 und 1984 der neuen politischen Linie in entsprechenden Erlassen zu jeweiligen Leitbildern von Heer, Marine und Luftwaffe. Als Nebeneffekt dieses konservativen Denkens ergab sich, dass die Autonomie und nota bene die Rivalität der Teilstreitkräfte übermäßig befördert und das vom Verteidigungskonzept her gebotene Gemeinsame des Militärs in der Moderne behindert wurde. Die Umsetzung der Wende-Politik schlug auf allen Ebenen der Bundeswehr durch. Berufs- und Praxisbezug sowie die militärischen Belange wurden in der Ausbildung intensiviert. Dafür war Wörners Entscheidung charakteristisch, das Studium als obligatorische Voraussetzung für den Berufsoffizier abzuschaffen. Da alle Schulen, Akademien und die Universitäten reorganisiert wurden, ergaben sich daraus langfristig gravierende Einschnitte in das Qualifikationsniveau des Offizierkorps hinsichtlich seiner pädagogischen, technischen oder organisatorischen Kompetenzen. Die von einigen angestrebte Umwandlung der Universitäten in Kriegsakademien scheiterte formal schon an der Kulturhoheit der Länder, aber auch an der Tatsache, dass die studierten Offiziere in der Truppe fachlich wesentlich besser waren, als es zuvor in der Polemik hingestellt worden war. So erklärte Wörner anlässlich des zehnjährigen Bestehens der Universitäten sogar: «Wo immer ich mich mit Kommandeuren unterhalte, höre ich anerkennende gute, z. T. sehr gute Urteile über Motivation, Urteilsvermögen und Dienstbereitschaft der Hochschulabsolventen. Die von manchen befürchtete Entfremdung vom soldatischen Auftrag ist nicht eingetreten.»[32]

Die scheinbar ganz unpolitische Bildungspolitik setzte auf soldatische Erziehung und die Besinnung auf jene Werte, die als traditionelle Primär- und Sekundärtugenden des Soldaten gelten.[33] Die Absicht, eine intensive militärspezifische Sozialisation sicherzustellen, war in dem Katalog «Militärische Forderungen» als eine Art Praxeologie für militärische Führungsaufgaben zusammengestellt worden.[34] Die Auswirkungen dieser Politik zeigten sich bald. Dozenten der Führungsakademie äußerten die Befürchtung, es werde «zu einer Halbierung und in der Folge zu einer militärkonformen Domestizierung der Bildungsreform» kommen.[35] Zweifellos erfolgten in den achtziger Jahren eine Reihe von Abstrichen, Kompromissen und Umgewichtungen des ursprünglichen Ansatzes von 1970/71. Militär und Ministerialbürokratie konnten durch interne Maßnahmen der Personalführung, der Festlegung der curricularen Lehrpläne und der Qualifikationskriterien oder der Organisation des Prüfungssystems einiges von der Liberalität und Pluralität jener Bildungspolitik kappen. Dennoch wurde der wissenschaftliche Charakter der Ausbildung insgesamt akzeptiert. Aber Bedenken hinsichtlich der Tendenzen dieser Wertewende wurden früh laut: technokratisches Denken als Versuchung, Erziehung zur Anpassung als Gefahr.[36]

Eine Probe aufs Exempel war noch zu bestehen, nämlich die fällige Reform der Generalstabsausbildung. Die Führungsakademie hatte das Militärfachliche und Handwerkliche taktischer Schulung, das seit 1957 im Vordergrund gestanden hatte, abgestreift. Die Isolierung der Generalstabsausbildung war endlich überwunden worden, als sie in den siebziger Jahren mit der Ausbildung der Stabsoffiziere zusammengelegt und modernisiert worden war.[37] Nach Phasen des Übergangs traten um 1985 nun die Jahrgänge der Offiziere an, die das neue Konzept mit Studium durchlaufen hatten. Nun musste geklärt werden, ob oder wie die Ausbildung zum Stabsoffizier mit der zum Generalstabsoffizier integriert werden könnte. Das war brisant, weil es das angestammte Arkanum höchster militärischer Selbstrekrutierung, den Ort der zweijährigen Generalstabsausbildung, betraf.[38] Bereits 1980 sollten zaghafte Ansätze einer Reform von 1975 wieder beseitigt werden. Die angehenden Generalstäbler jedoch ließen sich das nicht gefallen, rebellierten, wurden von den Dozenten unterstützt, sodass eine gemäßigte Variation der alten Reform wieder eingeführt wurde. Als dann im Jahr 1985, dem 175. Jubiläumsjahr der Gründung der Kriegsakademie durch die preußischen Reformer, Bilanz gezogen wurde, verharrten die Verantwortlichen im Lob über das Erreichte. Sie folgten der Linie, die Fähigkeit zu Flexibilität und Innovation im bestehenden System zu betonen, das tatsächlich ohne den Reformschritt auskomme: «Das System hat sich bewährt. (...) An eine grundsätzliche Änderung ist daher zur Zeit nicht gedacht, sondern nur an eine evolutionäre Fortentwicklung.»[39]

Die Epochenzäsur der Wende traf nicht nur die hohe Politik. Sie griff auch in den Alltag der Bundeswehr ein. Die entstandene «Soldaten-Subkultur» – eine «Art Unterwelt am Rande und jenseits des Soldatengesetzes mit ihren eigenen Riten, Ritualen und einer Hackordnung (...) nach dem Willen der Stärkeren und Dienstälteren»[40] – war im Untersuchungsbericht des Heeresinspekteurs Hans Poeppel als «gewisse Privilegierung Dienstälterer» in 80 Prozent aller Einheiten bestätigt worden; in diesen Einheiten waren Schikanen, Misshandlungen und Selbstjustiz festgestellt worden.[41] Im Geist der neu kultivierten alten soldatischen Rezeptur des Formaldienstes und des Kämpfertums wurde der Ton in der Bundeswehr rauer. An dieser Linie hielt Wörner auch 1987 fest, ehe er dann als NATO-Generalsekretär nach Brüssel wechselte: «Erforderlich ist daher Geschlossenheit, unvermeidlich sind Einordnung und damit Beeinträchtigung der persönlichen Freiheit. Dazu bedarf es der Bereitschaft des einzelnen zur Unterordnung, zum persönlichen Opfer für die Gemeinschaft, kurz: eines Bekenntnisses zu ideellen Werten. (...) Mehr als fachliches Können ist Haltung gefordert.»[42] Der Erfolg des Traditionalismus in der Ära der Wertewende war durchschlagend.

Unterordnung aber war seit dem Doppelbeschluss der NATO für die Bundeswehr ein Problem geworden. Es wurde bekannt, nachdem der Kommandeur der Panzerdivision in Veitshöchheim, Generalmajor Gert Bastian, noch zu Apels Zeiten 1980 die Nachrüstung ablehnte, dass ein Abweichen von der amtlichen Sicherheitspolitik nicht toleriert wurde. Bastian war von der Entschließung der NATO enttäuscht, sie habe ihn «nicht von der Notwendigkeit überzeugt, die nuklearen Fähigkeiten des Bündnisses wie vorgesehen zu erweitern.»[43] Zwar teilte der Minister nicht die Auffassung seiner Generalität, Bastian habe sich eines «geradezu unfassbaren Dienst- und Disziplinarvergehens schuldig gemacht» und gegen «die Pflicht zum treuen Dienen verstoßen», aber unter dem Druck der parlamentarischen Opposition von CDU/CSU quittierte der General den Dienst. Mit der deutlichen Reglementierung im «Fall Bastian» hatte die Hardthöhe gehofft, den «Bazillus» der Atomkritik vor den Toren der Kasernen halten zu können. Ähnlich reglementierte man den Hauptmann der 10. Panzerdivision, Karl-Alfred Fechner, der sich das Recht, seine Zweifel an der Atomdoktrin zu formulieren, erst mühsam erstreiten musste. Daher spürten auch die jungen Offiziere die Grenzen des Systems, die im «Darmstädter Signal» ihre Zweifel an der Atomverteidigung öffentlich gemacht hatten. Dieser Protest wurde disziplinär geahndet und stand während der ganzen achtziger Jahre beständig auf der Tagesordnung. Ihre Kritik wurde als Dienstvergehen gewertet, Major Helmuth Prieß, Hauptmann Volker Thomas und viele andere wurden degradiert. 1989 schlug dann das nächste Thema hohe Wellen an emotionaler Entrüstung: «Alle Soldaten sind potenzielle Mörder.»[44] Das erregte die Gemüter aufs Äußerste. Generalinspekteur Admiral Dieter Wellershoff sprach sicherlich der großen Mehrheit der Soldaten aus der Seele, als er dies unerträglich und unbegreiflich nannte. Obwohl Gerichte diese Aussage unter den Schutz der Meinungsfreiheit stellten, übernahm der im Frühsommer 1989 ernannte Minister Dr. Gerhard Stoltenberg, Jahrgang 1928, die Bewertung der Hardthöhe, hier werde der Rechtsfrieden in Frage gestellt und die Menschenwürde der Soldaten verletzt.[45] Erst das am 10. Juli 1992 gefällte Urteil des Bundesverfassungsgerichts rehabilitierte das «Darmstädter Signal» und stellte die Meinungsfreiheit auch als Recht des Soldaten heraus.

Wörner hatte bereits zwei Jahre nach der Amtsübernahme auch noch ein schweres Handicap zu tragen. Der Vier-Sterne-General in Brüssel, Günter Kießling, wurde im Sommer 1983 anonym wegen angeblich «falschen Umgangs» diffamiert: Homosexualität als Sicherheitsrisiko. Indizien wurden zusammengetragen, Wörner erklärte alles zur Chefsache. Da Kießling mit dem NATO-Oberkommandierenden Bernard Rogers Streitigkeiten über die modifizierte Atomdoktrin und auch mit der Führung des Heeres auf der Hardthöhe Differenzen hatte, kamen Vergleiche mit Generalskrisen in der Wehrmacht auf. Sollte Kießling von Hardlinern abgeschossen werden? Wörner beging den unverzeihlichen Fehler, Befragungen bis ins Rotlicht-Milieu persönlich vorzunehmen. Ein Gerücht jagte das andere. Kießling quittierte zum 31. März 1984 den Dienst, obwohl er formal rehabilitiert wurde.[46] Die Autorität des Ministers aber war dahin. Die Bundeswehr stürzte in die stärkste Vertrauenskrise seit Jahrzehnten.

In den achtziger Jahren grenzte sich die Bundeswehr vom Pluralismus der Gesellschaft und von der Kritik an der Atombewaffnung ab. Sie erachtete es als erforderlich, gegenkulturelle Tendenzen der Abschottung von der Gesellschaft als Heilmittel zur eigenen Stabilisierung zu fördern.[47] Sie verpasste auch den Anschluss an die internationale Diskussion, die bis zum Ende des Jahrzehnts von den Verhandlungen über die sensationellen Abrüstungs- und Kooperationsverträge zwischen Moskau und Washington geprägt war. Den sicherheitspolitischen Dialog führte das Militär nur mit sich selbst. Das bekam Professor Dr. Rupert Scholz, Jahrgang 1937, zu spüren, als er im Mai 1988 das Ressort übernahm. Er, der wertkonservative Intellektuelle, schien geeignet, angesichts der Aufweichung des Ost-West-Konflikts die Sicherheitspolitik mit Schwung in die Gegenwart zu holen. Was er an Glaubwürdigkeit in der Öffentlichkeit gewann, verlor er auf der Hardthöhe. Auf die militärische Führung wirkte er anmaßend, so gemäßigt und sachgemäß sein Schwenk auch war. Sie bastelte an den Planungen für die Militärstruktur 2000 – ganz nach altem, man müsste eigentlich sagen: uraltem Muster. Der Gegensatz zum Denken in der NATO konnte kaum größer sein. Die Reibungen zwischen politischer Leitung, Militär und ministerieller Bürokratie traten symptomatisch hervor. Scholz reagierte mit erhöhter Arroganz. Im Ergebnis bewegte er kaum etwas. Der eingeübte Primat der Praxis und das machtvolle Pochen auf die Unverbrüchlichkeit der Politik der Atombewaffnung behinderten die sicherheitspolitische Neuorientierung. Nach nicht einmal einem Jahr im Amt resignierte er. Die «Betonköpfe», wie ein verbreitetes Schlagwort bildlich die Verhältnisse des Apparats und der Empfindlichkeiten auf der Hardthöhe umschrieb, hatten ihr Gewicht gegenüber dem «Eierkopf», dem Professor von der Universität, demonstriert.

Ost-West-Umbruch

Im Auswärtigen Amt hatten entspannungs- und rüstungskontrollfreundliche Einstellungen seit Brandts Ministerzeit ständig Bedeutung gehabt, da man sich bewusst war, dass der Frieden für Deutschland vom Frieden in Europa abhing. Daher war der Passus im Text des NATO-Doppelbeschlusses von 1979 typischerweise auf deutschen Einfluss zurückzuführen, «in einem breit angelegten Spektrum von Initiativen (...) die Weiterentwicklung von Rüstungskontrolle und Entspannung in den achtziger Jahren zu fördern». Die ersten Schritte zur Null-Lösung waren in den Genfer Wäldern 1982 vergebens getan worden. Aber in Deutschland zeigten sich starke Interessendivergenzen, die auch in der Regierung Kohl nicht gelöst waren. Das Kanzleramt verfolgte zusammen mit der Hardthöhe einen scharfen Kurs der Um- und Aufrüstung der Atomwaffen, während das Auswärtige Amt, personifiziert durch Minister Hans-Dietrich Genscher, die Position der Abrüstung und Rüstungskontrolle einnahm, die auch von der Mehrheit der Bevölkerung vertreten wurde. Diese Verhältnisse geben zu erkennen, in welchem Maße die Bonner Republik eine nuklear-kritische Zivilmacht war.[48]

Erst Michail Gorbatschow brachte 1986 die Wende in dem denkwürdigen Treffen mit Ronald Reagan am 11. und 12. Oktober im isländischen Reykjavik. Diese Begegnung gab den Anstoß, die gültigen Prinzipien einer vorbedachten Rüstungskontrolle, die eigentlich eine ausgeklügelte Modernisierung der Waffen in einer endlosen Rüstungsspirale verfolgte, zu durchbrechen; stattdessen standen nun drastische Einschnitte und der wirkliche Abbau der nuklearen Massenvernichtungsarsenale auf der Agenda. Hier wurde der Grundstein für die Reduktion der Atomwaffen und die Beseitigung der Mittelstreckensysteme in Europa gelegt. Der amerikanische Außenminister George Shultz konnte «kaum glauben, was geschah», als Gorbatschow zusätzlich noch substanzielle Verringerungen der konventionellen Truppen in Europa anbot.[49] Der junge Parteisekretär aus Moskau hatte den militärisch-industriellen Komplex als den Moloch seines Landes erkannt, der «alles verschlang», wenn nicht ein «Neues Denken» den Umbau des Landes, «Perestroika», und eben den «Dialog mit den Amerikanern» ermöglichte.[50] Die amerikanischen Berater waren total verblüfft. Kissinger bemerkte die Radikalität des Ansatzes, die ihm wie «eine Revolution» in der Sicherheitspolitik vorkam: Da war einer, der den ersten konsequenten Schritt wagte, bedingungslos mit der Aufrüstung aufzuhören.

«Die Steine waren weicher geworden», umschrieb der sowjetische Außenminister Valentin Falin das Zerbröckeln des Antagonismus des Kalten Krieges. Eine Kultur des Umbruchs hin zu einer gemeinsamen Sicherheit in Frieden wurde von vielen in Ost und West begeistert mitgetragen.[51] Das «Haus Europa», wie Gorbatschow die Vision des friedlichen Auskommens bezeichnete, sollte errichtet werden. Im Auswärtigen Amt sah man die Reisediplomatie von Bahr und Brandt zwischen Washington und Moskau gerne. Friedenswissenschaftler wie etwa Hans-Peter Dürr oder Horst-Eberhard Richter mischten sich international mit ihrer Kompetenz ein.[52] Etwas verspätet, im Dezember 1987, wurde das Abkommen zum Abbau und zur kontrollierten Vernichtung jener Atomwaffensysteme unterzeichnet, die nach dem Doppelbeschluss mit einer Reichweite von 1800 bis 5500 Kilometern gerade erst eingeführt worden waren. 1286 Trägersysteme mit über 2000 Atomwaffen wurden beseitigt. Im Mai 1991 landete die letzte SS 20 auf dem Schrotthaufen.

Auch brachte Gorbatschow noch am 10. April 1987 in Prag den Vorschlag vor, über die «doppelte Null-Lösung» – Raketen mit einer Reichweite über 500 Kilometern – zu verhandeln. Das Ende des Kalten Krieges war unübersehbar. Bonn war besorgt, man fürchtete um den Bestand seiner Atomwaffen. Daher versuchte Kohl im Sommer 1987, die Zustimmung zum Abbau der Mittelstreckenwaffen zu verweigern. Zunächst verlangte er, jene Pershing II erneut umzurüsten, damit sie nicht unter die Abrüstungsbestimmungen fiele. Als der NATO-Rat im Juni die Null-Lösung befürwortete, entdeckte der Kanzler eine Interpretationslücke und forderte die Modernisierung des Raketentyps Pershing I-A mit einer Reichweite bis 720 Kilometer. Bis Ende August suchte er Auswege. Doch die folgenden diplomatischen Prozesse verdeutlichten, dass der Bonner Handlungsspielraum eng war und der Beschluss, die modernsten Waffen der Bundeswehr abzurüsten, dann nur noch zu exekutieren war.[53]

Die Bedenken der konservativen und stärker gaullistisch eingestellten Politiker wie Alfred Dregger und Franz Josef Strauß, die nach dieser «Tabula-rasa-Entnuklearisierung» in nahezu apokalyptischen Bildern den Untergang des Abendlandes heraufbeschworen, ließen die Gegensätze zwischen dem Pro und Contra der Atombewaffnung der Bundeswehr in allergrößter Deutlichkeit aufbrechen. Die Zweifel an der Zuverlässigkeit der amerikanischen Schutzgarantie für Deutschland, die in der Bonner Politik seit Adenauer immer wieder auftauchten, schienen erneut bestätigt. ‹Potsdam› hatte er so oft orakelt und damit die Verständigung zwischen Moskau und Washington zu Lasten deutscher Interessen gemeint. Auch diese Politik der Rüstungskontrolle wurde als Schwächung der Bonner Interessen interpretiert. Gestützt auf die sicherheitspolitischen Berater der Regierung wurde in Bonn lanciert, ob nicht durch diese Abrüstungspolitik Westeuropa – gemeint war allein die Bonner Republik – zunehmend seine politischen Optionen verlieren würde.[54]

Kohl setzte daher auf das bewährte Mittel der Machtsicherung durch Militär.[55] Er forderte eine modernisierte Atomrüstung für die Bundeswehr. Am 2. März 1988 erklärte er in Brüssel: «Die Bundesregierung wünscht keine weitere ‹Null-Lösung›, keine kernwaffenfreien Zonen und schon gar nicht eine Denuklearisierung Europas.» Er folgte dem sicherheitspolitischen «Dogma» der Bonner Republik, die Folgen, falls die Abschreckung versagen würde, einfach vom Tisch zu wischen, und wunderte sich, dass er deswegen Ende der achtziger Jahre in Europa in ziemliche Isolation geraten war.[56] Damit stand er in Kontinuität zu den militär- und machtbewussten Prämissen seines Vorgängers, der ihn 1984 in einer ähnlichen Situation schon prompt unterstützt hatte. Schmidt hatte lapidar die nukleare Abrüstung abgelehnt: «Kein Verzicht auf nukleare Waffen, wohl aber ein besseres konventionelles Gleichgewicht!»[57] Er focht für ein Gleichgewichtsmodell durch nukleare Abschreckung. Doch allein durch Rüstung mit Atomwaffen wurde die geostrategische Lage Deutschlands ebenso wenig verschoben, wie die vernichtende Wirkung dieser Waffen ausgeblendet werden konnte. Das war das strukturelle Dilemma der Militärpolitik des Kalten Krieges.

Das Auswärtige Amt setzte auch auf ‹Potsdam›, allerdings um auf dem Kontinent die Voraussetzungen zum Abbau der Konfrontation durch definitive Abrüstung und gesicherte Verifikation zu schaffen. Entmilitarisierung verstand sich daher nicht als Ziel, sondern als ein erster Schritt für den Wandel des Ost-West-Konflikts. Das Auswärtige Amt sah in den Absprachen von Potsdam

1945 den historischen Bezug zur aktuellen Realität und machtpolitischen Lage, dass die deutsche Frage nur im Konsens zwischen den USA und der Sowjetunion über die europäische Sicherheit zu lösen sei.[58] Am 9. November 1989 war die Mauer in Berlin gefallen. Die Kugeln der Geschichte rollten, aber sie wurden in Bahnen gehalten und so gelenkt, dass der größte politische Transformationsprozess in Europa nach Kriegsende in Frieden und Stabilität ablaufen konnte. Das erwies sich am 2. Dezember, als sich die Präsidenten Bush und Gorbatschow in rauer See vor den Küsten Maltas auf einem Kriegsschiff trafen und eine erstaunte Öffentlichkeit sich fragte, warum sie eine so mühsame Tour auf sich nahmen. Malta aber war kein Zufall. Vor dieser Insel hatten sich Josef Stalin und Franklin D. Roosevelt getroffen, um am Vorabend des Kriegsendes wichtige Regelungen für die Zeit danach zu besprechen. Die Parameter der weltpolitischen Situation, wie sie für die Grundlagen der Nachkriegsordnung festgelegt waren, waren nun ins Wanken geraten. Bush und Gorbatschow stellten sich ihrer historischen Verantwortung. Sie verabredeten das «Perspektivprogramm» von Malta, um den «delikaten und sensiblen» Prozess der Einigung friedlich zu steuern, und legten wesentliche Prinzipien für das internationale Prozedere 1989/90 fest.[59]

Die Sicherheitsinteressen der Sowjetunion und der übrigen drei Siegermächte, aber auch das Sicherheitsbedürfnis aller europäischen Nachbarstaaten wurden in die noch bestehenden Vorbehaltsrechte von ‹Potsdam› aufgenommen. Das Dach der Alliierten spannte sich nach wie vor über die beiden deutschen Staaten. Die «Machtgeografie über den Atlantik» wurde von Bonn als feste Basis der Veränderung genommen. In diesem Sinne verständigten sich Gorbatschow und Genscher schon am 5. Dezember 1989 in Moskau, direkt nach dem Treffen vor Malta, darüber, dass die Einigung vom «gesamteuropäischen Prozess und den Beziehungen zwischen der Sowjetunion und der Bundesregierung» abhänge.[60] Ein hoch komplexes Verhandlungsbündel wurde 1989/90 um den Prozess der deutschen Einigung fokussiert und im Zwei-Plus-Vier-Verfahren die Konstellation der vier Sieger- und Besatzungsmächte mit den Vertretungen der beiden deutschen Staaten aufgenommen. 1990 wurden eine Vielzahl von Verabredungen getroffen, um die Grundlage der neuen Sicherheitsarchitektur einer europäischen Friedensordnung zu legen.[61] Alles sollte nach einer Übergangsphase bis Ende 1994 realisiert werden.

Die KSZE gewann große Bedeutung. Auf ihrer Ebene wurde im November 1990 der Vertrag über Vertrauens- und sicherheitsbildende Maßnahmen (VSBM) mit Verfahren zu Informationen über Militär und Rüstung verabredet, um eine neuartige Berechenbarkeit, Überprüfung und Transparenz aller militärischen Potenziale in Europa zu erreichen. Er wurde flankiert von den Wiener Verhandlungen zur Reduktion der konventionellen Streitkräfte in Europa (VKSE). Die Idee, beiderseits des alten Eisernen Vorhangs die hochgerüsteten Armeen auf ein zur eigenen Sicherheit und Verteidigung begrenztes Maß zu verringern (MBFR), hatte sich ohne nennenswerte Erfolge seit langem hingeschleppt.

Die Chancen zu gravierenden Einschnitten bei Truppen und Rüstungen konnten in diesem Jahr abgestimmter Einzelmaßnahmen genutzt werden. Man entging der alten Bedrohungsfalle des Kalten Krieges, Bedrohung beziehungsweise Sicherheit als statistisches Gleichgewicht zu verstehen. Im System der in Ost und West bestehenden Bündnisse konnten die Personalstärken für die einzelnen Staaten vom Atlantik bis zum Ural auf ein wesentlich geringeres Niveau reduziert werden. Das war insbesondere für Deutschland besonders schwierig, da es nach der Vereinigung als mittlerer Staat im Zentrum Europas eine andere Rolle als zuvor wahrnehmen würde. Eine Vorentscheidung dazu hatten Kanzler Kohl und Präsident Gorbatschow im August 1990 erzielt, als Kohl im Kaukasus mit Blick auf die Wiener Verhandlungen der Obergrenze der zukünftigen Bundeswehr von 370 000 Soldaten zustimmte. Damit ergibt sich die Größenordnung der Truppenreduzierungen in Deutschland bis 1994. Rechnet man nominell die Bundeswehr 1989 mit 495 000 und die NVA mit 180 000 oder realistischerweise mit 445 000 und inzwischen dezimiert auf 90 000 Soldaten, handelt es sich um eine Minderung um mindestens ein Drittel. Doch beim Umbau folgte die Bundeswehr 1995 der Maßzahl von 340 000, wie Bush und Gorbatschow sie ursprünglich vorgeschlagen hatten.

Der 3. Oktober 1990, der Tag der deutschen Einigung, brachte für die Bundeswehr einen Umbruch von säkularer Bedeutung mit sich. Die NATO-Einsatzbefehle, der «General Defense Plan», die Alarm- und Aufmarschplanungen wurden vom NATO-Oberbefehlshaber außer Kraft gesetzt. Die Bundeswehr war nicht mehr auf einen Feind im Osten ausgerichtet. Auch übernahm sie de facto das Kommando über die Soldaten der «ehemaligen Nationalen Volksarmee», wie das Ende der NVA im Einigungsvertrag vom 6. September bezeichnet wurde. Was das im Einzelnen bedeutete, wird weiter unten geschildert. Eine Epoche, die Europa seit 1945 konfrontativ ausgerichtet und Frieden auf militärische Hochrüstung gegründet hatte, war an ihr Ende gekommen. Zunächst war jedoch noch die Transformation des Alten zu organisieren. Die Besatzungstruppen, die aufgrund des Siegerrechts und der Zustimmung der beiden deutschen Staaten im Jahr 1955 (und einem entsprechenden Zusatzabkommen von 1959) im Lande stationiert waren, hatten ihre Funktion und Rechtsbasis verloren. Die vier Mächte mussten das entscheidende Kriterium der besatzungsrechtlichen Vorbehalte, das Recht auf Truppenpräsenz, aufgeben. Es ging um beträchtliche Größenordnungen. Ende der achtziger Jahre hatten sich knapp 900 000 ausländische Soldaten in Deutschland befunden: etwa 400 000 sowjetische östlich der Elbe, westlich der Elbe das Kontingent der drei Westmächte mit mehr als 400 000 Soldaten, daneben kanadische, belgische und niederländische NATO-Truppen. An dieser Stelle sei noch einmal der Hinweis gestattet, dass die Mehrheit der Bevölkerung diese rechtlichen Voraussetzungen kaum kannte und Mutmaßungen bestanden, nur die Sowjetunion habe eine solche Besatzungsfunktion wahrgenommen, während die westlichen Verbände ausschließlich aus Gründen des Bündnisses in Deutschland stationiert seien. Doch für alle galt: Abzug bis Ende 1994. Neue Verträge über den Aufenthalt ausländischer Truppen, die sich besonders mit den USA als kompliziert herausstellten, wurden ab März 1993 geschlossen.

Der militärische Strukturwandel war damit noch längst nicht zu Ende. Die NATO, das seit vier Jahrzehnten eingespielte System der USA gegenüber Westeuropa, erwies sich auch nach 1990 als geeignet, einen weiteren Teil des Wandels in Europa diplomatisch evolutionär zu steuern. Rechtzeitig vor den Verträgen im Herbst 1990 hatte die NATO am 6. Juli 1990 eine außenpolitische Deklaration ersten Ranges abgegeben. Sie liquidierte nicht nur das Feindbild Sowjetunion, sondern bekräftigte in dieser Londoner Erklärung ausdrücklich, niemals Gewalt gegen die «territoriale Integrität oder politische Unabhängigkeit irgendeines Staates» einzusetzen. Die NATO definierte sich als betont «politisch», als «treibende Kraft des Wandels» mit dem «Blick in ein neues Jahrhundert». Als erster, mit Moskau abgestimmter Beitrag der Ausgestaltung der neuen Friedensordnung wurde die etablierte Militärkonzeption der Integration der taktischen Atomwaffen aufgegeben. Zur Beruhigung gerade des deutschen Militärs wurde noch formuliert, das Bündnis werde für die vorhersehbare Zukunft eine geeignete Anzahl nuklear ausgerüsteter Streitkräfte «auf dem gebotenen Stand halten, wo dies erforderlich ist». Die Abkehr von der massiven oder flexiblen Doktrin der Abschreckung aber war damit vollzogen.

Im Jahr 1981 waren exakt 5832 taktische Atomwaffen der USA in Westeuropa stationiert, der größte Teil davon in der Bundesrepublik. Die Kontingente der Bundeswehr betrugen bei der Luftwaffe 1921 (1981), seit 1988 bis zum Jahr 1992 immerhin noch 1592 Atomwaffen; das Heer war für Artillerie und Raketen im Jahr 1981 mit der Höchstzahl von 1921, dann 1470 und schließlich 990 (1992) ausgestattet. Dieser Status einer Fast-Atommacht war wohl endgültig dahin, als im Dezember 1991 die Verteidigungsminister der NATO in Taormina den Beschluss fassten, alle taktischen Atomwaffen abzuziehen und die nukleare Ausstattung der einzelnen Armeen auf eine minimale Abschreckung mit «substrategischen Kernwaffen» zu begrenzen.

Kanzler Kohl plädierte in Absprache mit Generalinspekteur Klaus Naumann noch einmal für «ausreichende, präsente Kräfte» von Atomwaffensystemen, um einen «Stabilitätsbeitrag» zum Frieden zu leisten. Aber er kam damit nicht durch. Es mutete schon antiquiert an, als er am 21. April 1993 vor dem Bundestag die Auffassung vertrat, eine ausschließlich konventionelle Verteidigung könne «die Kriegsverhütung nicht gewährleisten». Hatten 1995 noch etwa 400 Atomwaffen mit der mehrfachen Sprengkraft der Hiroshima-Bombe auf dem Gebiet der alten Bundesrepublik gelagert und sechs Staffeln der Luftwaffe mit einer Reichweite bis in die Ukraine Einsätze geübt, folgte dann endgültig der gravierende Einschnitt, alle taktischen Atomwaffen bis 1997 zu beseitigen. Das Ende dieser Art der nuklear organisierten Militärstruktur der Bundeswehr war gekommen.

Das Atomwaffenzeitalter der Bundeswehr war damit freilich nicht beendet. Im Juni 1996 richtete die NATO auf einer Sitzung in Berlin die politische Strategie (MC 400/1) dahin aus, «substrategische» Atomwaffen geringer Anzahl aus amerikanischer Produktion in alter Weise verfügbar zu halten.[62] In der Annahme, diese seien «unverzichtbar, essentiell und stabilisierend in Europa», wurden zunächst wohl 36, später dann 11 Atomsprengsätze und entsprechende spezielle Lagerstätten auf Flugplätzen bereitgestellt. Die Modernisierung der Tornado-Jagdbombergeschwader mit einem noch während des Fluges variabel einstellbaren Bombentyp (B-61) der acht- bis zehnfachen Sprengkraft der Bombe von Hiroshima verlangte, die Flugplätze in Nörvenich, Memmingen und Büchel, also drei Stützpunkte der Luftwaffe, vorzubereiten. Über Jahre – auch noch 2005 – wurden die 3,60 Meter langen, mit dem geringen Durchmesser von 34 Zentimetern wie schlanke Raketen aussehenden Atombomben in Büchel stationiert. Sie sollen neben allen Arten oberirdischer Objekte auch geeignet sein, verbunkerte unterirdische Ziele wie Kommandozentralen oder Waffenlager zu vernichten.

Nach dem Ausblick in die Atombewaffnung noch einmal zurück zu den Ereignissen der frühen neunziger Jahre: Die Stäbe der Bundeswehr übernahmen mit Priorität die Aufgabe, Abrüstung und Truppenreduzierungen zu planen und durch international kontrollierte Verifikation Vertrauen herzustellen. Mehr als 10 000 schwere Waffen – Panzer und Geschütze – wurden vernichtet. Es handelt sich um die eine Seite der Medaille der Transformation, in der die bestehenden präsenten und mobilisierbaren Militärstrukturen und -potenziale, mit einem Mal als «Überplanung» bewusst, verringert und auf ein weniger bedrohliches Format gebracht wurden. Aber schon dadurch war die militärische Landkarte des Kontinents wie ausgewechselt. Aus der Zone der größten Truppenansammlung und Rüstungskonzentration in der Welt war eine Zone größter Abrüstung geworden: Demilitarisierung als Unterpfand vertrauensbildender Maßnahmen. Die Zeichen schienen auf eine allgemeine Wende hin zur Friedenskultur zu deuten.[63]

Die andere Seite der Medaille der Transformation war für die meisten noch undeutlich. Im «Vertrag über die abschließende Regelung in Bezug auf Deutschland», jenem Zwei-Plus-Vier-Vertrag vom 12. September 1990, erklärte sich Deutschland für saturiert und ohne Gebietsansprüche gegenüber allen Nachbarstaaten. Die Vier Mächte gaben ihre Rechte und Verantwortlichkeiten für Berlin und Deutschland als Ganzes auf und übertrugen Deutschland die «volle Souveränität über seine inneren und äußeren Angelegenheiten». Bonn verpflichtete sich auch, «dass von deutschem Boden nur Frieden ausgehen wird», und bekräftigte den A-, B- und C-Waffenverzicht. Noch ein weiterer Vertrag kam hinzu. Am 19. November 1990 unterzeichneten die europäischen Staats- und Regierungschefs in Paris die historische «Charta für ein neues Europa». Sie besiegelte das Ende der Spaltung Europas und der Konfrontation. Die Charta von Paris und der Zwei-Plus-Vier-Vertrag gewährten in der Tradition der Schlussakte von Helsinki aus dem Jahre 1975 Bindungen und Perspektiven. «Europa befreit sich vom Erbe der Vergangenheit» wurde zum geflügelten Wort für das Ende eines Jahrhunderts der europäischen Kriege und für die Hoffnungen auf eine kommende Epoche des Friedens. Das lange Provisorium der Nachkriegszeit hatte beinahe fünfzig Jahre der bedrohlichen Spannung gebracht. Willy Brandt sagte über dieses Ende: «Aus dem Krieg und aus der Veruneinigung der Siegermächte erwuchs die Spaltung Europas, Deutschlands und Berlins. Jetzt wächst zusammen, was zusammengehört.»[64]

Bonn zeigte seine zukünftige Rolle in der internationalen Außen- und Sicherheitspolitik sogleich. Kanzler Kohl stellte am Tag nach der Einigung, am 4. Oktober 1990, vor dem Bundestag die gewachsene «internationale Verantwortung» sowie die Existenz «nationaler Interessen» fest. Auf das vereinte Deutschland komme eine größere Verantwortung für die Völkergemeinschaft zu. Die Suche nach dem Platz Deutschlands als europäische Großmacht wurde in einer publizistischen Woge über Nation und Interesse eröffnet. Deutschlands Rückkehr auf die Weltbühne; Weltmacht wider Willen; Zentralmacht Europas – waren das die Leitbegriffe der Zukunft?[65] Das Profil des gesamten Wertkomplexes staatlicher Politik der Bonner Republik seit 1949 zeigte seine Einseitigkeiten, als sich binnen kurzem die historische Situation änderte und eine direkte Reaktion verlangte. Dabei erwies sich manches aus den gesicherten Ost-West-Bedingungen als brüchig; scheinbar identische Interessen offenbarten ihren wahren, nur teilidentischen Wert; auf der Suche nach Orientierung machte sich viel Unsicherheit breit. Eigene Interessen zu formulieren war objektiv schwierig, war doch offensichtlich der Weg von Bonn nach Berlin über Jahrzehnte belastet gewesen. Was also diente der nationalen Wohlfahrt?[66] Wies die Versicherung von Präsident Bush, Deutschland könne Partner an der Seite der weltpolitischen Hegemonie der USA werden, die Richtung oder war das mehr eine Versuchung: «partnership in leadership»? Als europäische Führungsmacht wirkte Deutschland in die Weltpolitik hinein, aber zugleich hatte es keineswegs das Format einer Weltmacht – ein Nationalstaat in «unhandlicher Größe».[67] Der Übergang aus der Nachkriegszeit in die neue Normalität einer bedeutsamen Macht mit der Verantwortung für das Gleichgewicht in Europa war eingeleitet.

Armee der Einheit

Die Entwicklung der Bundeswehr war wesentlich von der staatlichen Einigung beeinflusst. Der Umbau der neunziger Jahre wäre ohne die grundstürzenden Einschnitte zur Neugestaltung des «Hauses Europa» nach 1990 nicht möglich gewesen. Die Einigung brachte aber auch das Ende der NVA. Mit dem 3. Oktober, dem Beitritt der Länder der DDR zum Grundgesetz der Bundesrepublik, erloschen die Rechte und Pflichten der Soldaten der NVA. Ihr Dienstverhältnis «ruhte», so der Einigungsvertrag. Am 4. Oktober 1990 übernahmen Offiziere der Bundeswehr (West) das Kommando über alle militärischen Verbände und Einrichtungen in den «neuen Ländern».[68] Das irreführende Schlagwort von der «Armee der Einheit» war geboren. Diese offizielle Sicht präsentierte Minister Volker Rühe auf der Kommandeurstagung in Leipzig im Mai 1992: «Die Bundeswehr hat wie keine zweite gesellschaftliche Institution ernst gemacht, die Teilung durch Teilen zu überwinden.»[69] Ein Blick in die Runde der Kommandeure ließ den Stellenwert der Aussage erkennen. Alle diese etwa 400 Generale, Admirale und Obersten kamen aus der alten Bundeswehr – neben einem Einzigen in dieser Position aus der früheren NVA, dem Chefarzt des aufzubauenden Zentralkrankenhauses in Berlin. Was hatte zu diesen Verhältnissen geführt?

Gerhard Stoltenberg hatte als Minister auf der Hardthöhe die Politik der militärischen Einigung verantwortet. Der «kühle Norddeutsche» war im Sommer 1989 noch berufen worden, um die Wogen um seinen Vorgänger Scholz zu glätten. Mit dem im Juli verkündeten Motto vom politischen Realismus suchte er die internen Irritationen zu versachlichen und internationalen Anschluss an die Bündnispolitik zu gewinnen. Seine Position der Stetigkeit, jeden deutschen Sonderweg in Bezug auf die Westbindung auszuschließen, und seine Politik der Offenheit, sich dynamischen Prozessen friedlicher Veränderungen der internationalen Ordnung nicht zu verschließen, wiesen ihn als den richtigen Minister aus, im unruhigen Umbruchsjahr 1989/90 Stabilität für die Bundeswehr zu gewährleisten. Stoltenberg vertrat darüber hinaus eine dezidierte Politik der Abwicklung der NVA. Kanzleramt und Hardthöhe misstrauten ihr, der «Armee der SED», zutiefst. Mit der Übernahme der bundesstaatlichen Autorität in den neuen Ländern war das Militär des alten Staates obsolet geworden. Unabhängig von der autoritären Struktur der NVA, die nicht kompatibel mit der Bundeswehr schien, führten staatsrechtliche Überlegungen zur Auflösung. Realpolitiker entschieden, was manche Verlierer in Melancholie stürzte.

Die Doktrin des Kalten Krieges, vom Osten bedroht zu sein, sollte nun eine späte Wirkung haben. Das ehedem außenpolitisch ausgerichtete Feindbild wurde im Prozess der Einigung innenpolitisch instrumentalisiert. Die restlose Delegitimierung der NVA war das Resultat. Die historisch westliche Definition zeigte Seiten einer Pauschalität und Diffamierung. Die militärische internationale Waffenbrüderschaft, wie sie sonst nach Kriegen üblich war, wurde der NVA verweigert. Westdeutsche Berufsoffiziere vertraten die Auffassung, ein Offizier der NVA habe «nie den gleichen Beruf ausgeübt» wie Offiziere anderer Nationen; denn «geistig trennten uns Weltanschauungen und Welten».[70] «Brüder in Uniform» sollte es in Deutschland nicht geben. Der Systemantagonismus brandmarkte den «Schlüsselberuf der Diktatur»: «Die ehemaligen NVA-Offiziere können das sozialistische Gedankengut auch bei bestem Willen nicht von heute auf morgen abstreifen.»[71] Die Bundeswehr ging früh auf Distanz. Da half es nicht, dass die NVA im Herbst 1989 nicht die Waffen gegen das Volk gerichtet hatte, um das SED-Regime zu stützen. In der allgemeinen Euphorie der Einigung ging unter, wie zögerlich, hinhaltend und abwehrend Kontakte zwischen Bundeswehr und NVA geknüpft wurden. Spontane Verbrüderungen zwischen Deutschen (NVA) und Deutschen (Bundeswehr) hatten zu unterbleiben. Sporadische Meldungen direkt nach dem Fall der Mauer, Soldaten aus Ost und West hätten sich singend an einem Lagerfeuer in den Armen gelegen, blieben Einzelfälle – und auf der Hardthöhe unerwünscht.

Nach der Entmachtung von Erich Honecker hatten Egon Krenz und Hans Modrow die DDR auf den Kurs demokratischer Reformen gebracht. In Berlin-Grünau hatte es einen «Runden Tisch der Militärreform» gegeben, der im wahrsten Sinne radikale, an die Wurzeln gehende Visionen eines Militärs der Zukunft mit geradezu revolutionären Impulsen eines Friedensgebotes zu formulieren vermochte. Schon in den «Militärpolitischen Leitsätzen» für die Reform der NVA wurde gefordert, die Rolle des militärischen Faktors in den internationalen Beziehungen abzubauen, um gemeinsame Sicherheit in Europa zu erreichen. Kaum war dies als Gesetz der Volkskammer verkündet, kamen Offiziere der Militärpolitischen Hochschule der SED im Januar 1990 zu dem Ergebnis, eine Politik umfassender Entmilitarisierung sei in Europa notwendig, damit die Entmilitarisierung des Denkens der Einzelnen und der Völker ein neues «nichtmilitärisches Sicherheitsdenken» auch in den Armeen entstehen lasse.[72] Solche Ansätze hatten aufgeschlossene Offiziere in der DDR schon vorher vertreten, vor allem nachdem die Sowjetunion 1987 den Ersteinsatz von Atomwaffen aufgegeben hatte. Ausgehend von der Tatsache, dass moderne

Industriestaaten nicht mit Atomwaffen verteidigt werden könnten und somit eigentlich eine Kriegsführungsunfähigkeit gegeben sei, gaben sie dem politischen Ziel «Erhaltung des Friedens» Priorität vor dem sozialistischen Postulat der «Klassenprobleme».[73]

Die NVA hatte sich zu häuten begonnen. Einzelne, wohl zu wenige brachen aus dem festen System aus. Lange bevor die Steine aus der Mauer gebrochen wurden, war die NVA nicht mehr die alte, dem Verdikt der Verfassung der DDR total folgende SED-Armee. Das bekannte System war, das wusste die militärische Führung der NVA nur zu gut, längst «zerbröselt».[74] Diese Ansätze zu einer militärischen Reform wurden von der Hardthöhe jedoch nicht gewürdigt und nicht aufgenommen. Für die NVA kamen sie zu spät. Sie konnten die Geschichte nicht mehr nachholen, so sehr sie in den moralischen Impulsen der friedlichen Revolution von 1989 aufschienen. Das Dilemma des Ganzen war so nicht zu lösen.

Die Wirklichkeit aber holte alles und alle ein. Die D-Mark-Wahlen vom 18. März 1990 führten zur konservativen CDU-Mehrheit in der Volkskammer. De facto wurde damit das DDR-System auf demokratischem Wege entmachtet. Der Osten legitimierte die Regierung Lothar de Maizière und ihren Minister für Abrüstung und Verteidigung, Rainer Eppelmann. Er ließ sich noch ganz vom Elan des Aufbruchs vom Herbst 1989 tragen. In Strausberg, seinem Sitz vor den Toren Berlins, focht er für ein alternatives Modell einer internationalen Friedensordnung ohne aufwändige Rüstung. Stoltenberg traf sein Gegenüber erstmals am 27. April. Danach, so vereinbarten sie, sollten die Kontakte der beiden Armeen auf breiter Ebene entwickelt werden, von oben nach unten, eben hierarchisch, wie es beim Militär üblich ist. Die kaum verhohlene Ablehnung hätte Eppelmann spüren und misstrauisch werden lassen müssen. Aber er, der Pfarrer, hoffte weiter, obwohl er zu Stoltenberg, dem Pfarrerssohn, kein Vertrauen herstellen konnte. Er engagierte sich für eine Friedenspolitik der persistenten Entmilitarisierung und weitestgehenden Abrüstung in Mitteleuropa. Doch diese Morgengabe der deutschen Einigung fand auf der Hardthöhe wenig Zustimmung. Eher machten solche Modelle verdächtig, pazifistisch oder links zu sein. Natürlich waren sie erkennbar radikaler als alle international verhandelten Entwürfe. Warum sollte die Hardthöhe dann darauf eingehen? Realpolitisch gesehen vertraute Eppelmann politischen Utopien, die gar nicht so radikal waren, aber im Jahr 1990 ihrer Zeit – wie es damals schien: weit – vorauseilten und daher in den Hauptstädten in Ost und West ohne Chance blieben.

Eppelmann wurde von der Hardthöhe eine andere Funktion zugedacht. Er sollte die NVA gewissermaßen bis zur Einigung pazifizieren und ihren Umfang weiter reduzieren, um die Grundlagen zu schaffen, sie anschließend abzuwickeln. Er ließ sich von der Idee irreleiten, es gäbe wenigstens in einer bedeutenden Übergangszeit eine Zukunft für die NVA. Das Material dafür lieferte Bonn. So suggerierten Organigramme und Organisationsschemata – «Struktur 93» – vom Juni 1990 «für die Wahrnehmung sowohl legislativer als auch exekutiver Verantwortung» eine in die Hardthöhe integrierte, aber selbstständige Abteilung zur Leitung des Militärs im Osten. Eppelmann tappte in diese Falle. Er plante eine umfassende demokratische Militärreform, für die er prominente Berater aus dem Westen mit Verträgen bis 1992 gewann, beispielsweise Egon Bahr.[75] Die (Schein-)Kooperation wurde von der Hardthöhe systematisch durch Fehlinformation betrieben. Die tatsächlichen Absichten wurden bis zum Ende verschleiert. Nicht zuletzt wurden im großen Umfang Lehrgänge für Offiziere der NVA an Schulen und Akademien der Bundeswehr angesetzt. Sie sollten an eine persönliche berufliche Zukunft im Dienst des Bundes glauben lassen. Am 3. Oktober, dem Tag der gemeinsamen Wahl zum Deutschen Bundestag, befanden sich viele Offiziere, darunter die meisten Kommandeure und wichtige Generale, auf der Rückfahrt in ihre Heimatstandorte in der Annahme, am nächsten Tag zusammen mit Kameraden aus dem Westen die Integration der NVA durchzuführen. Diese Lösung hätte einem gleichberechtigten Umgang miteinander entsprochen; dafür hatte sich Eppelmann immer eingesetzt, aber erst in allerletzter Minute erkannte er den fundamentalen Irrtum, dass diese politischen Vorstellungen absurd waren. Am 2. Oktober 1990 notierte er resigniert in sein Tagebuch: «Leider stieß ich bei den Kollegen und Generälen auf der Hardthöhe auf wenig Gegenliebe.»[76]

Die NVA wurde etappenweise aufgelöst, bis sie abgewickelt war. Alle höheren Offiziere, selbstredend fast alle Obersten und Generale, erhielten mit der Einigung ihre blauen Briefe der Entlassung. Von den 2110 Obersten/Kapitänen, die es zum Zeitpunkt der Einigung gab, waren Mitte 1991 gerade noch 28 angestellt, daneben 10 im Sanitätsdienst. Diejenigen Offiziere, die einen Zeitvertrag angeboten bekamen, wurden in der Regel um einen oder zwei Dienstgrade herabgestuft. Von den 8180 Oberstleutnanten hatten im Juni 1991 noch 612 einen Vertrag. Es gab praktisch keine älteren Offiziere aus dem Osten mehr. Etwa drei Viertel aller NVA-Offiziere hatten bis Ende 1991 ihren Dienst quittiert. Wenig später war das ehemalige Offizierkorps auf 8,4 Prozent des alten Bestandes dezimiert. Alles in allem übernahm die Bundeswehr 2720 jüngere Offiziere der früheren NVA. Die übrigen war die Hardthöhe «elegant» losgeworden.[77]

Die Abwicklung der NVA entsprach einer Politik der Auflösung und Entwaffnung einer Armee. In gleicher Weise, wie im Jahr 1945 die Alliierten die Wehrmacht als Institution mit allen ihren Einrichtungen auflösten, handelten die politische Leitung und militärische Führung der Bundeswehr im Jahr 1990: Alle Einheiten und Einrichtungen der NVA – ob Schulen oder Regimenter, ob Institute oder Manöverplätze, ob Symbole oder Traditionen – wurden abgeschafft und aufgelöst. Die Erinnerung an sie sollte ausgelöscht werden. Es war auch Diskriminierung, den angestellten Soldaten aus dem Osten nur 60 Prozent des Regelgehalts auszuzahlen, während man denen aus dem Westen auf ihr volles Gehalt noch das üppige «Buschgeld» drauflegte. Die Soldaten der NVA sollten restlos deklassiert werden. Am 9. Februar 1993 wurde den ehemaligen Offizieren das öffentliche Tragen ihres Dienstgrades mit dem Zusatz «d. R.» oder «a. D.» – beispielsweise Major der Reserve – untersagt; von da an galten sie ohne Titel als «Gediente in fremden Streitkräften».[78] Das war ein Handeln aus Siegermentalität. Das alte Wort – «vae victis!» – galt immer noch. Hinsichtlich des antagonistischen Gegenübers in Strausberg erwies sich die Hardthöhe als harte Höhe des siegreichen Feldherrnhügels, wo der Dunst des verinnerlichten Feindbildes wie im Getümmel des Kalten Krieges die Sicht bestimmte, trübte oder gar begrenzte. Doch manchen beteiligten Soldaten (West) fiel es schwer, diese Politik mit dem Begriff «Armee der Einheit» zu verbinden.[79]

Die administrierte Abwicklung der NVA wurde 1995 abgeschlossen, als am 16. Februar in die Traditionsrichtlinien der Bundeswehr (ZDV 10/1) der definitive Zusatz eingefügt wurde: «Unstrittig ist jedoch, dass die (...) aufgelöste Nationale Volksarmee (...) keine Tradition für die Bundeswehr stiften kann.» Das geschah fünfzig Jahre nach Kriegsende, als in Bonn ein heftiger Streit über die Beziehungen zur Wehrmacht und über die Fragen einer Verstrickung der Wehrmacht in das NS-Regime ausgefochten wurde. Man kann sich kaum vorstellen, in Richtlinien der Bundeswehr stünde der gleiche Satz über die Tradition zur Wehrmacht: «Unstrittig ist jedoch, dass die aufgelöste Wehrmacht keine Tradition für die Bundeswehr stiften kann.» Hier zeigt sich die Kantigkeit des rigiden Schemas.

Die NVA war eine obrigkeitliche Armee, sicherlich in eigener Weise, aber doch ganz charakteristisch in der Tradition der deutschen Militärgeschichte stehend. Ihre Führungskader waren nach alter Manier korporativ abgeschlossen und sozial privilegiert. Wieder einmal stand deutsches Militär vor dem Dilemma, aufgrund der Abkapselung seiner Führungselite die gesellschaftliche Legitimität verloren zu haben. Unentwickelte militär-gesellschaftliche Beziehungen isolierten die NVA, die keine Volks-Armee war, sondern als Staatspartei-Armee zugrunde ging. Als Partei-Armee hatte sie sich auch allzu lange nach außen gegenüber der Gesellschaft abgegrenzt und ideologisch gegenüber dem Westen verhärtet, sodass sie das Opfer ihres verkrusteten Feindbildes wurde. Das militärische Milieu war eng, parteilich, misstrauisch, verschlossen. Die NVA scheiterte an ihren inneren Widersprüchen und wurde vom Sog des Untergangs des Parteien- und Staatssystems der DDR hinweggespült.

In diesem Sinne war die Politik der Hardthöhe angemessen, wenn sie anstrebte, sich kein antidemokratisches Potenzial einzuverleiben. Solcher Ballast war nicht an Bord zu nehmen. Nur die Verhältnisse waren 1990 anders als im Jahr 1980; das politische Bewusstsein zeigte andere Konturen. Denn was bedeutet antidemokratisch in der zeitgeschichtlichen Perspektive nach oder vor den revolutionären Veränderungen in Mitteleuropa? Hatten nicht auch Offiziere der NVA an die Idee des Dienstes in einer Armee geglaubt, die Frieden und Stabilität im Kalten Krieg wollte? Was bedeutet, für die Einigung gestritten und die Friedensordnung des neuen Europa herbeigesehnt oder gar sich für Militärreformen eingesetzt zu haben?

Es bleibt ein Zögern, ein Nachdenken. Die fast vierzigjährige Geschichte des Militärs der DDR ist nicht ausreichend mit dem Monolith «NVA der SED» zu erfassen. Sicherlich war diese parteipolitische Einseitigkeit kennzeichnend. Doch genaues Hinsehen tut Not, um Strömungen und Gegenströmungen in ihrer Wirklichkeit und in den historischen Relationen zu erfassen. Immerhin war 1945 ganz Deutschland in die Zufälligkeit der Besatzungszonen geschlagen worden und der Gnade der regionalen Entwicklung und internationalen Abhängigkeit ausgeliefert.[80] Eine Geschichte der NVA liegt noch nicht vor; hier ist auch nicht der Ort und der Platz, sie in auch nur angemessener Weise zu liefern. Doch hinsichtlich einer «Geschichte des deutschen Militärs nach 1945», die später einmal zu schreiben sein wird, fallen einige Eigentümlichkeiten auf, die in zeithistorischer Distanz bereits heute erkennbar sind – auffällige strukturelle Gemeinsamkeiten von Bundeswehr und NVA, ohne dass behauptet werden darf, damit seien die für Ost und West je typischen Entwicklungen vorgegeben. An dieser Stelle werden nicht die bekannten unterscheidenden Merkmale der Andersartigkeit von Bundeswehr und NVA betont, vielmehr sollen die weniger beachteten politisch-strukturellen Ähnlichkeiten wenigstens kursorisch knapp skizziert werden. Diese Ähnlichkeiten einiger Beispiele sind aber auch geeignet, die typische Besonderheit in Ost und West zu verdeutlichen.

(1) Militär in Deutschland war nach 1945 nicht selbstverständlich. Aufrüstung hatte ihre Bedingung. Unter dem in Potsdam verabredeten Dach der jeweiligen Besatzungs- und Schutzmacht wurden die Staaten und das Militär jeweils (nur) nach Osten bzw. Westen ausgerichtet, aber auch legitimiert und durch das westliche bzw. östliche Bündnissystem anerkannt. (Militärische) West- und (militärische) Ostintegration bestimmten Freiheit und Handlungsmöglichkeiten.

(2) Der Preis des nach Ost und West ausgerichteten Souveränitätsgewinns der deutschen Staaten bestand in einer gesicherten Kontrolle via Militär in Ost und West. Die Bündnisse, NATO und Warschauer Vertrag, boten Moskau und Washington die Mittel, deutsches Militär im hegemonialen Interesse der Machtarrondierung oder -drohung zu begreifen. Zugleich erhielten sie aufgrund der Bündniskontrolle die Zustimmung ihrer Verbündeten. Schutz vor Deutschland war internationalisiert, wenn auch zweigeteilt.

(3) Beide Staaten verbanden ihre staatliche Souveränität mit der Aufstellung von Militär in einem Prozess nach 1949; sie schufen sich 1955/56 ihr Militär gemäß ihren Regierungssystemen: Sozialismus im System des Arbeiter- und Bauernstaates auf der einen sowie soziale Marktordnung und pluralistisch-parlamentarische Demokratie auf der anderen Seite.

(4) Beide Staaten organisierten den Schutz für ihre Bevölkerung durch das Militär. Daher hatten Bundeswehr und NVA die Funktion, jeweils vor dem Anderen zu schützen. Eine Solidarität der Deutschen über die Grenzen hinweg entstand im Militär nicht. Da die Spaltung Europas scharf durch Deutschland verlief, spielte die Bedrohung, die Perzeption des Kalten Krieges eine wesentliche Rolle, den jeweils Anderen als Gegner zu charakterisieren. Im Schema von *actio* und *reactio* – in der Art: weil die eine Seite dies machte, musste die andere Seite jenes unternehmen – waren sie wie gebannt fixiert.

(5) Beide Staaten grenzten sich vom Militarismus der Vergangenheit ab und suchten eine neue Armee zu gründen. Dass Bundeswehr und NVA dennoch mit den Beziehungen zur Wehrmacht ihre Probleme hatten, zeigen die Debatten um die Tradition. Beide ehrten den militärischen Widerstand gegen das NS-Regime, aber sie achteten eine je andere Tradition. Die NVA setzte auf das nach der Niederlage von Stalingrad gegründete «Nationalkomitee Freies Deutschland»; die Bundeswehr zögerte, bis sie den Widerstand des 20. Juli annahm. Beide aber diffamierten die Würde des Widerstands der anderen Seite.

(6) Beide Armeen übernahmen Doktrinen und Dogmen der Kriegführung der Wehrmacht auf indirekte Weise, indem sie sich an das Vorbild ihrer Gewährsmächte in Moskau und Washington

anlehnten. Dort waren die klassischen Vernichtungsstrategien deutscher Generalstabsschule ins nukleare Zeitalter übertragen worden. Im System der jeweiligen Bündnisse wurden diese, wie Moltke sie bezeichnete, Abschreckungsstrategien in Bundeswehr und NVA wieder heimisch.

(7) Beide Staaten führten als Lehre aus der Geschichte das Recht auf Verweigerung des Waffendienstes ein. Es wurde auf gesellschaftlichen Druck von der Politik gesetzlich verankert, obwohl die Militäreliten in Ost und West heftig protestierten. Was auf der einen Seite die Zivildienstleistenden, sind auf der anderen Seite die Bausoldaten gewesen. Anfänglich jeweils kirchlich motiviert, aber öffentlich diskriminiert, benötigte das staatsbürgerliche Recht seine Zeit, bis es allgemeine Anerkennung fand.

Die Geschichte der Bundeswehr und der NVA ist schließlich noch weit genauer zu differenzieren. Es ist spannend zu sehen, wie die deutsche Militärgeschichte zwischen 1945 und 1990 in Ost und West gewirkt hat. Ideal und Wirklichkeit der Militärpolitik der NVA sind und waren zu ihren Zeiten schon umstritten.[81] Aber auch «Innere Führung» und «Staatsbürger in Uniform» illustrieren, wie sehr ein historisches Leitbild in der Praxis des militärischen Alltags überhöht und ideologisiert oder auch nur technokratisch und legitimatorisch eingesetzt werden kann. Das Spiel mit der Wahrheit kann Kanten der Geschichte abschleifen, um Legenden zu bilden. Sie mögen lange fortleben. Klärung aber läuft nur über schmerzhafte Prozesse ab, von denen es in der jüngsten Militärgeschichte genügend Beispiele gibt – die ‹Verbrechen der Wehrmacht› oder die ‹unpolitische Reichswehr› oder der ‹Widerstand› seien exemplarisch genannt.

Die deutsche Nachkriegsgeschichte ist nicht mit der alleinigen Gültigkeit der Perspektive des Westens verbunden, jedoch haben die Werte, die mit der Westbindung in der politischen Kultur der Bonner Republik ihren Platz fanden, auch für das ganze Deutschland ihre Relevanz erhalten. Mit dem zeitlichen Abstand zur Einigung ergibt sich die Chance, die östliche deutsche Nachkriegsgeschichte des Militärs in den Zusammenhang der langen Geschichte des Sonderwegs des Militärs in Deutschland zu stellen, zugleich die NVA vornehmlich aus den inneren Zusammenhängen der eigenen Geschichte zu begreifen. Damit würden all jene Einflüsse auf die Gestalt der NVA deutlich, die entweder dem sozialen oder politischen Militarismus, dem Sozialismus bzw. dem stalinistischen Format der Roten Armee oder den Zeitläufen des Kalten Krieges zuzurechnen sind. Die bislang überwiegende, häufig simplifizierende Deklassifizierung würde durch eine historisch differenzierte Einordnung überwunden. Die Historisierung der NVA wird ihr den angemessenen Ort in der Geschichte zuweisen, der allerdings einen Vergleich mit der Bundeswehr herausfordert.

Umbau

Die Revolutionen in Mittel- und Osteuropa hatten die internationale Ordnung nach 1990 von Grund auf verändert. Der Kalte Krieg, der die Geschichte fast ein halbes Jahrhundert lang geprägt hatte, war wie ein Spuk dahin. Die Szenarien der Sicherheit durch Bedrohung mittels militärischer Rüstung und Gegenrüstung schienen wie unwirkliche Alpträume. Das düstere 20. Jahrhundert kam an sein Ende, erkannte Ralf Dahrendorf, als «die Lichter auch im kommunistischen Europa wieder aufflackerten in der Revolution von 1989».[82] Die USA nahmen ihren Aufstieg von der Supermacht zur allein führenden Macht der Welt.

Das Ende des bipolaren Zeitalters wurde am 11. September 1990 mit der als historisch zu bezeichnenden Rede von Präsident George Bush sen. offenbar, in der er die «Neue Weltordnung» verkündete. Diese Rede war der Auftakt zum Golfkrieg. Die strategische Präsenz amerikanischer Soldaten auf der arabischen Halbinsel sicherte die Kontrolle über die Erdöl-Ressourcen.[83] Die Pax Americana verband den «welfare»-Ansatz ökonomischer Prosperität mit dem «warfare»-Konzept machtbewusster Interventionen. In der neuen Multipolarität übernahmen die USA die Führung, um ihre «Neue Weltordnung» zu gestalten. Das geistige Fundament für die Machtausübung realistischer Politikgestaltung wurde von den Beratern des Weißen Hauses und des Pentagon direkt nach 1990 gelegt. Henry Kissinger und Zbigniew Brzezinski vermochten aus einer epochenübergreifenden Ableitung des historischen Auftrags der USA ihr politisches Vermächtnis vorzulegen, im 21. Jahrhundert die uneingeschränkte amerikanische Vorherrschaft zu sichern.[84] Verknüpft mit dem globalen Kampf gegen ethno-kulturelle Zonen im Verständnis von Samuel Huntington gewann das amerikanische Sendungsbewusstsein sein Profil.[85] Die Logik der Ressourcensicherung, die im ersten Golfkrieg 1991 die Hoffnungen auf eine selige Friedensordnung zerbrach, hatte mit solchen Konzepten ihre ordnende Sinnstiftung sogleich erwiesen.

Der Rahmen für die deutsche Außen- und Sicherheitspolitik war neu geformt: Amerika fungierte nicht mehr als Schutzmacht der Bonner Republik. Im Gegenteil, die USA waren überzeugt, Bonn werde niemals mit Waffengewalt die «Kontrolle über Europa» anstreben, und schätzten deshalb Deutschlands Stellenwert neu ein als ein Land mit der Macht, mittelfristig immerhin eine «potenzielle Hegemonie in Europa» auszuüben.[86] Das vereinte Deutschland selbst hatte kein Sicherheitsproblem mehr, war es doch ringsum von befreundeten Staaten umgeben. Ungewissheit allerdings blieb bestehen, welchen Gebrauch Bonn von Macht und Militär in der Außenpolitik machen würde. Zunächst folgte es seiner entwickelten Tradition der Kultur der Zurückhaltung, stärker auf «wirtschaftlicher und weicher Macht» zu bestehen und «internationalem Recht und internationalen Institutionen» den Vorrang vor eigenem Intervenieren zu geben; die «harte Macht» der USA war kein Vorbild.[87] Aber was hieß das für die Bundeswehr?

Die Regierung Kohl stellte sich nach der nationalen Einigung in die machtbestimmte Tradition Adenauers und Schmidts, dem Militär grundsätzlich einen gewichtigen Part bei der Einbettung Deutschlands in die internationale Politik zuzuweisen. Im Konzert der gewandelten europäischen Sicherheit wurde die Bundeswehr entsprechend der NATO umorganisiert. Eine neue Etappe der Internationalisierung begann. Wie seit 1955 stehen im Falle einer kriegerischen Mobilisierung alle Verbände unter NATO-Kommando, aber daneben ist, wie in London 1990 gefordert, eine neue Etappe einer europaweiten Multinationalisierung getreten. Nach der Deutsch-Französischen Brigade, deren Anfänge militärpolitisch höchst verwickelt sind, wurde im August 1995 das Deutsch-Niederländische Korps konstituiert. Alle deutschen Großverbände haben seitdem bi- oder multinationale Anteile und Stäbe erhalten. In den neunziger Jahren wurde die Bundeswehr mit nahezu allen westlichen Nachbarländern verkettet, nicht nur mit Frankreich, Holland, Belgien, Dänemark, sondern auch mit Großbritannien, den USA und Spanien sowie nach der NATO-Erweiterung mit Polen und Tschechien. Die Entfaltung dieses europäisch verbindenden Ansatzes unterstreicht auf Dauer den deutschen Anteil in Europa, zugleich verringert sie jede Chance für eine nationale Militarisierung der Außenpolitik.

Nur: Die Bundeswehr selbst – die gesamte Militärstruktur von der Ausbildung bis zur Rüstung – war auf einen anderen Fall hin ausgelegt. Ihr Szenario war gewesen, eine Bedrohung aus dem Osten zu vermeiden und abzuwehren. Vieles von dem bis dahin Eingeübten schien über Nacht veraltet. Die anstehende Veränderung erhitzte die Gemüter, da das Stichwort mit dem Golfkrieg 1991 in die Öffentlichkeit geriet: «Out-of-area»-Einsätze von Truppen außerhalb des Bündnisgebiets.

Das Thema war allerdings nicht neu. Im Jahr 1980 hatte Kanzler Schmidt auf entsprechende amerikanische Anfragen verhalten reagiert und ausgleichende Maßnahmen seitens der Europäer vorgeschlagen, damit die USA ihre Kontingente global effizienter einsetzen könnten. Kanzler Kohl übernahm diese Position, wie der Beschluss des Bundessicherheitsrats vom 3. November 1982 bestätigte, eine «Beteiligung» der Bundeswehr «an einer internationalen Streitmacht im Persischen Golf» komme überhaupt nicht in Frage. Auch waren Einsätze zur Wahrung wirtschaftlicher Interessen, wie es noch unmissverständlich hieß, nicht «zulässig». Doch nur wenige Jahre später kochte das heikle Problem erneut hoch, diesmal unter dem Aspekt des Einsatzes als «Blauhelme» mit UN-Mandat. Wenngleich die Experten des Auswärtigen Amtes und der SPD-Opposition im Bundestag solche Missionen befürworteten, setzte die Regierungsfraktion im September 1987 einen anderen, machtpolitisch bestimmten Akzent: Da die Bundesrepublik als «Gleiche unter Gleichen» auftreten wolle, müsse sie auch bereit sein, militärisch «unangenehme Aufgaben» zu übernehmen.[88] Auch die Hardthöhe war nicht untätig. In einem vertraulichen Gutachten prüfte sie «Einsätze im Rahmen nationaler maritimer

Krisenoperationen außerhalb des NATO-Vertragsgebietes» und brachte die bekannten Topoi – «humanitäre und Katastrophenhilfe» sowie «Wahrung deutscher Interessen» – ein.[89] Mit diesem Datum, dem 16. Oktober 1987, kann man das Zeitalter einer neuen Konzeption der Bundeswehr ansetzen. Erstmals leitete sich die Legitimität des Militärs der Bonner Republik nicht mehr aus der Abwehr einer Bedrohung aus dem Osten ab. Der autonom definierte nationalstaatliche Bezug deutscher Interessen gab diesem Dokument seine militärpolitische Bedeutung. Nicht zufällig wurde es unter Verschluss gehalten.

Dann wurde «out-of-area» auf der Ebene der NATO ventiliert. Im Mai 1989 tauchten die «neuen globalen Gefährdungen» der Sicherheit des Bündnisses auf. Aber es kann doch als Sensation gewertet werden, dass auf der folgenden Tagung im Dezember 1989 in Brüssel, als die große Frage der militärischen Integration der um das Gebiet der DDR erweiterten Bundesrepublik anstand, Außenminister James Baker die «Out-of-area»-Einsätze als die entscheidende Funktionsveränderung des Bündnisses in der Zukunft bezeichnete. Da für alle beteiligten Staaten die Vereinigung Vorrang hatte, fand diese zentrale Perspektive kaum Beachtung. Die Hardthöhe aber griff diesen gewissermaßen von der NATO gegebenen Auftrag auf. Jetzt konnte sie öffentlich ansprechen, was bislang ein Tabu war. Um die Akzeptanz militärischer Interventionen «out-of-area» für die Bundeswehr zu erhöhen, wurden Einsätze als «Blauhelme» vorgestellt. Das Schlagwort des Generalinspekteurs Dieter Wellershoff vom «Helfen, Retten, Schützen!» erfasste die neue sicherheitspolitische Ausrichtung ganz schlicht und war, schon Ende 1990 in Umlauf gebracht, geeignet, Akzeptanz in der auf friedliche Intervention hin orientierten öffentlichen Meinung zu finden.

Auch Minister Rühe unterstrich die menschlich-moralische Seite von Auslandseinsätzen: «Und wir können nicht tatenlos bleiben, wenn anderswo Frieden gebrochen, das Völkerrecht mit Füßen getreten und Menschenrechte verletzt werden. Wir müssen bereit sein, Mitverantwortung für Frieden, Freiheit und Gerechtigkeit in der Welt zu übernehmen.»[90] Das konnte jeder unterschreiben, vielleicht auch den Nachsatz: «Dazu gehören auch Einsätze im

Dienst der Völkergemeinschaft.» Das liest sich wie «im Dienst der UNO», aber genau diese war nicht gemeint. Die Formulierung war nicht zufällig entstanden und zielte präzise auf alle möglichen Gruppen der Völkergemeinschaft, die ohne Mandat der UNO handeln können sollten. Damit war die andere Seite der «erweiterten Dimension» des Sicherheitsbegriffs angesprochen, die verharmlosend als «robuste» Einsätze umschrieben wurde. Diese waren nicht populär, wenngleich sie im Brennpunkt der Arbeit der Stäbe auf der Hardthöhe standen.[91] Diese Absicht unterstützte auch eine unabhängige Kommission von Fachleuten, die unter Leitung von Hans-Adolf Jacobsen im Jahr 1991 zu dem Ergebnis gelangte: «Weder in Europa noch in der Welt ist ein Zustand absehbar, in dem Deutschland seine Interessen ohne Verfügung über militärische Interessen hinreichend wahren kann.»[92]

Die politische Leitung und die militärische Führung auf der Hardthöhe – vor allem Volker Rühe, General Klaus Naumann, Admiral Wellershoff und der Leiter des Planungsstabs, Admiral Ulrich Weisser – stellten in kürzester Zeit die Weichen für einen grundlegend neuen Kurs in der Militärpolitik. Die Begrenzung der Aufgaben der Bundeswehr auf eine Verteidigung in Europa wurde aufgegeben und durch ein weites Spektrum zusätzlicher «Herausforderungen» für mögliche Einsätze ergänzt. Die Zielrichtung des Auftrags der Bundeswehr wurde im Januar 1992 präzisiert: «Förderung und Absicherung weltweiter politischer, wirtschaftlicher, militärischer und ökologischer Stabilität; die Aufrechterhaltung des freien Welthandels und des Zugangs zu strategischen Rohstoffen.»[93] Diese Setzung, ökonomische Interessen «im Rahmen einer gerechten Weltwirtschaftsordnung» mit Militär abzusichern, zeigte die umfassende Neuorientierung klar und traf, besonders wegen der Forderung nach «ungehindertem Zugang zu den Märkten und Rohstoffen in aller Welt», auf heftigsten Protest, den auch die Mehrheit der SPD-Opposition im Bundestag teilte. Das Abweichen von dem bis dahin anerkannten «Grundgesetz der Außenpolitik», von deutschem Boden gehe für niemanden eine Gefahr aus, war so offensichtlich, dass sogar das Erbe deutscher kolonialer Weltmachtträume beschworen wurde.

Die Kontroverse um Auslandseinsätze konnte erst in dem Urteil des Bundesverfassungsgerichts vom 12. Juli 1994 sachlich entschieden, aber nicht beigelegt werden. Eine Entsendung deutscher Truppen war danach grundsätzlich möglich und eine Angelegenheit der Regierung. Sie wurde aber an Bedingungen gebunden, nämlich erstens eine parlamentarische Zustimmung obligatorisch einzuholen und zweitens nur mit einem entsprechenden Auftrag von kollektiven internationalen Organisationen zu handeln. Dieser wichtige Teil des Urteils konnte viele Völkerrechtler und Sicherheitsexperten nur irritieren, da neben UNO und OSZE auch NATO und WEU derartige Aufträge legitimieren könnten, «wenn und soweit sie strikt auf Friedenswahrung verpflichtet» seien. Das Gericht setzte voraus, diese regionalen Bündnisse hätten dann die Qualität eines Systems gegenseitiger kollektiver Sicherheit. Diese Passagen nährten die Ansicht, es drohe eine Militarisierung der deutschen Außenpolitik.

Die mentale Wende, mit deutschen Soldaten im Ausland zu intervenieren, vollzog die Führungselite der Bundeswehr schnell. Während tagespolitisch die Abwicklung der NVA und die Abrüstung der schweren Waffen auf der Tagesordnung standen, waren in der kurzen Zeitspanne von der Einigung bis 1992 die Eckpflöcke für die gravierendste Umsteuerung der Außen- und Sicherheitspolitik seit Himmerod 1950 oder seit den Festlegungen in den Verträgen des Jahres 1955 eingerammt worden. Schon bald darauf unterstützten 98 Prozent der Generale und Admirale Einsätze als «Blauhelme», 99 Prozent humanitäre Einsätze in Krisenregionen und immerhin 80 Prozent militärische Zwangsmaßnahmen gegen den Willen von Konfliktparteien. Das Fazit amerikanischer Experten über die Neuorientierung der zivilen und militärischen Elite der Bundesrepublik lautete: «Die deutsche Führungselite hat anscheinend gleich mehrere wichtige Schritte unternommen, um die (...) ‹Kultur der Zurückhaltung› abzulegen und die überholte Beschränkung Deutschlands als reine Zivilmacht aufzugeben.»[94]

In aller Stille wurde die Enttabuisierung von Einsätzen der Bundeswehr im Ausland praktiziert. Zunächst ganz sacht, auf die Überzeugungskraft menschlicher Hilfeleistung bauend, schlugen am 22. Mai 1992 Soldaten der Bundeswehr «out of area» bei

Phnom Penh in Kambodscha das erste Feldlazarett mit 60 Betten auf. Dort kam auch der erste Soldat, ein Sanitäter, bei einem Auslandseinsatz ums Leben, allerdings nicht bei einer militärischen Aktion, sondern er wurde ermordet. Die Zinksarg-These früherer Jahre, wenn Opfer zu beklagen seien, werde die öffentliche Duldung des Einsatzes kippen, fand sich nicht bestätigt. 1993 folgte dann ein weiterer Auftrag, von dem auch nicht gesagt werden konnte, er würde das Bild der militärischen Intervention bestätigen, als nämlich deutsche Soldaten in Aufklärungsflugzeugen der NATO begannen, den Luftraum über Jugoslawien zu überwachen. Dann folgte schließlich das Urteil des Bundesverfassungsgerichts, nach welchen Regeln das Grundgesetz Einsätze außerhalb des Bündnisgebiets zulasse. Generalinspekteur Naumann betonte im Blick auf Kambodscha vielsagend: «Zum ersten Mal seit 1944 verbringen deutsche Soldaten im Einsatz das Weihnachtsfest außerhalb der Heimat.»

Der erste echte militärische Einsatz erfolgte nach dem Beschluss des Bundestags vom 30. Juni 1995 im ehemaligen Jugoslawien, legitimiert von UNO, EU und NATO. Schon damals wurde die Bevölkerung mit dem Hinweis auf die Geschichte zur Zustimmung bewegt. Außenminister Klaus Kinkel beschwor die moralische Seite: «Wir haben eine politische und moralische Verpflichtung zur Hilfe, auch und gerade im Hinblick auf unsere Vergangenheit.» Die Glaubwürdigkeit und das Ansehen Deutschlands in der Welt stünden angesichts der «Barbarei» infrage.[95] Wolfgang Schäuble unterstützte diese Argumentation. Gerade weil die Deutschen damals auf dem Balkan schuldig geworden seien, müssten sie nun in Bosnien helfen. Diesem Auftrag kommt die historische Bedeutung zu, fünfzig Jahre nach dem Ende des Weltkriegs Schiffe der Marine, Flugzeuge der Luftwaffe und Verbände des Heeres im Kriegseinsatz stehen zu haben. Diese Fakten bildeten, wie Kinkel betonte, eine Zäsur. Mehr als zehn Jahre lang sollte die Bundeswehr in unterschiedlichen Waffeneinsätzen auf dem Balkan bleiben, innenpolitische Unruhen schlichten oder beim Wiederaufbau helfen. Eine militärisch bestimmte, «robuste» Form des Einsatzes gab es bei der UNO-Mission in Somalia am Horn von Ostafrika. Das Desaster, das den Amerikanern nach der mit großem Mediengetöse inszenierten Landung widerfuhr, führte zu einem kläglichen Rückzug. Auch die Bundeswehr konnte sich den desaströsen Umständen vor Ort nicht entziehen. Doch die Öffentlichkeit blieb weitgehend stumm.

In einer frühen Reaktion auf die Hilfe von belgischen Fallschirmjägern, die Deutsche aus Ruanda gerettet hatten, und auf die Erfahrungen in Einsätzen unter den besonderen Bedingungen von verdeckten Operationen wurde eine Spezial-Truppe geschaffen, das Kommando Spezialkräfte (KSK). Seit 1996 baute Generalleutnant Helmut Willmann diese Truppe auf. Er hatte sich im Heer einen Namen gemacht, da er mit dem Konzept der realitätsnahen Ausbildung hervorgetreten war. Seine allgemeine «Führungsphilosophie» für das Heer war auf den Kämpfertyp ausgerichtet, ohne die notwendigen – in diesem Fall wäre zu betonen: die abgewogeneren – Ziele für das Profil des Offiziers nach dem Konzept der «Inneren Führung» zu beachten. Jedenfalls erschien Willmann der rechte Mann für die KSK. Härte und Schlagkraft wurden mit modernster Rüstungstechnologie gepaart, damit derartige Elitekräfte befähigt würden, im Ernstfall auch im Hinterland gegen verdeckt operierende Gegner zu kämpfen. Eine solche Nagelprobe bestand die Truppe 2002 und 2003 in Afghanistan in von al-Qaida beherrschten Regionen. In Kleingruppen von vier bis zehn Mann organisiert, standen nur anfangs Geiselbefreiungen im Vordergrund des Auftragsspektrums, das schon bald ausgeweitet wurde. Erste begrenzte Einsätze hatte es 1999 auf dem Balkan, beispielsweise bei der Verlegung von Bosnien in den Kosovo, gegeben.

Unruhe im Innern

Der Umbau der Bundeswehr, der konzeptionell erstmals im Jacobsen-Bericht von 1991 thematisiert war, verzögerte sich, da er mit mehreren militärischen Strukturproblemen zu kämpfen hatte. Eines davon war die Wehrpflicht. In diesem Bericht war eine evolutionäre Modifizierung vorgeschlagen worden, um nach einem Jahrzehnt und Etappen der Umwandlung über die endgültige Form bzw. die Aufgabe der Wehrpflicht zu beschließen. Die Wehrpflicht hatte eine lange Geschichte. Sie war als legitimes Kind des Nationalstaates im Zuge der Industrialisierung und der Befreiung vom Feudalismus nach der Französischen Revolution als Typ des Militärs der Moderne im Verlauf des 19. Jahrhunderts entwickelt worden; sie hatte als Rekrutierungsbasis für die Massenheere auch die Weltkriege bestimmt.[96] Der Kalte Krieg hatte noch einmal alles verfestigt, aber seit die vier C's – *command*, *control*, *communication*, *computer* – eine Revolutionierung des Militärs mit sich brachten, hat der klassische Typ der Zwangsrekrutierung seine Relevanz verloren.[97]

Rüstungstechnologie und -industrie hatten die massenhafte Produktion der Waffen ermöglicht, für die Soldaten durch Wehrpflicht massenhaft herangezogen wurden. So konnten alle Ressourcen mobilisiert werden. Drill und Disziplin waren für den funktionsgerechten Einsatz erforderlich. Die Wehrpflicht garantierte die Ausschöpfung der Jahrgänge für hochgradig präsente Armeen sowie für den «Aufwuchs» im Kriegsfall. Dieses Modell hatte noch in Himmerod Pate für die Bundeswehr gestanden. Seit Beginn der achtziger Jahre jedoch zeigten sich die ersten Folgen der mittlerweile absehbaren oder bereits vorhandenen Mittel hochtechnologischer Einsatzführung. Wie würde der «kleine Krieg» oder der Krieg der Zukunft aussehen? Wie sollten Rekruten die Funktionen der komplexen Abläufe spezieller Interventionen beherrschen lernen? Aber vor allem: Wie konnte der Rahmen des Grundgesetzes, die Wehrpflicht sei durch die Verteidigung des Landes zu rechtfertigen, eingehalten werden? Allmählich gaben fast alle industrialisierten Staaten das System der Wehrpflicht auf.

In dieser Phase reagierte die Führung auf der Hardthöhe defensiv. Trotz aller programmatischen Umsteuerung zeigten sich ernsthafte Friktionen, da die Inspekteure der Teilstreitkräfte aus den Gleisen des Altbekannten und für sie Bewährten nicht herauskamen. Sie wollten Modernisierung, erkannten aber nicht, dass bereits der Golfkrieg 1991 als ein neuer Typ von Krieg geführt wurde. Damit war nach zwei Jahrhunderten phänomenologisch das Ende der Massenarmee mit der für sie typischen Effizienz der Waffensysteme und Militärstrukturen angesagt. Selbstverständlich handelt es sich um einen Prozess, in dem Elemente beider militärischer Zeitalter nebeneinander bestehen. Die Aufgabe der Wehrpflicht scheint eine Bedingung der veränderten Professionalisierung zu sein. Denn «Krieg» wird anders als früher definiert. Der Schlüsselsatz einer ersten Analyse zum epochalen Wandel lautet daher: «Der Endzweck der Militärdoktrin der Zukunft heißt weder ‹Vernichtung› noch ‹Abnützung›; er heißt allenfalls ‹Bestrafung›, ‹Zersetzung der feindlichen Kampfmoral›, ‹Neutralisierung› und ‹Entwaffnung›.»[98] Die Wehrpflicht aber, das angestammte nationale und mit dem Prestigewert von historisch-demokratischen Legenden gezeichnete Element der alten Struktur, sollte in Deutschland vorerst bestehen bleiben.[99] In der Bundeswehr haben seit 1956 alles in allem etwa neun Millionen Rekruten diese Dienstpflicht absolviert. Das Militär setzt sich bis heute mit dem Hinweis auf die deutsche Führungskultur sowie den demokratischen Rückhalt in der Gesellschaft für die Wehrpflicht ein. Sie bildet zudem das Reservoir für etwa ein Drittel des Nachwuchses der Zeit- und Berufssoldaten.

Ein wichtiger Einschnitt erfolgte 1995. Im «Ressortkonzept» vom März wurde die nun auf zehn Monate verkürzte Wehrpflicht beschworen. Die allgemeine Verunsicherung konnte nicht beseitigt werden. Jedoch wurde ein neues Modell entwickelt. Die «differenzierte Ausgestaltung der Wehrpflicht» gab dem bis dato Bekannten einen anderen Charakter. Eine «zusätzliche Flexibilität» war eingebaut, die eine freiwillige Verlängerung des Pflichtdienstes auf 23 Monate bei einer «höheren finanziellen Vergütung» vorsah. Also: Rekruten erhielten Verträge bis etwa zur Verdoppelung ihrer gesetzlichen Dienstzeit, ohne ganz den (eindeutigen) Status eines Wehrpflichtigen zu verlieren und ohne ganz den (eindeutigen) Status eines Zeitsoldaten zu erwerben. Ein neuer Typ, eine Art «freiwilliges Dienstjahr» war eingeführt worden. Daran hält die Bundeswehr bis in die Gegenwart fest. Der «Beirat Innere Führung» hat diesen Ansatz im Juni 2003 zuletzt in seiner «Empfehlung Wehrstruktur» bestätigt. Insgesamt soll die Wehrpflicht das Militär in der Gesellschaft verankern. Dafür wurde dann auch jenes Argument der Wehrgerechtigkeit fallen gelassen, das über Jahrzehnte dazu gedient hatte, den Zivildienst mit Erschwernissen aufzubauen. Dieser aber kann schon lange nicht mehr als Legitimierung für die Wehrpflicht herangezogen werden, da realistische Alternativen als Ersatz entwickelt wurden.[100] Die Zahl der Wehrpflichtigen war 1996 auf 135 000 festgesetzt worden – bei 146 000 Zivildienstleistenden (1994). Seitdem hat die Zahl der Kriegsdienstverweigerer zugenommen, 1995 erreichte sie 160 569, darunter 2920 aktive Soldaten und 1416 Reservisten. Trotz sinkender Jahrgangszahlen stieg sie weiter auf 189 644 (2002), unter ihnen 2322 Soldaten und 840 Reservisten. Gerade diese letzten Zahlen weisen auf einen bemerkenswerten Legitimitätsverlust und einen Protest innerhalb der Bundeswehr selbst gegen den «Out-of-area»-Schwenk in der Militärpolitik hin. Diese Größenverhältnisse wirken wie Nachhutgefechte aus der Zeit der Massenarmee, wenn man in Betracht zieht, dass ab 2007 sowohl der Umfang der einzelnen Jahrgänge drastisch abnimmt als auch im Personalstrukturmodell 2010 nur noch 80 000 Plätze für Reservisten vorgesehen sind.

Doch es sollte noch viel ärger kommen. Die traditionelle Rekrutierungsbasis wurde unverhofft noch von einer anderen Seite infrage gestellt. Der Primat der Wehrpflicht mit der Folge, im Militär einen spezialisierten männlichen Beruf auszuüben, wurde von der Frauenbewegung angegriffen. Seit langem hatte es gegärt, als deutlich geworden war, dass die Frauen im deutschen Militär in den Kriegen des 20. Jahrhunderts eine enorme Rolle gespielt hatten, wenn sie zu diversen «Hilfsdiensten» benötigt wurden.[101] In verschiedenen Funktionen waren sogar 450 000 Frauen in der Wehrmacht tätig gewesen, das Sanitätspersonal nicht mitgerechnet. Ansonsten schützten die gesellschaftlichen Einstellungen und (Vor-)Urteile diesen typisch männlichen Beruf vor allen emotionalen oder identitätsstiftenden Anfeindungen. Männerphantasien hatten Bausteine geliefert, um diesen Bereich staatlicher Macht und Herrschaft zu konstruieren, aber in tiefer schürfender feministischer Analyse breitete sich die allgemeine gesellschaftliche Erkenntnis aus, dass gerade ‹Militär› und ‹Männlichkeit› sich wechselseitig konstituierten und somit ein soziales Problem darstellten.[102] Vor dem Hintergrund dieses Diskurses tauchte in eher gradualistisch und pragmatisch ausgerichteten Teilen der Frauenbewegung die Forderung nach Zugang zur Bundeswehr auf. Dort pflegte man das hergebrachte Bild der Frau als Helferin; 1975 waren Frauen als Sanitätsoffiziere eingeführt und sodann sogar 19 Musikerinnen zugelassen worden. Im Sanitätsdienst waren 1996 2849 Frauen tätig. Weibliche Soldaten oder, wie später gesagt wurde, Soldatinnen hatten im Militär keinen Platz, mochten da noch so viele Hinweise auf die USA, Israel oder andere Länder mit Frauen in Uniform vorgebracht werden. Sie wurden weltweit längst nicht mehr «als exotische Ausnahmeerscheinung oder als Fehlentwicklung wahrgenommen».[103] Die Bundeswehr nutzte die 1968 bei den Notstandsgesetzen in Artikel 12 des Grundgesetzes eingefügte Formulierung, nach der Frauen «auf keinen Fall Dienst mit der Waffe leisten» dürften, um auch die freiwillige Teilhabe von Soldatinnen an den Waffen abzuwehren. Daher konnte «Mann» ganz sicher sein, in einem geschützten Raum zu existieren.

Eine jahrelange Diskussion in der Bundeswehr wurde provoziert, da die Klage einer abgelehnten Computerspezialistin mit Unterstützung des Deutschen Bundeswehr Verbands bis zum Europäischen Gerichtshof wanderte, der dann am 11. Januar 2000 entschied. Wegen der allgemeinen Geltung des Grundsatzes der Gleichbehandlung von Männern und Frauen musste die Bundeswehr die «Ausnahmemaßnahme» revidieren und Frauen zum freiwilligen Dienst in den Streitkräften – und zwar in allen Laufbahnen – zulassen. Im Einverständnis mit der militärischen Führung versuchte Scharping noch den Sonderweg einzuschlagen, «geeignete Laufbahnen für Frauen zu öffnen». Der Widerstand der Männerbastion allerdings war erheblich, manche in der Bundeswehr stürzten in eine gewaltige Sinnkrise.[104] Dienst an der Waffe, die Natur der Frau – das war der Knackpunkt, «Flintenweiber» wollte man nicht. Soldatinnen zogen in die Kasernen, aber langsam. 2004 überschritt die Zahl der Soldatinnen mit 10030 erstmals eine wichtige Grenze (bei insgesamt 270000 Soldaten), davon die meisten im Sanitätsdienst; eine magische Barriere aber wurde durchbrochen, als die ersten Soldatinnen zu Truppenoffizieren ernannt wurden. Der Transformationsprozess setzte mühsam ein, er wurde mit Regelungen zur Gleichstellung, bei gleicher Leistung von Männern und Frauen Soldatinnen zu befördern, auch formal unterstützt. Der Wandel der Rekrutierungspolitik ist in Gang gekommen. Doch damit werden Frauen im Alltag des Militärs noch lange nicht als gleichwertig akzeptiert. Das Defizit zeigt sich in Vorbehalten und Schwierigkeiten bei der Zusammenarbeit.

Der Umbau der Bundeswehr gemäß den militär- und sicherheitspolitischen Entscheidungen 1991/92 kam nur langsam voran; doch mental nahm sie gleich Kurs auf. Die Ausrichtung der «Armee der Einheit» folgte schon 1991 der Parole «Der Krieg ist der Ernstfall». Nicht Verteidigung durch Abschreckung, sondern Einsatz sei der Zweck, wie die Vorgabe lautete: «Auf die Kriegstüchtigkeit der Bundeswehr hin ist also alles auszurichten, Ausbildung, Ausrüstung und Struktur. Ethos, Erziehung, Sinnvermittlung und Motivation müssen sie mit einschließen (...).»[105] Diese Doktrin knüpfte an Wörners Politik an. Zu Zeiten des erweiterten Sicherheitsbegriffs jedoch gewann der Kämpferkult neue, ungeahnte Attraktivität. Ganz in Übereinstimmung mit den Beschwörungsformeln der fünfziger Jahre wurden ein «Kämpfenkönnen-und-kämpfen-Wollen!» sowie eine soziale Abschottung eingefordert. Es hieß also: «Es ist gar keine Frage: Der Zivilisierungsmöglichkeit einer Armee, die einsatzfähig sein soll, sind verhältnismäßig enge Grenzen gesetzt.» Leichtfertig und unreflektiert habe das Militär das Spiegelbild der Gesellschaft sein wollen. «Ist sie der Maßstab aller Dinge?» Natürlich nicht, so Generalmajor Adolf Graf von Kielmansegg, sekundiert von General Broicher, zuständig für die Ausbildung im Heer. Er empfahl wieder einmal jenes kriegsgeschichtliche Lernen «über bedeutende Schlachten und Feldzüge» der Weltkriege.[106] Eine neue, alte «military mind» war geboren. Sollten Vernichtungsschlachten der Vergangenheit Leitbilder abgeben für irgendwelche Panzer-Operationen mit Großverbänden im Einsatz «out-of-area»? Die Annahme, das historische Ausbildungsmaterial würde funktional den neuen Auftrag der Bundeswehr fördern, lässt sich kaum nachvollziehen.

Nach dem Umbruch 1990 wurde in der Bundeswehr erneut die Tür zur Glorifizierung der Wehrmacht aufgestoßen. Schon 1994 warnte Claire Marienfeld, die Wehrbeauftragte des Bundestags, vor «einem Mangel an notwendiger politischer Sensibilität» gegenüber rechtsextremistischen Neigungen, die über Bezüge zur Wehrmacht vermittelt würden.[107] Jahr für Jahr wiederholten sich diese Hinweise. Dennoch folgten noch skurrile Extreme. Eine solche ideologische Speerspitze findet sich in einer vom Heeresamt geförderten Publikation von 1997, in der «Geist und Haltung» der SS-«Leibstandarte Adolf Hitler» gelobt und ihr Kommandeur als «vorbildlicher Offizier» gefeiert wurde.[108] Der historische Revisionismus der Generalität aber schritt über alle Grenzen hinweg und erklärte schlicht «die gesamte Tradition des preußisch-deutschen Generalstabs für den Generalstabsdienst der Bundeswehr als verbindlich» und beschwor sogar das Erbe der Generale Halder und Seeckt.[109] Die militärische Führung auf der Hardthöhe honorierte diese Geschichtspolitik und versetzte den Autor, General Millotat, mit der Zuständigkeit für Ausbildung und Lehre an die Führungsakademie. Damit nicht genug. Der Leiter des Heeresamtes, Generalmajor Jürgen Reichardt, forderte 1998, die innere Ordnung der Streitkräfte nach dem Prinzip der «Gefolgschaft» zu formen.[110] Was das NS-System als germanische Treue-Beziehung auch in der Wehrmacht propagierte, wurde ohne historisch-kritische Reminiszenz aufgegriffen. ‹Reine› militärische Werte wurden der ‹sauberen› Wehrmacht entlehnt. Das kam sogar in der Benennung einer Kaserne nach Inspekteur Johannes Steinhoff zum Ausdruck, als Minister Rühe in vielen Interviews 1997/98 gerade nicht dessen große Verdienste bei der Reform der Luftwaffe in den sechziger Jahren herausstellte, sondern seine «Tapferkeit» beim Abschuss von über 140 feindlichen Flugzeugen in den letzten Kriegsjahren. Auch damit holte er die Wehrmacht in die Bundeswehr.

Kein Wunder also, dass die Wanderausstellung des Hamburger Instituts für Sozialforschung, «Vernichtungskrieg – Verbrechen der Wehrmacht 1941 bis 1944», seit 1995 eine bewegte Resonanz in der Bundeswehr hervorrief.[111] Die auf die Wirkung von Bildern setzende Ausstellung dokumentierte völkerrechtswidrige Taten von Teilen der Wehrmacht, die in der Sowjetunion, aber auch in Italien oder Jugoslawien bei ihren Einsätzen Verbrechen begingen. Nicht nur die Spitze der Wehrmacht war «verstrickt», viele Einheiten und Soldaten waren direkt beteiligt.[112] Im Protest der Bundeswehr, in dessen Zuge die Ausstellung abgelehnt und schließlich Soldaten untersagt wurde, diese Ausstellung in Uniform zu besuchen, trafen gleich mehrere Linien zusammen. Hatten sich nicht Kanzler Kohl und Präsident Reagan an den Gräbern in Bitburg die Hände auch zur Versöhnung mit der Vergangenheit gereicht? Hatte nicht die neue «Verantwortung in der Welt» auch an historische Einsätze des deutschen Militärs in vielen Regionen der Welt erinnert? Mit welchen historischen Vorbildern sollte die Bundeswehr ihre Einsatzmoral unterlegen? Es führte zu Unruhe auf der Hardthöhe, dass sich der «Umbau» – Einsatz-Auftrag, Kämpferkult, gesellschaftliche Sonderrolle – mit einem militärhistorischen Revisionismus verband.

Im restaurativen Charakter der Epoche wurden Wege gesucht, die Wunden der Erinnerung an die Wehrmacht im Weltkrieg zu heilen. Erneut waren die Legenden hilfreich. Und so kamen, um das Vergessen zu erleichtern, wieder Verschwörungstheorien auf, die Bundeswehr werde von «roten Zellen» indoktriniert.[113] Demgegenüber wurde interessanterweise auch in erhöhtem Maße akzeptiert, dass, wie auch die amtliche Militärforschung längst erkannt hatte, die Wehrmacht an manchen Verbrechen gemäß der Botschaft der Ausstellung beteiligt war.[114] Die Historisierung des Zweiten Weltkriegs hatte dazu geführt, dass die dunklen Seiten jener Zeit vergegenwärtigt wurden und an die Verantwortung vor der Geschichte erinnert wurde. Dennoch unternahm die Hardthöhe in dieser Auseinandersetzung beinahe alles, um sich vor der gesellschaftlichen Debatte zu schützen, gerade so, als wären Fakten über die Wehrmacht (von 1943) ein Vorwurf an die Bundeswehr (von 1997).

Innerhalb der Bundeswehr ging man mit dem Hinweis, sie hätten die Pflicht zur Zurückhaltung verletzt, dienstrechtlich gegen jene vor, die es wagten, die Wehrmacht mit Verbrechen im Krieg in Verbindung zu bringen. Im Fall von Herwig Pickert, der eine schriftliche Missbilligung durch seinen vorgesetzten General erhielt, waren weder der Kommandeur noch die Generale bis hin zum Generalinspekteur bereit, seine Beschwerde dagegen anzunehmen. Erst der zuständige Senat beim Bundesverwaltungsgericht konnte die Meinungsfreiheit wieder herstellen.[115] Um das

Klima zu illustrieren: Pickert war nicht irgendein Soldat, er war Oberst i. G., er war Mitglied der Synode der Evangelischen Kirche in Deutschland, er war Dozent an der Führungsakademie – trotz seiner Position wurde er gemaßregelt. Ähnlich ging die militärische Führung in diesen Jahren gegen Abweichler bei allen riskanten Themen vor: in Fragen der Atombewaffnung, im Streit um die Bewertung von Deserteuren und sogar bei der Diskussion um die Wehrpflicht.[116] Wenige sprachen das auffällige Schweigen der obersten Führung an, beobachteten ihre hektischen Reaktionen und verwiesen auf die Unfähigkeit in der Traditions- und Geschichtspolitik. General a. D. Winfried Vogel erkannte darin «eher Unsicherheit, denn klaren Führungswillen».[117] Strikte Geschlossenheit war die Parole, muffige Bedrückung das Ergebnis.

Die Hardthöhe blieb sich treu. Sie suchte Orientierung in alten Mustern. Ihr Selbstverständnis bezüglich Politik und Pluralismus oder Staat und Gesellschaft konzentrierte sich, nachdem sich die Bundeswehr seit der Wertewende von Minister Wörner mehr als ein Jahrzehnt lang im konservativen Geist vergewissert hatte, noch mehr auf sich selbst. Hatten Generale wiederholt nach dem Vorbild Seeckt rufen können, verwundert es kaum, dass ‹Seeckt› und das beschworene ‹Erbe› Auswirkungen nach sich zogen. Der Widerhall traf die zivil-militärischen Beziehungen, die nach Weimarer Idealen auf ein enges Maß gebracht wurden. Eine Weisung des Inspekteurs des Heeres von 1994 fiel entsprechend auf. Militär und Gesellschaft seien durch «unterschiedliche Werthierarchien, Leitbilder, Normen und Verhaltensweisen» bestimmt. In der Welt der Gesellschaft hätten die Normen der «freiheitlichen, pluralistischen Staats- und Gesellschaftsordnung» Bedeutung, «dagegen» nicht in den Streitkräften. In der Welt des Militärs herrschten die Regeln der «Ein- und Unterordnung».[118]

Die Gültigkeit der grundrechtlichen Normen einfach beiseite zu schieben, konnte General Schnez 1969 schon nicht nachgesehen werden, aber wie konnte am Abend vor dem vierzigsten Jahrestag der Gründung der Bundeswehr ein oberster General das Theorem der Inkompatibilität, also der Gegensätzlichkeit von Militär und Gesellschaft verfechten und eine solche Weisung über die «Anforderungen an den Offizier» herausgeben? Diese Auffassungen waren kein Einzelfall innerhalb der Generalität, sondern bildeten nur ein Glied in einer langen Kette mit ähnlichen Tendenzen. Das Beispiel von 1994 ist in der Tat eine Grenzüberschreitung der besonderen Art, ein Fakt hohen politischen Charakters, aber kein Kavaliersdelikt. Die Politik der achtziger und neunziger Jahre, den Geist der Bundeswehr restaurativ zu beeinflussen und sie in Distanz zur Gesellschaft zu bringen, kultivierte Maximen einer exklusiven militärischen Eigenwelt.

Das zeigte sich auch in der Personalpolitik. Einzelne Kriterien der sozialen Rekrutierung lassen eigenartige Entwicklungen im Offizierkorps am Ende des 20. Jahrhunderts erkennen. In den sechziger und siebziger Jahren war ein breiter sozialer Wandel eingetreten. Was war daraus geworden? Ein klassisches Element der alten Sozialstruktur ist die dominante protestantische Konfessionszugehörigkeit des Offizierkorps (1966 etwa 70 Prozent). Die Absicht, einen evolutionären Ausgleich für katholische Offiziere herbeizuführen, hatte den Anteil bei den Leutnanten auf 50 Prozent (1974) erhöht. Diese allmähliche Umgewichtung wurde danach aufgegeben. Da die Konfessionsbindung in Deutschland generell abnimmt, sank der Gesamtanteil der Kirchenmitglieder bis 1999 auf 75 Prozent der Offiziere; bei ihnen lag der Anteil der Protestanten bei knapp zwei Dritteln. Die Generalität war ziemlich homogen; sie spiegelte die Dominanz der Protestanten mit über zwei Dritteln und die katholische Minderheit mit weniger als 25 Prozent wider.[119] Für viele ist dieser soziale Indikator unwichtig geworden, dennoch kann er als symptomatisch für das amtliche Interesse gelten, das alte militärische Milieu zu begünstigen. In der gesamten Bundeswehr waren 2004 etwa 40 Prozent konfessionslos.

Die Folgen der geschilderten Politik für die Bildung waren verheerend. Das Abitur war für Offiziere nicht mehr obligatorisch. Der Nachweis, zum Fachhochschulbesuch qualifiziert zu sein, reichte aus. Es ging weiter radikal an die Substanz. Das Studium der Offiziere als Regelfall wurde aufgegeben. Jene Impulse der Bildungsreform der siebziger Jahre, die militärische Professionalität höher zu qualifizieren, hatten die ‹normale› Gestalt der Bundeswehr mit entwickelt. Wörners Kritik am Studium zeigte Wirkung:

Die Bildungsstandards wurden in dem Maße gesenkt, wie die Gesinnung der korporativen Geschlossenheit gefordert wurde. Die Statistik jener Offiziere, die nach zehn bis zwölf Jahren an der Führungsakademie den Stabsoffizier-Grundlehrgang absolvieren, um sich zum höheren Dienst zu befähigen, illustriert den Niedergang an Bildung. Hatte sich bis in die achtziger Jahre der Anteil studierter Offiziere auf einem Niveau oberhalb von zwei Dritteln bewegt, begann diese Bildungskurve rapide zu sinken. Schon 1993 war der Absturz auf 51 Prozent erfolgt, 1995 stand der vorläufige Tiefpunkt mit 47 Prozent fest. Bei der Luftwaffe und der Marine ging es weiter Richtung ein Drittel. Die Luftwaffe rekrutierte 1999 nur 28,8 Prozent Offiziere mit Studium.

Damit war der Weg für eine Zwei-Klassen-Bildung in der Armee geebnet: Unter den Generalstabsoffizieren lag der Anteil mit Studium seit 1984 nie unter 80 Prozent (1997 waren es 84 Prozent), dagegen fiel eine ganze Generation von Truppenoffizieren unter die heruntergeschraubten Abiturleistungen. Die Bundeswehr hat das Niveau ihrer Führungsgruppen markant gesenkt. Der Mangel an «professionellen Fertigkeiten und politischer Bildung» war Ende der neunziger Jahre eklatant; die Ausbildung der Bundeswehr «reicht dafür nicht aus», was der Beruf fordert, hieß es lakonisch von Kennern auf der Hardthöhe.[120] Ähnliche Urteile betrafen militärisch-berufliche Schlüsselqualifikationen oder pädagogische Befähigungen. Diese wenigen Daten weisen auf Bildungsdefizite hin, weil die Hardthöhe in den achtziger und neunziger Jahren keinesfalls ein Optimum an Bildung für Offiziere anstrebte. Man stelle sich vor, ein Großunternehmen der Industrie würde nach diesen Qualifikationen seine Führungsetagen besetzen. Zeitlich korrespondierte dies mit der Politik, die Gesinnung des Kämpferkults und die sprichwörtlichen Affekte des Militärs gegen Bildung, gegen Intellektualität und gegen Individualität zu propagieren. Der Bundeswehr drohte ein «Verfall» der «Inneren Führung».[121]

Die Unruhe in der Bundeswehr schlug auf die Truppe durch. Den auffälligen Höhepunkt in einer langen Serie bildete das Jahr 1997, in dem nach dem Bericht des Wehrbeauftragten 185 Fälle an 140 Standorten aktenkundig wurden, in denen Soldaten in rechtsextreme «Einzelfälle» involviert waren: Hakenkreuze und Naziparolen offenbarten, in welchem Ausmaß das politisch-historische Bewusstsein sich alltäglich antisemitisch und rassistisch äußerte. Offenkundig hatte die einseitige Ausrichtung auf den Kämpferkult auch aggressive Gewaltfantasien freigelegt. Im Fall des Truppenübungsplatzes Hammelburg beispielsweise waren Gewaltvideos mit fingierten Genickschüssen oder Vergewaltigungen aufgetaucht. Auch die Führungsakademie war mit ihrem Beifall zu einer Rede eines prominenten Neonazis ins Zwielicht geraten.[122] Ein Untersuchungsausschuss des Bundestages wurde zur Analyse des Problems eingesetzt.

Das Dilemma war der Hardthöhe längst bekannt. Das «Kursbuch 2000» des Zentrums Innere Führung wurde wegen seiner kritischen Analyse in Bonn erst gar nicht angenommen; es wurde umgeschrieben und dennoch zu einem Zwischenbericht und anschließend noch einmal zu einem Entwurf umfirmiert. Die Hardthöhe wollte die Realität nicht sehen. Im Jahresbericht dieses Zentrums von 1996 war auf die Zusammenhänge zwischen einem apolitischen Soldatentypus und dem Rückzug auf das Handwerkliche des Kämpfers in der Ausbildung hingewiesen worden. Untersuchungen über die politischen Einstellungen junger Offiziere während ihres Studiums bestätigten die starke rechtslastige Ausrichtung. All das, was von der Bevölkerung als Mitte wahrgenommen wird, erschien in der Perspektive dieser Offiziere bereits als links. Aber bedenklich am Resultat war eine Gruppe von 17 Prozent, deren national-konservative Prägung in dem Sinne auffällig war, «dass innerhalb dieses Spektrums rechte Ansichten auszumachen sind, die den Offizierberuf diskreditieren und gerade den gesellschaftlichen Zielsetzungen widersprechen, für die der Beruf in unserer Gesellschaft eintritt».[123]

Diese Entwicklung ging weiter. In einer Untersuchung von 1999 hatte der national-konservative Anteil auf 25 Prozent zugenommen. Dazu heißt es: «Besondere Ausprägung erfahren nationalistisches und fremdendistanzierendes Gedankengut, Merkmale, die als die zentralen Dimensionen gerade auch für Rechtsextremismus gelten.» Darüber hinaus fanden sich in dieser Gruppe, die Hierarchie, Disziplin und Autorität besonders schätzte, politische

Überzeugungen, die «bereits bestimmte Missachtungen der demokratischen Prinzipien und Regeln» erkennen ließen.[124] Die Einstellungsmuster und Weltbilder der jungen Offiziere zeigten auffällige konservative bis reaktionäre Ausschläge; mittlerweile, so ist zu befürchten, ist eine ganze Reihe von Jahrgängen so ausgerichtet.

Angesichts einer Militärpolitik, die den Kämpferkult mit seinen antiquierten und antipluralistischen Elementen propagierte sowie eine stabilisierende Homogenität herzustellen versuchte, entstanden innerhalb der Armee Tendenzen eines rechten militärischen Milieus. Dieses Konstrukt einer Politik von nahezu zwei Jahrzehnten suchte Mängel der inneren Legitimität der Bundeswehr auszugleichen. Der «Umbau» aber überzeugte nur unzureichend, da zeitgleich verschiedene Politikrichtungen vertreten wurden und alle Themen – von der sicherheitspolitischen Doktrin von 1991/92, ihrem Gegensatz zur alten Strategie mit taktischen Atomwaffen bis hin zur Wehrpflicht oder der Präsenz von Soldatinnen – von oben verordnet und Abweichungen sogleich unter Kuratel gestellt wurden. Die Bundeswehr schottete sich ab, bei militärpolitischen Fragen, beim Traditionsverständnis, sogar bei den Einsätzen, und ahndete kritische Auffassungen in den eigenen Reihen. Vieles von der gewohnten Liberalität der ‹normalen› Bundeswehr ging verloren. Die zentralen Widersprüche – der sicherheitspolitische Anspruch von 1991 und die künstlich erhaltene Realität der alten Bundeswehr – wurden nicht ausgeräumt. Ein Beobachter, der 1982 immerhin das Vertrauen von Minister Wörner hatte, fasste die Entwicklung bis 1998 folgendermaßen zusammen: «Um den Zustand der Inneren Führung muß man sich heutzutage sorgen. Die Lage ist nicht ganz unähnlich der Situation ausgangs der 60er Jahre (...) und von der Öffentlichkeit unbemerkt. Die Bundeswehr hat viel an innerer Liberalität verloren. Kritik ist unerwünscht und schädigt die Karriere, im günstigsten Fall bleibt sie folgenlos. Das Konzept der Inneren Führung ist auf bloße Sozialtechnik reduziert.»[125] Die Bundeswehr war keineswegs mehr auf der Höhe der Zeit.

Die gesellschaftliche Integration der Bundeswehr zeigte am Ende der neunziger Jahre Risse. Die Militärpolitik, verantwortet von Generalität und Politik, hat Traditionsgut aus militärdominierten Zeiten rekultiviert und für das Personal verbindlich gemacht. Unbekümmert oder dreist, zumindest leichtfertig wurde an Einseitigkeiten der Vergangenheit angeknüpft und, wo möglich, über die eigene Geschichte der fünfziger Jahre legitimiert. Das militärische Gefüge wurde traditionalistisch profiliert. In den Einzelfällen zeigten sich Einzelmängel als Symptome widersprüchlicher Entwicklungen.[126] Solche «Mängel» und «Fehlentwicklungen», erkannte auch Altbundeskanzler Schmidt, könnten eine «Gefährdung» der Bundeswehr herbeiführen. Im Dezember 1997 empfahl er eine umfassende «Selbsterforschung» der Bundeswehr wie seinerzeit 1969, als er seine große Militärreform vorangebracht hatte.[127] Es wäre ein Jammer, schloss er, wenn die Politik diese Notwendigkeit verkennen würde.

IV.
Militärpolitische Perspektiven

Armee im Einsatz

Das neue Zeitalter der Bundeswehr begann noch im alten Jahrhundert. Am 24. März 1999 waren groß angelegte Luftangriffe der NATO gegen Serbien der Auftakt zum letzten Krieg des 20. Jahrhunderts in Europa. Auch deutsche Truppen nahmen daran sogar mit schweren Panzern im Kosovo teil. Jahrelang hatten serbische Verbände vergebens versucht, die aufständischen Separatisten der albanischen Unabhängigkeitsbewegung UCK zu besiegen. Ein kompliziertes, aber halbherziges internationales Krisenmanagement endete erfolglos; wohl früh hatte man auf militärische Maßnahmen der NATO gesetzt, wie die Vorgeschichte des Krieges bezeugt.[1] Im Herbst 1998 wurde die gerade gewählte Bundesregierung von der politischen Eskalation überrascht, eine Intervention der NATO ohne UN-Mandat stand bevor. In einem kurzen Gespräch mit Washington sollen Gerhard Schröder und Joschka Fischer ultimativ zur Zustimmung gedrängt worden sein.[2] Auch die einseitige Berichterstattung einiger renommierter Medien spielte in diesem Zusammenhang eine nicht unwesentliche Rolle.[3] Am 16. Oktober stimmte der Bundestag der Aktivierungsanordnung für das internationale Kontingent der NATO vorsorglich zu. Verbände der Bundeswehr wurden für den Einsatz mobilisiert. Der mit höchster Energie von europäischen Ländern unter Leitung von Außenminister Fischer unternommene letzte Versuch, in Verhandlungen in Rambouillet im Februar 1999 noch einen Ausgleich – zwischen Serben und Albanern – zu erzielen, fand schlussendlich nicht die Zustimmung der USA. Es sollte eine Lehre sein, wie die USA ihre hegemoniale Stellung verstanden.

Die deutsche Bevölkerung war tief gespalten. Eine deutliche Mehrheit lehnte den Krieg ab. Daher begründete die Bundesregierung die «humanitäre Intervention» mit einem beobachteten oder beabsichtigten Völkermord der Serben. Bürgerkrieg oder eklatante Verletzungen der Menschenrechte verlangten Konsequenzen, wie Verteidigungsminister Rudolf Scharping zu Recht feststellte. Aber rechtfertigte dies sogleich einen Krieg mit ungeheuren zivilen Schäden und Verlusten? Um aus der Erklärungsnot zu kommen, begründete Scharping den militärischen Einsatz mithilfe einer historischen Metapher; er überzog maßlos, als er ein «zweites Auschwitz» auf dem Balkan beschwor. Auch Fischer verwies seit Kriegsbeginn auf einen Völkermord, obwohl die internen Lageberichte des Auswärtigen Amtes in den Monaten zuvor zu weniger dramatischen Ergebnissen gekommen waren.[4] Die Tragik des Kosovo wurde weiter dramatisiert und erreichte einen Höhepunkt mit der Präsentation des «Hufeisenplans», mit dem Scharping den Nachweis erbringen wollte, die Serben würden im Kosovo mit Waffengewalt ein «Apartheid-System» der rassistisch-religiösen Trennung und der Vertreibung der Zivilbevölkerung errichten. Tatsächlich hatten obskure Geheimdienstler diesen Plan gefälscht. Die Moral bestimmte die Schlagzeilen, um die Notwendigkeit des Krieges – und damit die Beteiligung deutscher Truppen – zu rechtfertigen. Die Regierung entpolitisierte ihr eigenes Tun: Die Legalität müsse zu Gunsten des moralischen Arguments verletzt werden. Das Staatenrecht verliere gegenüber dem Menschenrecht an Bedeutung. Ein Wandel im Verständnis des Völkerrechts wurde proklamiert, um die Rechtsordnung zu verändern.

Die Zerstörung ziviler Objekte und Produktionsstätten führte zu einem Desaster, weil trotz der technologischen Überlegenheit der von den Amerikanern angeführten Koalition ein schneller und sauberer Sieg in wenigen Tagen nicht errungen werden konnte. 78 Tage dauerte das Bombardement, dessen Echo die Feiern zum 50. Jahrestag der NATO im April 1999 überlagerte. Die USA hatten die Führungsrolle in Europa übernommen und ausgekostet, wie wenig die Instrumente innerhalb der EU entwickelt waren, um die Kräfte der Staaten zu bündeln. Während des Jubiläums in Washington wurde das «Neue Strategische Konzept» der NATO verabschiedet. Die Entwicklung in Rüstung und Politik seit 1990 fand sich hier in der sicherheitspolitischen Sprache der hegemonialen Prägung amerikanischer Interessen wieder. «Raum» und «Risiko» waren die Kategorien, um die internationale Unübersichtlichkeit sicherheits- und militärpolitisch zu ordnen. «Ungewissheit und Instabilität im und um den euro-atlantischen Raum sowie (...) regionale Krisen an der Peripherie des Bündnisses» könnten die Sicherheit und die Stabilität der NATO «berühren».[5] Derartige Risiken, so hieß es, sollten auf Distanz gehalten werden, damit «potentiellen Krisen in einem frühen Stadium begegnet wird». Zu diesem Zweck reklamierte diese Definition von Sicherheit die Befugnis, in dem beanspruchten «Raum» eigenständig intervenieren zu können. Der Anspruch auf eigene Mandatierung hat dabei primäre Bedeutung. Ganz konsequent pochte die NATO auf internationale Unabhängigkeit und billigte der UNO daher nur «ferner» bei der «Wahrung des Weltfriedens» eine Rolle zu. Im System der neuen Strategie wurden militärische Einsätze «out-of-area» klassifiziert und legitimiert. Die Europäer hatten diese Ausrichtung kommen sehen und die völkerrechtliche Ausrichtung akzeptiert, wie der Präsident der Nordatlantischen Versammlung zuvor schon bestätigt hatte, das Bündnis würde sich «doch nicht darauf einlassen, nur mit Mandat zu handeln».[6]

Der Kosovo-Krieg war bereits eine Art Nagelprobe dieser Strategie. In ihrem Licht war die Intervention völlig im Einklang mit den eigenen Regularien erfolgt: Der Balkan befindet sich im strategischen Umfeld des Bündnisses; die bürgerkriegsähnlichen Unruhen galten als Risiko für die NATO-Sicherheit; das Mandat zum Einsatz erteilte sich die NATO selbst. Macht und Interesse bestimmten das Handeln, gemäß der Strategie in dem beanspruchten «Raum» jenes definierte «Risiko» gegen den Willen anderer Staaten zu beseitigen. Der Verdacht, das Instrument der humanitären Intervention sei nur vorgeschoben, um mit Macht geostrategische Vorteile auszubauen, ist nicht von der Hand zu weisen, da mit dem Kosovo, Albanien und Mazedonien die Präsenzlücke auf dem Balkan von Westeuropa bis zum Kaspischen Meer geschlossen wurde.

Für die Berliner Republik wurde 1999 der Rubikon hin zur «power projection» und weg von der Kultur der Zurückhaltung der Bonner Republik überschritten. Die von der Bundeswehr mitgetragene Intervention auf dem Balkan hat ihre militärpolitisch-zeithistorische Genese. Die Regierung Schröder handelte bewusst. Sie propagierte in der ersten Regierungserklärung außenpolitische Kontinuität, nun ging es um die Konsequenzen. Die Adaption des von den USA initiierten erweiterten Sicherheitsbegriffs wurde in der Realität nachgewiesen. Die schwierige Befriedung dieser Zone auf dem Balkan hatte jedoch Folgen. Noch Anfang 2004 waren im Kosovo, in Bosnien-Herzegowina und in Albanien mehr als 4550 Soldaten der Bundeswehr stationiert.

Die Legitimierung zeigte von Anfang an Schwächen. Die Transformation des Völkerrechts blieb brüchig, die Stärke des Rechts wich dem Recht der Stärkeren. Dennoch blieb die Spannung der konkurrierenden Rechtsprinzipien erhalten, obwohl der militärische Einsatz nicht dem Ziel galt, fremdes Territorium zu erobern. Das Dilemma war offensichtlich: Die Normen der alten Friedensordnung griffen nicht mehr; die Legitimierung durch die NATO-Gremien wurde nicht allgemein akzeptiert. Ulrich Beck plädierte für ein friedensethisches Verständnis und erkannte in diesem Krieg die «kosmopolitische Verantwortung» von Nachbarstaaten, die zu Recht postnationale Kriege führten. Eine solche Verteidigung der Menschenrechte auf fremdem Boden könne aber sehr wohl auch mit geostrategischen, wirtschaftspolitischen und hegemonialen Interessen verquickt sein: «Es entsteht eine neuartige, postnationale Politik des *militärischen Humanismus.*»[7]

Die verheerenden Attacken auf die ökonomischen und militärischen Zentren der USA, auf das World Trade Center in New York und auf das Pentagon bei Washington, durch eine kleine Gruppe fanatischer Selbstmordattentäter erschütterten die amerikanische Öffentlichkeit ähnlich wie Pearl Harbor. Dieser Tag, der 11. September 2001, führte zu einer in erheblichem Ausmaß schon vorbedachten, nun öffentlichen Neubestimmung der amerikanischen Sicherheitspolitik mit Auswirkungen auf die internationale Staatengemeinschaft. Dem Einfluss neokonservativer Kräfte war es zu verdanken, dass mit der autonomen Definitionsgewalt der USA das nationale Interesse radikal ins Zentrum aller Überlegungen gerückt wurde. Verteidigungsminister Donald Rumsfeld ergriff am 30. September die Chance, die Entwicklung moderner rüstungstechnologischer Fähigkeiten zu beschleunigen und die Doktrin, zwei Aggressoren regulär zu bekämpfen, um die zusätzliche Option zu erweitern, eine gegnerische Hauptstadt zu erobern und dadurch einen «Regimewechsel» zu erzwingen.[8] Der 11. September bot den Auftakt für den «war on terrorism», für bislang unbekannte Formen militärischer Aktionen gegen den Terrorismus. Die terroristische Bedrohung hatte freilich schon in der nationalen Sicherheitsstrategie von Präsident Bush sen. vom August 1991 eine Rolle gespielt.

Im September 2002 allerdings wurde mit der «Nationalen Sicherheitsstrategie der USA» Neuland betreten.[9] Der «Krieg» gegen den Terrorismus wurde zu einem globalen Unternehmen mit ungewisser Dauer erklärt, der nicht mehr defensiv gewonnen werden könne. Präemptive Selbstverteidigung hieß die Antwort auf die Bedrohung der nach dem Ende des Kalten Krieges singulären hegemonialen Macht der USA durch die Trias von Schurkenstaaten, Massenvernichtungswaffen und Terroristen. Sie wurde zugleich von Präsident Bush jr. schon in der rhetorisch nicht unbedachten Formulierung vom «Kreuzzug» gegen die «Achse des Bösen» in seiner Regierungserklärung im Februar 2002 erfasst, in der ein religiös bestimmtes amerikanisches Sendungsbewusstsein erkennbar wurde. Die Kategorien der «neuen Gefahren», die den «Frieden der Welt» bedrohen, sind unscharf und unpräzis, nicht kalkulierbar oder stringent. Welche Waffen oder Verfahren auch immer nützlich erschienen, der Zweck im unbedingten Kampf gegen den Terrorismus rechtfertigte alles. Das galt auch für die nuklearen Waffen. Sie gewannen einen überraschend hohen Stellenwert. Bush jr. griff auf eine Politik zurück, die Präsident Clinton 1996 in der berühmten militärpolitischen Direktive (Nr. 60) angelegt hatte, nämlich bei der Zielplanung für Atomwaffen Objekte in «Schurkenstaaten» zu berücksichtigen. Seitdem wurden Forschungs- und Produktionsstätten für nukleare, biologische und chemische Waffen dort beobachtet. Bush jr. spezifizierte nun im Jahr 2001 in seinem Bericht zur nuklearen Lage den Einsatz von Atomwaffen mit anderen, nämlich viel geringeren Leistungsmerkmalen und erteilte den Auftrag, solche Sprengsätze bereit zu stellen. Mit «Mini-Nukes», kleinen nuklearen Präzisionswaffen, wurde die Option eines begrenzten Atomkriegs eingeführt und die Schwelle für den Einsatz von Atombomben gesenkt. In größtmöglicher Flexibilität hinsichtlich der Effektivität ist geplant, mit konventionellen Waffen gegen nukleare Ziele und mit nuklearen Waffen gegen nicht-nukleare Ziele vorzugehen. Die Gefahren sind unabsehbar, wenn die sakrosankte Trennung zwischen konventionellen und nuklearen Waffen aufgehoben und eine verschleierte Rüstungsspirale mit Massenvernichtungswaffen auf Seiten der schwachen Staaten in Gang gesetzt würde. Aus amerikanischer Sicht legitimierte der 11. September nahezu alles. 2004 bestätigten die zuständigen Minister, dass es im Golf-Krieg konkrete Planungen gegeben habe, Atomwaffen gegen irakische Lagerstätten mit Massenvernichtungswaffen einzusetzen. Das wäre nach dieser Militärdoktrin, Krieg mit allen Mitteln zu führen, gerechtfertigt.[10]

Die Militärpolitik verschärft die Kontroversen um das Völkerrecht. Nur einen Tag nach den Anschlägen, am 12. September 2001, bezeichnete der UN-Sicherheitsrat diesen Akt des Terrorismus als eine Friedensgefährdung im Sinne des Artikels 39 der UN-Charta und räumte den USA gemäß Artikel 51 das Recht auf individuelle oder kollektive Selbstverteidigung ein. Aber die UNO erteilte keine Ermächtigung zur Kriegführung. Das völkerrechtliche Prinzip, weltweit den Krieg zu ächten und ein umfassendes Gewaltverbot in den internationalen Beziehungen festzuschreiben, sollte erhalten bleiben. Die USA jedoch wollten diese Eindeutigkeit paradigmatisch erweitern. Das Konzept ‹Frieden durch Recht›, das nur Staaten das Monopol gewährt, Krieg zu führen, wurde um das unscharfe Potenzial ‹private Gewalt› ergänzt.[11] Es wurde beansprucht, gegen das nicht-staatliche Terrornetz al-Qaida und die ihm Schutz bietenden Milizen des Taliban-Regimes mit Waffengewalt vorzugehen. Das Novum liegt in der Verbindung dieser beiden Komponenten, einerseits den globalen und auch privaten Terrorismus mit Militär zu bekämpfen und andererseits als hegemoniale Macht gemäß der Bush-Doktrin aus nationalen Sicherheitsinteressen präemptiv Krieg zu führen. 2002 haben die USA in Afghanistan noch unter stillschweigender Duldung des UN-Sicherheitsrats den Sturz des mit al-Qaida verstrickten Regimes betrieben. Doch der gegen den Willen der Mehrheit des UN-Sicherheitsrats am 20. März 2003 begonnene Bomben- und Bodenkrieg gegen den Irak entsprach dem Typ eines vorbeugenden Krieges gegen einen so definierten Schurkenstaat.[12] Die amerikanische Begründung für den Krieg, der Irak habe Verbindungen zum Terrornetz al-Qaida und bedrohe die Welt mit Massenvernichtungswaffen, entsprach nicht den Fakten. UN-Generalsekretär Kofi Annan bestätigte im September 2004 noch einmal seine Auffassung, dieser Golfkrieg stehe nicht in Übereinstimmung mit der UN-Charta und sei insofern illegal.

Die Frage nach einem vorbeugenden Krieg – die präventive Intervention – hat offensichtlich auch in internen Diskussionen der Bundeswehr schon eine Rolle gespielt. Im Herbst 2002 wurde eine Studie des «Zentrums für Analysen und Studien der Bundeswehr» in Waldbröl bekannt.[13] Im Zusammenhang mit dem Komplex «Streitkräfte und Technologie im 21. Jahrhundert» wurde erörtert, dass bei veränderten Bedrohungslagen auch die deutsche Politik die Möglichkeit prüfen müsse, die Bundeswehr zu präventiven, offensiven Operationen zu befähigen. Diese Thematik hatte Generalinspekteur Wolfgang Schneiderhan so formuliert: Die veränderte Qualität einer möglichen Bedrohung könne es geboten erscheinen lassen, sie schon im Vorfeld abzuwenden. «Am Ende dieser Diskussion mögen Fragen wie präventiv oder nicht präventiv drin sein.»[14] Damit sind die Grenzen der Verteidigung auch für die Bundeswehr erreicht.

Schon Afghanistan zeigte das Dilemma des neuen Interventionismus. Die USA handelten auf eigene Faust. Kanzler Schröder hatte den USA unmittelbar nach dem 11. September die uneingeschränkte Solidarität im Kampf gegen den Terrorismus zugesichert, die NATO hatte erstmals nach 1949 sogar den Bündnisfall erklärt. Doch die USA suchten weder politische Absprachen noch militärische Unterstützung. Sie behandelten das alte Europa wie ein Protektorat, «dessen alliierte Staaten an Vasallen und Tributpflichtige von einst erinnern».[15] Dieses rigide Muster belastete die Kooperation im Bündnis. Das Bombardement der Städte und der technischen Zentren durch Amerikaner und Briten beschleunigte den Untergang des Taliban-Regimes. Deutschland beteiligte sich dann doch an der Besatzung, weil, wie Kanzler Schröder unterstrich, «dieses Regime den privatisierten Krieg, die Terrorattacken, unterstützt und ermöglicht hat».[18] Das System von al-Qaida wurde sicherlich auch durch den Einsatz des KSK – von diesen Spezialtruppen entsandte die Bundeswehr bis zu 200 in das Gebirgsland im Grenzgebiet zu Pakistan – geschwächt und aus gesicherten Stellungen vertrieben, aber nicht vernichtet. Ebenso wenig gelang es, den politischen Kopf dieses Terrornetzwerks, Osama bin Laden, festzusetzen.

Der Alleingang der von einer kleinen Koalition unterstützten USA wurde allmählich über die UNO weiter internationalisiert. Nach diplomatischen Gesprächen auf dem Petersberg bei Bonn, die einen Konsens für eine Zivilregierung der widerstreitenden Führungsgruppierungen in Afghanistan anstrebten, zeigte auch die Bundeswehr mit einer knapp 2000 Soldaten starken Schutztruppe in Kabul Flagge. Nach dem Ende der großflächigen Kämpfe übernahm die NATO am 11. August 2003 das Kommando über die Verbände der Verbündeten. Zwei Monate später erweiterte der Bundestag das Einsatzgebiet um die Regionalstädte Kundus mit schließlich 450 Soldaten bis Anfang 2004 und Feisabad mit einem geringeren Kontingent. Mit dieser Politik der dezentralen Stützpunkte sollten der Einfluss der Kabuler Staatsmacht in Raten aufs ganze Land ausgeweitet sowie die Clanchefs und Warlords militärisch unterwandert und schließlich entmachtet werden.

Die landesweiten zivilen Aufbauarbeiten sollten militärisch geschützt werden. Darin steckt das gewaltige Problem: Das Militär wurde nicht allgemein anerkannt, sondern stand unter dem Verdacht, als Besatzer ein Quasi-Kolonialregime zu errichten. Die meisten Nichtregierungsorganisationen konnten auch im Jahr 2004 nicht unter dem Schutz des Militärs arbeiten; die Regionen respektierten traditionell nicht die Autorität der Zentralregierung in Kabul; die Menschenrechte vor allem der Frauen ließen sich nicht per Dekret durchsetzen; die humanitäre Lage – das Ernährungs-, Gesundheits- und Bildungssystem – hatte sich Jahre nach Beginn der Bombardierung kaum verbessert; «westliche» politische Werte fanden aus ethnischen und religiösen Gründen wenig

Anerkennung. Unter solch komplizierten Bedingungen ist es für die Bundeswehr schwer, einzelne Regionen zu stabilisieren, um so einen Beitrag zur Entwicklung und zum staatlichen Aufbau zu leisten. Nicht zuletzt daher wird deutlich, dass die Antworten auf den Terrorismus nicht nur in der «Übermächtigung» seines Umfeldes durch Militäreinsätze bestehen können.[17] Afghanistan erbrachte die Erkenntnis, dass sich Entwicklungspolitik und militärischer Schutz nicht einfach vereinbaren lassen. Das Gebot zu Dialog und Kooperation sollte mehr genutzt werden, um aus einer kurzfristig angelegten Politik der direkten militärischen Maßnahmen eine langfristige Strategie eines umfassenden und weit über die einzelnen Staaten hinausgehenden «Dialogs der Kulturen» zu entwickeln.[18]

Dasselbe Dilemma kam im Golf-Krieg 2003 nicht auf die Bundeswehr zu, da Kanzler Schröder im Sommer 2002 Präsident Bush jr. ein entschiedenes «Nein!» zum Einsatz deutscher Truppen bei der Planung des Krieges entgegenhielt. Ähnlich wie im Kosovo-Fall hatte vier Jahre später der Irak-Fall in Washington 2002 das Stadium einer definitiven Einsatzplanung erreicht. Im Sommer 1998 hatte die Regierung Kohl die Entwicklung zum Krieg mitgetragen und die nachfolgende Regierung Schröder unter Druck gesetzt. Den Automatismus einer ähnlichen politischen Zwangslage unterbrach Schröder gewissermaßen in letzter Minute, als Präsident Bush jr. den Planungsstäben bereits entsprechende Aufträge erteilt hatte. Auf der Woge der breiten Anti-Kriegs-Stimmung in der Bevölkerung gewann Schröder im Herbst 2002 die Wahlen zum Bundestag. Dadurch wurde die Bundeswehr davor bewahrt, in einen ‹schmutzigen› Krieg gezogen zu werden.

Reformpolitik

Es wurde ein langer Weg, den die deutsche Politik benötigte, seit die Regierung Kohl 1991/92 das umfassende Konzept für eine neue Bundeswehr verbindlich gebilligt hatte. Warum aber begann die Hardthöhe nur zögerlich mit dem «Umbau» der Militärstruktur, die, was Bewaffnung, Rüstung und Ausbildung betraf, im Wesentlichen erhalten blieb? Man kann sicherlich davon ausgehen, dass die planerischen Kapazitäten der Bundeswehr wegen Abrüstung und Dislozierung sowie der Übernahme und des Aufbaus der eigenen ostdeutschen Infrastruktur hinlänglich ausgelastet waren. Aber warum gelang Minister Rühe in der nach 1994 folgenden Legislaturperiode nicht ein deutlicherer Einstieg in die geplante Reform? Sein Nachfolger in Berlin, Rudolf Scharping, kam ebenfalls nicht voran. Immerhin hatte er sich im Oktober 1998 bei den Koalitionsvereinbarungen mit den Grünen ausdrücklich für Kontinuität in der Bündnispolitik eingesetzt und damit andere Ansätze, z. B. zu Gunsten von Europalösungen, verhindert.[19] Die rotgrüne Bundesregierung hatte sich damit enge Grenzen gesetzt, als würde sie die Sorge vor militärpolitischen Alternativen beschweren.

Erst den Verteidigungspolitischen Richtlinien von Minister Peter Struck vom 21. Mai 2003 kommt der historische Stellenwert zu, Deutlichkeit und Dauerhaftigkeit einer langfristigen Entwicklung zu versprechen.[20] Entscheidend daran ist: Sie machen wirklich Schluss mit der alten Bundeswehr. Davor hatte sich schon Rühe gesträubt, er beharrte darauf, «oberstes Ziel deutscher Verteidigungspolitik» sei die Verhinderung eines Angriffs gegen Deutschland oder die Verbündeten.[21] Rühe scheiterte an der Macht der Teilstreitkräfte, insbesondere der Heeresführung. Nicht anders erging es Scharping. Dieser inszenierte ein Verwirrspiel. Eine weitreichende Reform der Bundeswehr sollte umgangen werden. Richard von Weizsäcker legte am 23. Mai 2000 den Bericht seiner Kommission zur grundlegenden Reform der Bundeswehr vor, in dem lapidar und deutlich ausgesprochen wurde, was die Hardthöhe über den Zustand der Bundeswehr nicht hören wollte: «Sie ist zu groß, falsch zusammengesetzt und zunehmend unmodern».[22] Viele Verbände und Einrichtungen hätten «keinen Sinn mehr».

Die Kulissen wurden trickreich hin- und hergeschoben. Am selben Tag veröffentlichte Scharping die «Eckwerte» für eine andere Reform, verwarf diese sogleich und prügelte auf den verantwortlichen Verfasser, Generalinspekteur Hans-Peter von Kirchbach, ein, entließ ihn, um am 5. Juni die nächsten – nota bene seine eigenen – «Eckpfeiler für eine Erneuerung» zu präsentieren. Die

Gesichtspunkte politischer Opportunität sowie militärischer Bestandswahrung hatten obsiegt.[23] Damit bekräftigte Scharping den Primat der alten Form der Landesverteidigung, wonach «in erster Linie» sie und die «kollektive Verteidigung» Umfang und Struktur der Streitkräfte bestimmten.[24] Dieser Bezug verhinderte eine gediegene Reform. Die militärische Führung der Hardthöhe beharrte auf den bestehenden Potenzialen und der Doktrin der Verteidigung mit schweren Waffen gen Osten. Sie gewann den Minister, diese Politik festzuschreiben und Großprojekte zuhauf zu ordern, die bis weit ins kommende Jahrzehnt reichten. Scharping kam aus nichtigen Anlässen ins Gerede; im Herbst 2002 folgte ihm Peter Struck als Minister.

Die Aufgaben der Krisenbewältigung aber waren zusätzlichen Kapazitäten vorbehalten. Flankierende Elemente sollten die alten Strukturen ergänzen. Das Militär folgte dem Muster des Kalten Krieges. Ein solches Beispiel ist der Eurofighter, von dem die Luftwaffe 2004 – zehn Jahre nach dem Erstflug – die ersten Maschinen zur Erprobung erhielt. Doch es gab weiterhin Mängel an der Einsatzreife von Zelle, Triebwerk und Systemsoftware für Avionik und Flugsteuerung. Nicht einmal 10 Prozent der geforderten Leistungsnachweise wurden erbracht, daher ist die operationelle Freigabe der Erstproduktion erst für 2007 vorgesehen. Die Anforderung an dieses Waffensystem wurden 1977 für ein taktisches Kampfflugzeug der neunziger Jahre konzipiert, von Leber bestellt, von Apel bereits verworfen; das Projekt aber war aufgrund der Verträge nicht revidierbar. Das größte Rüstungsprojekt macht wohl etwa 30 Milliarden Euro aus.[25] Daneben forderte die Luftwaffe wider alle militärische Vernunft bis 1999 eine massive, später etwas revidierte bodengebundene Raketen-Luftverteidigung. Nach alter Art verlangte auch das Heer einen Waffenverbund von über tausend Schützenpanzern, die Kampfwertsteigerung der Panzer Leopard II und die Beschaffung der Panzerhaubitze 2000, um weltweit Panzerschlachten führen zu können. Die Marine blieb nicht untätig, sie brachte Entwicklung und Produktion des modernsten U-Bootes der Welt – von U 212 – voran. Struck wagte es erstmals im Frühjahr 2004, nennenswerte Einschnitte an diesen Bestellungen der Teilstreitkräfte vorzunehmen. Die Ausgaben für

Waffensysteme nach alten Operationskonzepten aber blockierten die Anschaffung jener Typen, die für mobile Einsätze erforderlich waren. Folglich litt die Bundeswehr an der unzureichenden Ausstattung mit Kommunikationstechnik und Transportkapazitäten aller Art – Flugzeugen, Schiffen, Hubschraubern, gepanzerten Fahrzeugen und neuartigen Schützenpanzern. Mit überholten Strukturen war die Bundeswehr auch nach der Jahrhundertwende nur bedingt «out-of-area» einsatzbereit. Das erklärt, warum eine Armee mit einem Umfang von 270 000 Soldaten schon an der Grenze ihrer Fähigkeiten stand, als sie kaum 10 000 davon im Ausland einsetzte. Ein Großteil von ihnen musste aus Verbänden mit alten Aufgaben herausgerissen und extra geschult werden.

Struck ließ die Lage der Bundeswehr umfassend analysieren und die Reformkonzepte auf ihre Stichhaltigkeit prüfen; der Ansatz der Weizsäcker-Reform überzeugte ihn. In mehreren Schritten brachte er Bewegung in die Militärpolitik. Die Personalpolitik wurde wesentlich umgestülpt. In diesem Bereich gelang es mit größten Anstrengungen, das traditionelle Strukturgewicht der Teilstreitkräfte Heer, Marine und Luftwaffe aufzubrechen. Dabei griff er auf eine von Generalinspekteur Harald Kujat konzipierte integrierte Militärstruktur der «gemeinsamen» Verbände zurück: Hinter dem Begriff der Streitkräftebasis – mit einem eigenen Inspekteur, als erster wurde Vizeadmiral Bernd Heise ernannt, und einem selbstständigen Führungsstab – verbirgt sich dabei die auf moderne Funktionen bezogene Ausrichtung des Militärs. Das Personalmodell für 2010 sieht für die Streitkräftebasis einen Umfang von 50 000 Soldaten vor, für die Marine 20 000, für den Sanitätsdienst 18 000 und für das Heer eine um fast 100 000 Soldaten reduzierte Stärke von weniger als 140 000; der Gesamtumfang liegt bei 252 000.

Die Politik der Umgliederung hat Minister Struck im Januar 2004 mit einer völlig neuen Organisationsstruktur der Bundeswehr vorangetrieben.[26] Drei Kategorien werden die Verbände zukünftig gliedern. Erstens wird eine «Eingreiftruppe» für «multinationale Operationen hoher Intensität» mit 35 000 Soldatinnen und Soldaten geschaffen. Diese kriegsfähige Truppe soll «friedenserzwingende Maßnahmen gegen einen vorwiegend militärisch organisierten Gegner» durchführen können. Zweitens soll die Einrichtung der «Stabilisierungstruppe» mit einer Stärke von 70 000 leichtere Einsätze – «operatives Wechselspiel» zwischen Überwachung und Kontrolle – leisten können. Drittens haben die «Unterstützungskräfte» mit einem Umfang von 137 500 Personen die Aufgabe, den Grundbetrieb der Bundeswehr – Verwaltung, Führung und Ausbildung – sicherzustellen. Daneben kommt dem Zentralen Sanitätsdienst eine stärkere Funktion zu, er hat einen eigenen Inspekteur erhalten. Die Bundeswehr hat also nun insgesamt fünf Inspekteure. In diesem Zusammenhang hat Minister Struck die zentralen Planungs- und Führungskompetenzen gestärkt und insbesondere die koordinierenden Kompetenzen des Generalinspekteurs aufgewertet.

Die Verteidigungspolitischen Richtlinien der Militärreform sollten in mehreren Schritten weiter konkretisiert werden. Dabei fiel auf, dass 2004 der Leitbegriff Reform nicht mehr auftauchte, vielmehr durch «Transformation» ersetzt wurde. Ob das nur semantisch zu werten ist oder eher eine neue Halbherzigkeit und Undeutlichkeit der Politik kennzeichnet, muss offen bleiben. In den «Grundzügen der Konzeption der Bundeswehr» vom 9. August 2004 wurde ausgeführt: «Die Transformation der Bundeswehr bestimmt Denken, Ausbildung, Konzepte, Organisation und Ausrüstung, sie schafft etwas völlig Neues. Der Transformationsprozess bietet die Gelegenheit, die Bundeswehr durch innovative Lösungsansätze effizienter zu gestalten.»[27] Es soll sich um einen fortlaufenden Anpassungsprozess handeln. Nur wohin? Die zielgerichtete Perspektive fehlt. Haben Reformgegner die gesundheitliche Schwäche des Ministers ausgenutzt und mehr Einfluss gesucht und gefunden? Oder reduziert diese Transformation die Reform auf die technokratische Version einer simplen Veränderung?

Immerhin bot die Reform von Anfang an Ansatzpunkte zum Zuwiderhandeln. So gelang es nicht, die «gemeinsame» Ausbildung, mit der schon Baudissin in der Planung der frühen fünfziger Jahre und Heusinger dann 1956 gescheitert waren, uneingeschränkt verbindlich für Soldaten und Offiziere durchzusetzen. Die Inspekteure der Teilstreitkräfte konnten mit vorgeschobenen

Gründen ihrer jeweiligen Besonderheiten noch einmal erreichen, dass nicht die Streitkräftebasis, sondern sie die Grundausbildung der Soldaten bestimmten. Ähnliches gilt für die beruflich-fachliche, das heißt die militärisch-handwerkliche Ausbildung der Unteroffiziere und Offiziere. In der Konzeptphase 2004 war eine ambivalente Haltung zu spüren. Während einzelne Schulen das «gemeinsame» Konzept offen annahmen und ihre Curricula entsprechend zu reformieren suchten, vermochten andere die ungewollten Einflüsse abzuwehren. Der gemeinsame Rahmen wurde wieder Opfer der überkommenen Teilstreitkraftideologie. Sie verweist hauptsächlich auf nicht ausgetragene Konflikte um das eindeutige Berufsbild. Überzeugend schien allerdings, dass die Kommandeure der beiden Einrichtungen, die eine Art Multiplikatorfunktion in der Bundeswehr haben, die Reformperspektive erkannt haben. Die Generale Robert Bergmann vom Zentrum Innere Führung und Hans-Christian Beck von der Führungsakademie haben die Initiative ergriffen, die Persönlichkeitsbildung mit der Einsatzorientierung für alle Lehrgänge in neuer Balance zu verbinden. Dabei gelang es in Hamburg tatsächlich, die überholte Dominanz der Teilstreitkräfte mit ihrer Taktikschulung völlig aufzugeben und in Modellversuchen eine integrierte «gemeinsame» (Aus-)Bildung für die Stabsoffiziere und den Generalstabsdienst vorzubereiten, die ab Herbst 2005 verwirklicht werden soll. Diese wirklich weitreichende Reform wurde von Struck am 10. Mai 2004 gebilligt.

Diese Eindeutigkeit hatte über Jahre gefehlt. Das sorgte für Unruhe in der Bundeswehr, die Zweifel über die Richtung der Militärpolitik wuchsen und führten jahrelang zu massiven Irritationen. So stellte General Dieter Löchel, der Beauftragte für Erziehung und Ausbildung beim Generalinspekteur, noch im Januar 2002 fest: «Immer wieder hörte ich: Alle ziehen an einem Strang, aber nicht alle in die gleiche Richtung.» Sein Fazit: «Ziel muss es sein, das Vertrauen in die Führung wieder zu stärken.»[28] Die Etappen einer effizienten Reform wurden behindert, da das Gerangel um Einfluss und der Traditionalismus der Militärpolitik die oberste Generalität spalteten. Ein Jahrzehnt ging verloren, die Gedankenwelt von nationalen Frontenkriegen aufzugeben und sich auf die Parameter der Realität friedensbezogener Interventionen umzustellen. Längst war das Urteil gefällt: Für den «alten Kriegstyp» wird «in Kürze der Vorhang fallen».[29] Minister Struck räumte also mit einem anachronistischen Bild auf, als er in aller Klarheit entschied: «Die herkömmliche Landesverteidigung (...) entspricht nicht mehr den aktuellen sicherheitspolitischen Erfordernissen.» (Ziffer 12 der Richtlinien) Die Auswirkungen dieses Satzes sind gravierender, als ein militärischer Laie vermutet – im Selbstverständnis des deutschen Militärs ist das ein Bruch mit vielen Traditionen, ein radikaler Einschnitt.

Die Richtlinien vom Mai 2003 gaben der deutschen Militärpolitik das Profil der Zukunft und integrierten sie zugleich in die internationale Ausrichtung der NATO und der EU. Bewaffnete Einsätze werden danach ausschließlich mit Verbündeten und Partnern unternommen. Im Einklang mit der NATO-Strategie sollen «Krisen und Konflikte, Bedrohungen und deren Ursachen im erweiterten geographischen Umfeld» verhindert werden. Auf solche «Anforderungen» will die Bundeswehr kollektiv reagieren, «aus welcher Richtung sie auch kommen mögen», wie es vollmundig heißt (Ziffer 47). Verteidigung wird im Verständnis des seit über einem Jahrzehnt vertretenen «erweiterten Sicherheitsbegriffs» nicht national definiert und auf das Territorium Deutschlands bezogen, sondern mit begrifflicher Offenheit wird Sicherheit eingefordert, «wo immer diese gefährdet ist». Das war die amtliche Formulierung für das von Struck verbreitete Motto: «Deutschland wird am Hindukusch verteidigt.» Rationalität und Effektivität der Bundeswehr leiten sich vom neuen Einsatzspektrum ab und verlangen entsprechende operative Doktrinen, Rüstungsverbünde und Ausbildungskonzepte. Plastisch hieß es nun: «Kämpfen, stabilisieren, helfen». Bezogen auf die säkulare Entwicklung hin zum postnationalen Typ des Militärs hatte Struck die Zeichen der Zeit erkannt, indem er die Richtung der Modernisierung für die Bundeswehr festlegte.

Legalität und Legitimität der «Out-of-area»-Einsätze wurden strikt an Grundgesetz und Völkerrecht gebunden (Ziffer 37). Doch andererseits war es ein Novum in deutschen amtlichen Richtlinien, die NATO könne autonom Einsätze durchführen und die Bundeswehr ohne weitere Legitimierung seitens der UNO oder der OSZE in weltweite Missionen einbinden. Dabei ließen sich mehrere rechtliche Widersprüche aufzeigen: Erstens wurden das vom Grundgesetz geforderte Friedensgebot und der Verteidigungsauftrag nicht klärend aufgenommen; zweitens wurde die vom Verfassungsgericht 1994 eingeführte Sperrklausel, das Bündnis müsse sich als kollektives Sicherheitssystem konstituieren, nicht reflektiert; drittens schließlich blieben jene Passagen des NATO-Vertrags unerwähnt, die eine regionale Begrenzung militärischer Aktivitäten zwingend vorschreiben. Struck traf in den Richtlinien folglich Festlegungen, die dem erweiterten Sicherheitsbegriff folgen, wie ihn die USA seit Ende der achtziger Jahre verwendeten und Bonn bereits 1991/92 übernahm. Konsequent hatte die Militärpolitik etappenweise und mit langem Atem diese Impulse umgesetzt und präzisiert. Bezeichnend für den anscheinend vorhandenen Konsens war, dass diese gravierende Beschlusslage politisch unauffällig, Stück für Stück durch Deklarationen, Beschlüsse und Erklärungen aller möglichen Gremien der Exekutive, von Politik und Verwaltung herbeigeführt wurde und insofern rechtlich problematische Aspekte fixierte. Die Richtlinien von 2003 sind nur seitens der Exekutive als Weisung des Ministers gültig; zwar wurden sie vom Kabinett abgesegnet, doch nicht vom Bundestag legitimiert; auch wurde der NATO-Vertrag nicht geändert.

Diese Art amtlicher Legitimierung erweist sich als besonders kritisch in einem weiteren Bereich: dem Einsatz des Militärs im Innern. Bislang galten die Passagen im Grundgesetz, in denen die strikte Trennung polizeilicher und militärischer Gewalt mit ihren je unterschiedlichen Fähigkeiten betont wurde. Die Richtlinien von Struck gingen darüber hinaus: «Zum Schutz Deutschlands und seiner Bürgerinnen und Bürger leistet die Bundeswehr künftig einen bedeutenden, zahlreiche neue Teilaufgaben umfassenden und damit deutlich veränderten Beitrag im Rahmen einer nationalen Sicherheitsstrategie.» (Ziffer 80) Die Einsatzoptionen im Innern gelten «immer dann», wenn «nur» die Bundeswehr über die «erforderlichen Fähigkeiten» verfügt. Die zahlreichen Aufgaben für den Einsatz der Bundeswehr im Innern sind nicht enumerativ festgehalten, sondern in pauschalen und unklaren Formulierungen umschrieben. Sie sind nicht eindeutig einzuordnen. Warum wurde bei derart gravierenden Fragen der Politik eine solche Unschärfe gegenüber dem Grundgesetz gewählt?

Darüber hinaus bieten die Verteidigungspolitischen Richtlinien von 2003 die Perspektive der europäischen Integration. Obwohl seit der Präsidentschaft von John F. Kennedy vor über vierzig Jahren eine zweite, europäische Säule des Bündnisses errichtet werden sollte, gab es keine Lösung, da diese unter amerikanischem Oberkommando gedacht war. Wann immer – gerade auch in den neunziger Jahren – europäische Initiativen ventiliert wurden, gerieten sie in prinzipielle Kontroversen mit den amerikanischen Vormachtinteressen.[30] Den Startschuss für die Gemeinsame Außen- und Sicherheitspolitik (GASP) hatte der Vertrag von Maastricht 1991 mit dem Ziel gegeben, «Frieden, Sicherheit und Fortschritt in Europa», aber auch «in der Welt zu fördern». Die nächste Etappe war zehn Jahre später erreicht, als neue Ziele den zeitbezogenen Diskurs widerspiegelten. Die EU strebte konkret den Aufbau europäischer Militärstrukturen an für ihre internationale Rolle als eine Macht, «die jeder Form von Gewalt, Terror und Fanatismus entschlossen den Kampf ansagt». Mit diesem Konzept wurde vom Rat der EU 2001 eine Europäische Sicherheits- und Verteidigungspolitik (ESVP) anvisiert. Dafür hatte sich die deutsche Seite mit viel Engagement eingesetzt, um für Krisen, die Europa berühren, mit einer, so Struck in Ziffer 53 der Richtlinien, «schnellen militärischen Reaktionsfähigkeit» gerüstet zu sein.

Erste praktische Schritte zeichneten sich bald ab, als nach dem 11. September Divergenzen zwischen dem «alten Europa» und den USA um die Kriege in Afghanistan und im Irak auftraten. Diese Reibereien brachten Rivalitäten und Komplikationen, lösten aber zugleich wichtige Impulse für die europäische Zusammenarbeit aus. In enger Abstimmung zwischen Paris und Berlin entschied die EU im Dezember 2003, im Rahmen einer Kerneuropa-Idee eine Interventionstruppe in Stärke von 60 000 Soldaten mit geringer Vorwarnzeit aufzustellen. Sie wird aus bestehenden nationalen Verbänden aufgebaut. Der Einsatzradius wurde auf 6000 Kilometer Entfernung von Brüssel begrenzt. Eine Art kleinen Probeeinsatz gab es im Kongo 2003. Die Bundeswehr stellt für die im Aufbau befindliche Europatruppe mit 18 000 Soldaten das größte Kontingent zur Verfügung. Großbritannien hat 12 500, Frankreich 12 000 angemeldet, daneben zehn weitere Staaten Verbände von geringer Stärke. Die weiteren Fähigkeiten der Bundeswehr beziehen sich vor allem auf die Bereiche der strategischen Aufklärung, der Führungs- und der Verlegefähigkeit. Für die Deutschen übernahm General Rainer Schuwirth den Oberbefehl im frisch errichteten Stab, dem Einsatzführungskommando in Potsdam-Geltow.

Eine besondere Bedeutung für die Legitimation der neuen Sicherheitspolitik der Berliner Republik kommt der Europäischen Verfassung zu.[31] Sie enthält in Artikel I-40 die Passagen, die militärische Ziele und Zuständigkeiten regeln. Der Ministerrat der EU – aber nicht das EU-Parlament – erhält danach die entscheidende Kompetenz für die gemeinsame Sicherheits- und Verteidigungspolitik: «Die Mitgliedsstaaten stellen der Union (...) militärische Fähigkeiten als Beitrag zur Verwirklichung der vom Rat festgelegten Ziele zur Verfügung.» Die Kooperation in Europa gewinnt eine gewichtige machtpolitische Dimension, da es heißt, alle Staaten «verpflichten sich, ihre militärischen Fähigkeiten schrittweise zu verbessern». In Artikel III-210 wird die breite Palette an Missionen vorgestellt, die von humanitären Aufgaben, Rettungseinsätzen und Konfliktverhütung bis zu «Kampfeinsätzen im Rahmen der Krisenbewältigung einschließlich Frieden schaffender Maßnahmen» und der «Bekämpfung des Terrorismus» reicht.

Unter den EU-Staaten wurde eine generelle Präferenz für die Ausbildung und Verwendung ziviler, nicht-militärischer Fähigkeiten und Instrumente zur Konfliktverhütung und Krisenbewältigung entwickelt. Aber nunmehr fordert die Verfassung den Aufbau einer Militärmacht. Die EU erreicht eine neue Etappe des politischen Nachdrucks mit militärischen Mitteln. Natürlich bietet dieses Instrumentarium noch lange keine äquivalente Macht gegenüber der NATO oder den konkurrenzlosen USA, das war auch nie das Ziel. Es handelt sich um relative Kapazitäten. Doch das Konzept ist für Deutschland von außerordentlicher Bedeutung, weil diese europäische Beschlussebene den Kreis der völkerrechtlichen Legalisierung und Legitimierung militärischer Einsätze schließt. Die übergeordnete Dimension der EU-Verfassung könnte die deutsche Problematik, Militär «out-of-area» zu entsenden, lösen und die heiklen Schwächen und Widersprüche der bestehenden Rechtslage abmildern, wenn nicht gar aufheben.[32] Mit der Verabschiedung der Verfassung wird eine zusätzliche völkerrechtliche Ebene eingeführt. EU-Beschlüsse heben zwar die Verantwortung des Bundestags nicht auf, aber sie gewähren eine zusätzliche internationale politische Absicherung, die das bestehende Völkerrecht erweitert. So könnte die Rechtslage für Einsätze der Bundeswehr eine unzweideutige Klarheit gewinnen.

Wohin mit der Bundeswehr?

Kanzler Kohl sprach am Ende des Kalten Krieges von der größeren Verantwortung Deutschlands in der Welt. Das nationale Interesse – der Bundespräsident definierte das als Sicherheit und Bewahrung von Wohlstand, deshalb weltweite Freiheit des Handels[33] – fand Eingang in die Außenpolitik. Gut ein Jahrzehnt hat es gedauert, bis das politische Konzept militärischer Interventionen in die Tat umgesetzt wurde. Deutsche Soldaten sind über die Grenzen auf den Balkan, nach Afrika und Asien entsandt worden. Die Ära globaler Verantwortungspolitik spiegelte sich in den Worten von Kanzler Schröder wider, der – in Kontinuität zu seinen Vorgängern im Kanzleramt Adenauer und Schmidt – das Maß für den Einsatz militärischer Potenziale ebenfalls mit dem Nutzen verband. Mit Bedacht formulierte er: «Es geht ja nicht darum, dem Militärischen einen unverdienten Raum zu geben, sondern diesen Aspekt in der Außenpolitik nicht zu tabuisieren.»[34] Damit hat Schröder Recht. Denn zu Zeiten der Bonner Republik hat es bemerkenswerte Anteile machtbewussten militärischen Denkens in der deutschen Außenpolitik gegeben. Diese waren im Schema des Ost-West-Konfliktes fixiert. Auffällig ist nur, dass nun die Zurückhaltung gegenüber den «Out-of-area»-Einsätzen der Bundeswehr aufgegeben wurde. Es handelt sich um eine Verschiebung der machtpolitischen Akzente auf Bereiche der Politik, die zuvor wenig davon berührt waren. Die Bundeswehr übt eine neue Funktion in der Politik aus. Das Phänomen einer Militarisierung der Außenpolitik allerdings droht erst, wenn das alte Ideal einer Zivilmacht aus dem Auge verloren werden sollte.

Die militärische Krisenregelung ist seit dem Ende des Kalten Krieges und der Bipolarität sukzessive als Instrument der internationalen Politik üblich geworden, wenn auch in ganz unterschiedlichen Zusammenhängen, Funktionen und Formen. Doch bislang ist kein überzeugender Diskurs in Gang gekommen, der die Frage nach dem rechten Gebrauch des Militärs zum Schutz der Menschenrechte oder gegen den Terror beantwortet. Die Zeilen aus dem Kriegslied von Matthias Claudius geben immer noch zu bedenken, wie schwer es ist, einen militärischen Einsatz zu akzeptieren: «'s ist leider Krieg – und ich begehre nicht Schuld daran zu sein.» Die Rechtfertigung der Kriege im Kosovo und im Irak verweist auf zu sehr verfälschte Legitimierungen, die den Einsatz des Militärs verdächtig machen. Die «ultima ratio» wurde im Klima aufgepeitschter Gefühle zur «prima ratio» der Gewalt gegen den Terror.[35] Wer sich von Terror provozieren lässt, wer selbst maßlos, ungerecht und brutal wird, der wechselt die Rolle und verhilft den Terroristen zum Triumph und zu neuem Terror.

Interventionen wurden mit Schritten auf dem Wege hin zur globalen Verwirklichung der Menschenrechte begründet, hin zu den Grundwerten der Demokratie und hin zum «kosmopolitischen Recht einer Weltbürgergesellschaft».[36] Jürgen Habermas, der diese humane Vision vertritt, kann Interventionen im Blick auf die Verwirklichung einer übergeordneten Wertordnung und auf ein «bonum commune globale» begreifen, auf das der historische Prozess sich hinbewege. Er warnt davor, aus rein strategischen oder ökonomischen Gründen in anderen Staaten zu intervenieren, da ansonsten ein System «imperialer Machtlogik» begründet würde. Irgendwelche schlichten moralischen Legitimierungen reichten nicht aus. Zu bedenken sei, wie auch Ulrich Beck einwandte, militärische Interventionen nicht zur «Quelle eines neuen Kreuzrittertums der Menschenrechte» zu machen.[37] Zwischen diesen Polen Orientierung zu geben ist die Herausforderung an die deutsche Außenpolitik und an den Auftrag der Bundeswehr.

Neben der Legitimität der Einsätze ist auch die Legalität neuen Bedingungen unterworfen. Aber noch mangelt es an gesicherten Regeln und Maßstäben. Kofi Annan, der Generalsekretär der UNO, favorisierte schon vor Jahren den Wandel des Völkerrechts: «Langsam, aber sicher bildet sich eine internationale Norm gegen gewaltsame Unterdrückung von Minderheiten heraus, die Vorrang vor Souveränitätsfragen erhalten wird und muss.»[38] Die Legalität dieser Kriege, auch wenn jeder Fall zu differenzieren ist, bleibt gegenwärtig höchst umstritten. Wenn das gültige Völkerrecht aktuell Probleme aufweist, kann eine angemessene Veränderung oder Ergänzung erforderlich sein. Solche Wandlungen sind in historischer Sicht nicht ungewöhnlich. Willkür und Unkalkulierbarkeit aber, die in diesen Kriegen erkennbar wurden, sind keine guten Ratgeber für gesicherte internationale Beziehungen. Werden deren Regeln – auch von der Hegemonialmacht – negiert, werden Unfrieden und Unsicherheit geschürt.[39] Gerade hier liegt das Problem, wenn die USA beanspruchen, sich aus eigener Macht-Kompetenz außerhalb der internationalen Ordnung des Völkerrechts zu stellen. Ein Konsens über angemessene Verfahren und internationale Legitimierungen ist nötig, um völkerrechtliche Eindeutigkeit zu erhalten. Allein die Verbindlichkeit der internationalen bzw. multilateralen Regeln und Institutionen bietet die Gewähr für Sicherheit und Frieden.[40]

Diese völkerrechtliche Deutlichkeit ist für die internationale Stabilität relevant, aber sie betrifft direkt die deutsche Außen- und Sicherheitspolitik – und insofern auch die Bundeswehr. Sie ist über die kollektiven Vereinigungen der UNO und der OSZE sowie über die NATO und die militärpolitischen Initiativen der EU voll eingebunden. Wofür, wann, wo, unter welchen Bedingungen und auf welcher Rechtsgrundlage sollen deutsche Streitkräfte eingesetzt werden? Wer Krieg führt mit der Humanität im Panier, der muss das Völkerrecht unbedingt beachten. Wichtig ist folglich die Aufgabe, die Stärkung des Rechts in der Praxis der Politik durchzusetzen. Die Akzeptanz der Bundeswehr in der Gesellschaft ist davon betroffen.

Die Bundeswehr ist gehalten, in diesen Zeiten des säkularen Umbruchs nicht Opfer der allgemeinen Unübersichtlichkeit zu werden. Dabei geht es auch um die innere Richtschnur, den Primat der Politik zeitgemäß zu definieren. War die Bundeswehr 1950 in Himmerod und 1955 in Bonn Mittel zum Zweck staatlichen Handelns, so verkörpert sie 2005 gleichermaßen das militärische Mittel der Berliner Politik. In der Erstarrung des Kalten Krieges galt das vorrangige Interesse der Verteidigungspolitik und Bündnistreue. Nachdem die Rahmenbedingungen der Militärpolitik seit 1990 neu gesetzt sind, vagabundiert die Wahrnehmung des Militärischen zwischen Friedensdienst und Militarismus, weil das eigentliche Profil der Bundeswehr undeutlich ist. Das hat auch mit der Militärpolitik zu tun. Wohltönend werden Kompetenz, die Kontrolle des Parlaments und die Kritik der Öffentlichkeit beschworen. Gern stellt man die Bundeswehr – das Parlamentsheer – auf den Sockel hoher politischer Kultur. Aber es gibt doch auch andere Phänomene. Denn wie bezeichnet man die Tatsache, dass die Politik nahezu fünfzehn Jahre Reformziele setzte, die wegen des spürbaren, sogar offenkundigen Widerstands etablierter Machtfaktoren im Militär nicht verwirklicht wurden und allenfalls zu einem Basteln an einem «Umbau» gerieten? Handelt es sich hier nicht um eine Art Selbstentmachtung der Politik?

Es mangelt an der strategischen Klärung zwischen Bundeswehr und Politik, Parlament und Parteien über den Stellenwert des militärischen Machtmittels. Militär und Gesellschaft werden sich auf die neuen Entwicklungen ausrichten müssen. Dazu ist es notwendig, ohne Überbewertung des Militärischen die Rolle des Militärs neu zu bestimmen. Das Ergebnis tangiert in jedem Fall alle Bereiche der Bundeswehr. Inhaltlich ist der öffentliche Diskurs vonnöten, damit nicht der «Selbstverzicht des Politischen» eine bedrohliche «Selbstermächtigung des Militärischen» begünstigt.[41] Auch die Bundeswehr hat eigene Interessen. Tatsächlich divergieren die Interessen zwischen Heer, Marine und Luftwaffe sowie ‹den› Streitkräften noch ganz beträchtlich, und die partikularen Positionen wirken sich erheblich aus bei der Beratung der Regierung bezüglich der Einsätze oder des ‹Bildes› der Bundeswehr. Darin liegt politische Brisanz.

Die Professionalisierung des Militärs wird einen Schub erhalten, der die gewohnte Gestalt der Bundeswehr im Innern wie nach außen nachdrücklich verändert. Dabei werden die zivil-militärischen Verhältnisse auf die Probe gestellt. Sie waren in der langen Geschichte der Bundeswehr niemals stabil oder gleichförmig, sondern waren Ausdruck der jeweiligen Zeitläufe, der politischen und militärischen Einflüsse sowie der prägenden Kraft einzelner Persönlichkeiten. Sie waren also variabel, gestaltbar, formbar. Daher wird es ein Zeichen der entwickelten politischen Kultur sein, den gesellschaftlichen Werten der Liberalität und Pluralität auch im Militär der Zukunft den notwendigen Platz zu sichern. In der anstehenden Phase, in der Strukturen und Entwicklungen langfristig umgestaltet werden, ist die Besinnung auf die Grundwerte notwendig, damit die Militärverfassung mit der Staats- und Gesellschaftsverfassung vereinbar bleibt. Hier findet sich der historische Ort der Bundeswehr, der ihr in der Gründungsphase 1955 von ihren politischen Gründungsvätern mit auf den Weg gegeben wurde: Kontinuität zu suchen und an «das Beste in der deutschen liberalen Tradition» anzuknüpfen.[42] Dieser Gründungsauftrag der Bundesrepublik gilt nach ihrer fünfzigjährigen Geschichte auch verbindlich in der Zukunft der Bundeswehr.

Alarmierend allerdings ist das Fortbestehen politisch rechtslastiger, traditionalistischer Kräfte in den Führungskreisen der Bundeswehr. Beispiele aus dem Jahr 2004, das offensichtlich zum Krisenjahr der «Inneren Führung» wurde, illustrieren den Verlust an demokratischer Deutlichkeit und Glaubwürdigkeit: Heeresinspekteur Gert Gudera, der bis zuletzt für die Struktur der alten Bundeswehr mit Planungen bis 2020 eintrat, erschreckte Minister Struck und Generalinspekteur Schneiderhan, als er bei seiner Verabschiedung aus dem Dienst die Gelegenheit nutzte, rechtsnationale politische Forderungen zu erheben.[43] Sein Nachfolger, General Hans-Otto Budde, soll vor seiner Ernennung zum Inspekteur gar vom archaischen Kriegertyp als Modell für die Militärreform schwadroniert haben.[44] Oder die extremen Worte von General Reinhard Günzel, der immerhin den Auftrag hatte, die Elitetruppe für Spezialeinsätze (KSK) aufzubauen – er meinte, die Bundeswehr bilde ihre Soldaten «mehrheitlich zu devoten Erfüllungsgehilfen» aus, die «weder aufrechte Bürger, noch richtige Soldaten» seien, weil sie – ganz in der Diktion von Schnez und seinen Nachfolgern – immer noch die «Innere Führung», jene «unglückliche Konstruktion», anstrebe.[45] Er scheute sich nicht, die für die extreme Rechte üblichen Begriffe und Argumentationsstandards zu benutzen.[46]

Das Beispiel Günzel veranschaulicht den in weiten Kreisen der Bundeswehr vollzogenen Deutungswandel der «Inneren Führung»: Wie in den fünfziger Jahren galt sie als typisch zivilistische, weiche Welle antisoldatischer Haltung, gegen die nur eine kriegsnahe, «realistische Ausbildung» helfe. Daher fand Günzel mit seinen öffentlich bekannten Protesten gegen die «Innere Führung» und der Forderung nach ihrer Abschaffung beträchtlichen Anklang.[47] Gerade in Verbindung mit den geheimnisumwitterten Einsätzen der KSK in Afghanistan stand er für Härte im Einsatz. Folgerichtig knüpfte er Traditionslinien zur Wehrmacht, um diese Ausrichtung der Bundeswehr zu begründen. Er stellte noch im Oktober 2004 die KSK wegen der «besonderen soldatischen Elemente» direkt in die Tradition der als Elite der Wehrmacht angesehenen Ritterkreuzträger. Dabei sekundierte ihm der prominente rechtspolitische Generalmajor a.D. Gerd Schulze-Rhonhof, der sich, die Tapferkeit verherrlichend, vor deren «Lebensleistung» in der Wehrmacht und der Waffen-SS «verneigte».[48]

Diese Generale wurden trotz – oder ist die Gruppe, für die sie stehen, so groß, dass es heißen müsste: wegen? – ihrer Bekenntnisse in hohe und höchste Stellen befördert.[49] Eine Geschichtspolitik, die gewollt die schuldhaften Verstrickungen der Wehrmacht verdrängt und ihre soldatischen Leistungen verklärt, trägt Früchte. So erklärt sich, dass Soldaten, während sie ihren Dienst leisteten, offenkundig geltende Erlasse der Traditionspflege missachten und die Beziehungen von Militär und Gesellschaft, wie sie grundrechtlich festgelegt sind, umdeuten konnten. In diesem Bewusstsein beanspruchten sie, mit rechtslastigen Parolen und nationalistischem Pathos das richtige Vorbild zu sein. Schon fünfzehn Jahre vor diesen Ereignissen wurden solche Entwicklungen mit Sorge beobachtet. Was man damals «gegenkulturelle Tendenzen» nannte, bietet mittlerweile Anzeichen einer militärischen Parallelkultur, die sich durch Distanz von der Gesellschaft abhebt. Die Bundeswehr schottete sich allmählich ab, wichtige Repräsentanten untermauerten die Eigenwertigkeit eines Denkens in Sui-generis-Kategorien:

Diese Auffassungen sind in der Militärelite gängige Normalität, wenn man die jahrelang geäußerten Feststellungen der militärischen Führung zum Maßstab nimmt. Sie haben eine Schneise geschlagen, von der «Inneren Führung» zu reden, um das Bekenntnis zur «Inneren Führung» zur lästigen Pflichtübung werden zu lassen. Es kann keine Frage sein, dass Soldaten ihr Handwerk beherrschen und Waffen und Fähigkeiten haben müssen, um ihren Auftrag zu erfüllen, um sich gegen alle möglichen Angriffe zu verteidigen und unversehrt zu überleben. All das muss selbstverständlich ein notwendiger Bestandteil der Ausbildung sein.

Die Argumente der Gegner der «Inneren Führung» jedoch kreisen um etwas anderes, um einen nicht akzeptablen Krieg, so als ob Falludscha – die vernichtende Schlacht um eine arabische Stadt – tatsächlich zum normalen Auftrag der Bundeswehr gehörte. Das erinnert erschreckend an den Soldatenmythos von «Stalingrad», wie er in der Ausbildung bis in die sechziger Jahre wirkmächtig war. Für die Ausbildung wurde die Praxis der Einsätze – damals noch unter dem Motto «helfen, retten, schützen»! – klammheimlich ins Gegenteil verkehrt – mit dem anderen Motto «kämpfen, töten, erobern»? – und als Vorwand missbraucht, um die Werte der «Inneren Führung» zu tilgen.[50] General Günzel stilisierte sich als Speerspitze dieser Bewegung und legte noch eins drauf, als er Idee und Leitfunktion der «Inneren Führung» – wie Generale Ende der sechziger Jahre – am Vorabend der Fünfzig-Jahr-Feiern der Bundeswehr gänzlich abschaffen wollte.

Diese Gruppe in der Militärelite bildete die Spitze des Eisbergs eines genuinen militärischen Milieus nach rechten Mustern. Lange, allzu lange wurden neotraditionalistische Brücken hin zur Wehrmacht und Waffen-SS gebaut und antipluralistische Affekte gepflegt, allzu häufig wurden Gewalt und Disziplin verherrlicht, um für die Kriegertypen der Bundeswehr ein neues Leitbild aufzustellen. Zwei gängige Wortschöpfungen wiesen die Richtung: «Krieg ist der Ernstfall» und «Militärcourage» als Antipoden von «Frieden ist der Ernstfall» und «Zivilcourage». Dieses ominöse Gemenge zeigte Wirkung und sickerte allmählich von der Spitze nach unten, wo es aufgesogen wurde. Um im Bild zu bleiben: Der Eisberg hat dunkle, auch braune Flecken erhalten. Der Skandal um die Folteraffären bei Übungen mit Wehrpflichtigen bezeugt, welche schlimmen Verwerfungen verdrehte «kriegsnahe» Ausbildungsmaximen hervorrufen.

Die drakonische Schinderei jener 08/15-Methoden zeigte eigenmächtige «Führer» und «Unterführer», wie die Ausbilder und Offiziere genannt werden. Es erstaunte kaum, dass sich in ihren Dienstzimmern Bilder mit Kampfszenen der Wehrmacht fanden.[51] Nachdem die Zügel gelockert wurden, brachen die Dämme des zivilisierten Umgangs in den Kasernen. Abgehoben von jeder Realität nahmen diese Zeit- und Berufssoldaten die Folterexzesse der amerikanischen Lager von Abu Ghraib in Bagdad und von Guantánamo auf Kuba zum Vorbild, obwohl deren Gesetzeswidrigkeit und menschenverachtende Gräuel nachgerade unerträglich waren. Im Milieu der Kasernen der Bundeswehr konnten von der quasi verschworenen Gemeinschaft der Täter wie selbstverständlich Gesetze und Vorschriften umgangen werden, ohne dass Vernunft und Verantwortung sie spüren ließen, welchen Geist der in der Bundesrepublik verbrieften Menschenrechte sie missachteten und dass sie stattdessen den Boden der Brutalität und Verrohung betraten. Darüber hinaus erzeugte das totalitär aufgebaute Droh- und Drucksystem bei den Wehrpflichtigen das Phänomen, all das stillschweigend hinzunehmen und auszuhalten – ganz gemäß einem in der Nachkriegszeit, in den Skandalen von Nagold beispielsweise, wirksamen nationalsozialistischen Tugendkatalog der Manneszucht. Dieses «Schweigen der Lämmer» verweist auf ein düsteres Klima der organisierten Unterdrückung und zwangsweisen Einpassung in ein Kollektiv. Von Bruchsal bis Brandenburg, von Coesfeld bis Kempten, von Sonthofen bis Stuttgart und von Wittmund bis Wildeshausen wurde die «Innere Führung» geradezu mit Kommiss-Stiefeln getreten. Was in Coesfeld im November 2004 zunächst aufgedeckt wurde und dann wie ein Brand nahezu die gesamte Republik erfasste, zeigt, wie sehr der Bundeswehr der «Staatsbürger in Uniform» verloren gegangen ist.

Die Folteraffären sind mehr als nur ein Skandal im Umgang mit Wehrpflichtigen. Rekrutierung, Ausbildung und Bildung des Rückgrats der Armee, wie die Unteroffiziere gerne bezeichnet werden, liegen völlig im Argen. Ähnliches gilt für die Truppenoffiziere.

Wenn, wie neuere Untersuchungen belegen, ein Drittel der Soldaten noch nie von «Innerer Führung» gehört hat, ist das ein Alarmzeichen dafür, dass ein fehlgeleitetes Berufsbild militärpolitisch gewollt oder zugelassen war. Die Anzeichen waren bekannt. Die Bundeswehr ist gespalten; neben die «normal» orientierte Gruppe ist diese andere, die solche Normalität ablehnt oder gar diffamiert, getreten. Nicht zufällig hatte Altkanzler Schmidt vor Jahren für eine Reform an Haupt und Gliedern plädiert, um die Mängel in der Bundeswehr abzustellen. Ein ganzes Bündel von Ursachen hat zu dieser Malaise in der Truppe geführt. Doch welche Konstellation im Ministerium und im Militär, in der Politik und im Parlament hat verhindert, dass – wenn man wissenschaftliche Analysen und journalistische Kommentare schon nicht ernst nehmen wollte – die eigenen, in der Bundeswehr selbst angefertigten kritischen Analysen über die unzulängliche Führungskultur oder diese fachkundige Mahnung aus seriösem Mund zur Bestimmung der Militärpolitik nicht ernst genommen wurden? In der Antwort darauf zeigt sich die entscheidende politische Dimension des Skandals um die Folteraffären. Die unendliche und unsägliche Geschichte solcher Vorkommnisse und Entgleisungen sollte endlich an ihr Ende kommen.

Die Komplexität der Geschichte des Militärs lässt bis ins Jubiläumsjahr 2005 hinein keine ‹reine› Entwicklung erkennen. Gleichwohl ist ein neues deutsches Militär entstanden, in dem Zivilität, Internationalität und demokratische Konformität Beachtung finden. Um diese Ausprägung wurde politisch und gesellschaftlich immer wieder gerungen. Manche Entscheidungen der Militärpolitik noch in den neunziger Jahren hatten nur symbolischen Wert und haben die Ausgewogenheit dieser Balance im Innern der Bundeswehr bedroht. Der Auftrag für die Praxis des Militärs für die Zeit nach 2005 bleibt,

(1) die Pluralität der Gesellschaft grundsätzlich auch im Militär zu wollen und beispielsweise nicht durch einseitige Selektionsprinzipien der Rekrutierungspolitik auszugrenzen. Andernfalls bestünde die Gefahr, ein militärisches Milieu der angepassten, stillschweigenden Mittelmäßigkeit eines Nur-Kämpfertums zu fördern;

(2) das umfassende militärische Bildungswesen von Grund auf zu reformieren. Die Verhältnisse sind nicht zu beschönigen. Studien und Analysen über die Mängel liegen ausreichend vor.[52] Die Krise keimt und wuchert seit langem;

(3) die Werte der «Inneren Führung» in der Breite umzusetzen.

Der Appell von Altkanzler Helmut Schmidt, eine grundlegende Selbsterforschung der Bundeswehr in Gang zu setzen, wurde seit Jahren nicht ernst genommen, er gilt immer noch.

«Innere Führung» ist historisch das Instrument geworden, die Bundeswehr auszurichten. Nach ihren Grundgedanken sollten demokratische Verträglichkeit und gesellschaftliche Offenheit des Militärs angestrebt und der alte Militarismus auf Distanz gehalten werden. «Innere Führung» hatte nach 1955 deutsches Militär demokratisch gestaltet, sie gab der Bundeswehr die freiheitlich-rechtsstaatliche Verwurzelung. Doch im Zusammenhang der laufenden Militärreform der europäischen Staaten und der stärkeren Integration ihrer Armeen hat «Innere Führung» auch die Chance, auf die Entwicklung des Militärs in Europa auszustrahlen. Die freiheitlichen und demokratischen Prinzipien, die als einigendes Band in Westeuropa und nach 1990 in Mittel- und Osteuropa, also nunmehr in ganz Europa gelten, könnten auch Anstöße für Militärreformen in anderen Armeen geben. Dabei würden sicherlich national westdeutsche und geschichtlich bedingte Elemente der «Inneren Führung» bewusst, die eine breitere Fundierung vertrügen. Andere europäische kulturelle und politische Traditionen sind geeignet, mit ihren vielfältigen Ideen und Werten den grundrechtlichen Ansatz der «Inneren Führung» zu bekräftigen.[53] Baudissin hatte die demokratische Orientierung immer mit dem Zusatz versehen, sie müsse zeitgemäß verwirklicht werden – so wie Demokratie als Prozess einer zeitgemäßen Verwirklichung zu verstehen ist. Hier besteht Handlungsbedarf. Demokratie hört nicht am Kasernentor auf. Die nach 2002 begonnene Reform fordert in dieser Phase dazu heraus, die Bundeswehr zu modernisieren und zugleich normsetzend eine weitere Etappe der Demokratisierung des Militärs anzustreben.[54] Taugliche zivil-militärische Beziehungen benötigen eine aktive Erneuerung der «Inneren Führung» im europäischen Geist.[55]

Die militärpolitischen Grundfragen der Militärreform von 1955 tauchen in der Phase der Neukonstituierung der Bundeswehr ein halbes Jahrhundert später nachdrücklich wieder auf. Nun verlangen sie Antworten im Lichte der gereiften Demokratie der Bundesrepublik, deren Verfassung die Leitfunktion für die noch zu leistende «Transformation» des Militärs hat. Für diese Reform ist die grundrechtliche Trias politischer Normen vorgegeben:

(1) die Idee des Parlamentsheeres wieder beleben, um die Integration des Militärs in das demokratische Regierungssystem im vollen Sinne des Wortes voranzubringen;
(2) die liberalen und freiheitlichen Normen der Gesellschaft innerhalb des Militärs beachten und akzeptieren, um gute zivil-militärische Verhältnisse zu sichern;
(3) die Militärpolitik als Friedenshandeln ableiten, um die politisch-ethische Bindung zu verdeutlichen.

In der Welt der neuen Bedrohungen gewinnen diese Bindungen eine enorme Reichweite für die essenzielle Ziel- und Zweckbestimmung des Militärs. Das Gebot der Glaubwürdigkeit gilt für die gesamte staatliche Politik, also auch für die Ausrichtung der Sicherheits- und Militärpolitik. Aufgabenspektrum und Grundfragen des Soldatenberufs müssen neu reflektiert werden. Schon Baudissin gab damals Hinweise für Selbstverständnis, Verantwortung und Integrität im Friedensdienst internationaler Einheiten: «Das zwingt zu kritischer Bestandsaufnahme; denn der Beitrag zum Frieden als tragendes Motiv des soldatischen Dienstes zu setzen, heißt nicht nur Abschied nehmen von manchen Selbstverständlichkeiten. Es bedeutet so etwas wie geistige Revolution.»[56]

Der Status ist unübersichtlich. Es besticht die Gleichzeitigkeit von Unzeitgemäßem und Zukünftigem. Perspektiven bestehen. Die Agenda ist lang. Die Herausforderung ist eine neue Kultur des Friedens und der Sicherheit.

Anmerkungen

Anstelle einer Einleitung – Die Feiern zur Gründung der Bundeswehr

1 Vgl. Zitate dieser und der folgenden Reden bei Christian Greiner, Die militärische Eingliederung der Bundesrepublik Deutschland in die WEU und die NATO 1954 bis 1957, in: Anfänge westdeutscher Sicherheitspolitik 1945–1956, Bd. 3, München 1993, hier S. 706.

2 Wolf Graf von Baudissin, Soldat für den Frieden. Entwürfe für eine zeitgemäße Bundeswehr, hg. von Peter von Schubert, München 1969, S. 24.

3 BA-MA (Bundesarchiv-Militärarchiv, Freiburg/Br.) N 715/5 (Nachlaß Baudissin) Dienstliches Tagebuch, 10. Nov. 1955.

4 IfZ (Institut für Zeitgeschichte, München) ED 437/114–96 (Nachlaß Klaus von Schubert) Zenker, Ansprache an die Marine-Lehrkompanie in Wilhelmshaven, 16. Jan. 1956.

5 IfZ ED 437/114–14, Sammlung 25. Jan. 1956.

6 Friedrich Meinecke, Die deutsche Katastrophe. Betrachtungen und Erinnerungen, 5. Aufl., Wiesbaden 1955, S. 156.

7 Vgl. Protokolle der Potsdamer Konferenz; Gerhard Wettig, Entmilitarisierung und Wiederbewaffnung in Deutschland 1943–1955, München 1967.

8 Vgl. Stig Förster, Der deutsche Militarismus im Zeitalter des totalen Krieges, in: Neue Politische Literatur, 27. Jg., 2/1982, S. 145 ff.; Volker R. Berghahn, Militarismus. Die Geschichte einer internationalen Debatte, Hamburg 1986.

9 Vgl. Gerhard Ritter, Das Problem des Militarismus in Deutschland, in: Historische Zeitschrift, 177/1954, S. 21 ff.; die neuere Diskussion bei Wolfram Wette (Hg.), Militarismus in Deutschland 1871 bis 1945. Zeitgenössische Analysen und Kritik, Münster 1999.

10 Vgl. Heinrich August Winkler, Der lange Weg nach Westen, 2 Bde., München 2000; Anselm Doering-Manteuffel, Wie westlich sind die Deutschen? Amerikanisierung und Westernisierung im 20. Jahrhundert, Göttingen 1999.

11 Ralf Dahrendorf, Gesellschaft und Demokratie in Deutschland, München 1968, S. 276.

12 Vgl. Martin Kutz, Reform als Weg aus der Katastrophe, in: Hilmar Linnenkamp/Dieter S. Lutz (Hg.), Innere Führung. Zum Gedenken an Wolf Graf von Baudissin, Baden-Baden 1995, S. 71 ff.
13 Richard von Weizsäcker, Der 8. Mai 1945 – vierzig Jahre danach, in: ders., Brücken zur Verständigung. Reden, Berlin 1990, S. 32.

I. Begründung des Staates durch Macht (1949–1969)

1 Abkommen zwischen den Alliierten Hohen Kommissaren und dem Deutschen Bundeskanzler auf dem Petersberg am 22. November 1949, in: Auswärtiges Amt (Hg.), Die Auswärtige Politik der Bundesrepublik Deutschland, Köln 1972, S. 159.
2 Vgl. Hans-Peter Schwarz, Die gezähmten Deutschen. Von der Machtbesessenheit zur Machtvergessenheit, Stuttgart 1985.
3 Klaus-Jörg Ruhl, Neubeginn und Restauration. Dokumente zur Vorgeschichte der Bundesrepublik Deutschland 1945–1949, München 1982; vgl. Jost Dülffer, Jalta, 4. Februar 1945. Der Zweite Weltkrieg und die Entstehung der bipolaren Welt, München 1999.
4 Verhandlungen des 1. Deutschen Bundestages, 5. Sitzung, 20. Sept. 1949, S. 29.
5 Cleveland Plain Dealer, 3. Dez. 1949, zitiert in: Klaus von Schubert (Hg.), Sicherheitspolitik der Bundesrepublik Deutschland. Dokumentation 1945–1977, Teil I, Bonn 1977.
6 IfZ ED 437/114–5 Interview K. von Schubert mit A. Graf von Kielmansegg, 16. Dez. 1975, S. 7.
7 Konrad Adenauer, Briefe 1945–1947, Berlin 1983, S. 124.
8 Vgl. Detlef Bald/Johannes Klotz/Wolfram Wette, Mythos Wehrmacht. Nachkriegsdebatten und Traditionspflege, Berlin 2001, S. 20 ff. u. S. 68 ff.; Norbert Frei, Vergangenheitspolitik. Die Anfänge der Bundesrepublik und die NS-Vergangenheit, München 1996, S. 135 ff.
9 Vgl. Karlheinz Höfner, Die Aufrüstung Westdeutschlands. Willensbildung, Entscheidungsprozesse und Spielräume westdeutscher Politik 1945–1950, München 1990, S. 65 ff. Einen verblüffenden Einblick in die konkreten Militärplanungen bietet das Rote Kreuz, vgl. Dieter Riesenberger, Das Deutsche Rote Kreuz. Eine Geschichte 1864–1990, Paderborn/München 2002.
10 Hans Speidel, Aus unserer Zeit. Erinnerungen, Frankfurt/M. 1977, S. 454 ff. (Dok., 19. Nov. 1948, S. 466); vgl. Adolf Heusinger, Befehl im Widerstreit, Tübingen 1950.

11 IfZ ED 437/114–5 Leo Frhr. Geyr von Schweppenburg, Vom Neubau der deutschen Bundeswehr, MS (1969), S. 2 u. S. 5 (Kielmansegg an Geyr, 23. Nov. 1949).

12 IfZ ED 337/18 (Nachlaß Gerhard Graf von Schwerin) Erörterung über grundsätzliche Fragen eines Generalstabes, 27. Okt. 1945, S. 2.

13 IfZ ED 437/114–5 Interview K. von Schubert mit A. Graf von Kielmansegg, 16. Dez. 1975, S. 9.

14 Vgl. Christian Greiner, ‹Operational History (German) Section› und ‹Naval Historical Team›. Deutsches militärstrategisches Denken im Dienst der amerikanischen Streitkräfte von 1946 bis 1950, in: Manfred Messerschmidt (Hg.), Militärgeschichte. Probleme, Thesen, Wege, Stuttgart 1982; Erich von Manstein, Verlorene Siege, Bonn 1955.

15 Vgl. Bernd Wegner, Erschriebene Siege. Franz Halder. Die ‹Historical Division› und die Rekonstruktion des Zweiten Weltkrieges im Geist des deutschen Generalstabes, in: Ernst W. Hansen u. a. (Hg.), Politischer Wandel, organisierte Gewalt und nationale Sicherheit, München 1995, S. 287 ff.

16 Manfred Messerschmidt, Vorwärtsverteidigung. Die ‹Denkschrift der Generale› für den Nürnberger Gerichtshof, in: Hannes Heer/Klaus Naumann (Hg.), Vernichtungskrieg. Verbrechen der Wehrmacht 1941–1945, Hamburg 1995, S. 531.

17 Vgl. Klaus Naumann, Nachkrieg, Vernichtungskrieg. Wehrmacht und Militär in der deutschen Wahrnehmung nach 1945, in: Mittelweg 36, 6 (1997), S. 11 ff.; Detlef Bald, Reform des Militärs in der Ära Adenauer, in: Geschichte und Gesellschaft 28 (2002), S. 204 ff.

18 Vgl. grundlegend Klaus Larres/Torsten Oppelland (Hg.), Deutschland und die USA im 20. Jahrhundert. Geschichte der politischen Beziehungen, Darmstadt 1997; Werner Link, Der Ost-West-Konflikt. Die Organisation der internationalen Beziehungen, 2. Aufl., Stuttgart 1988; Rolf Steininger u. a. (Hg.), Die doppelte Eindämmung. Europäische Sicherheit und die deutsche Frage in den Fünfzigern, München 1993.

19 Arnulf Baring, Im Anfang war Adenauer. Die Entstehung der Kanzlerdemokratie, 2. Aufl., München 1982.

20 IfZ ED 337/30 Interview, Oberstleutnant Fischer mit Graf Schwerin, 31. Mai 1971.

21 IfZ ED 437/114–5 Geyr von Schweppenburg, Neubau, S. 19.

22 IfZ ED 337/25 Schwerin, Betrifft: Organisation Gehlen (1952), S. 1.

23 Dokument in: Speidel, Aus unserer Zeit, S. 481 u. S. 495; vgl. Arnulf Baring, Außenpolitik in Adenauers Kanzlerdemokratie. Bonns Beitrag zur Europäischen Verteidigungsgemeinschaft, München 1969, S. 22 ff.

24 Dokument in: Konrad Adenauer, Erinnerungen 1945–1953, Stuttgart 1965, S. 358 f.

25 Vgl. Norbert Wiggershaus, Die Entscheidung für einen westdeutschen Verteidigungsbeitrag 1950, in: Anfänge westdeutscher Sicherheitspolitik 1945–1956, Bd. 1, München 1982, S. 374 ff.

26 Dokument in: Europa-Archiv 1950, S. 3406 f.

27 Walter Schwengler, Der doppelte Anspruch: Souveränität und Sicherheit, in: Anfänge westdeutscher Sicherheitspolitik 1945–1956, Bd. 4, München 1997, S. 363.

28 IfZ ED 337/30 Mitteilung Schwerin an Fischer, 31. Mai 1971.

29 Vgl. das Dokument bei Hans-Jürgen Rautenberg/Norbert Wiggershaus (Hg.), Die ‹Himmeroder Denkschrift› vom Oktober 1950. Politische und militärische Überlegungen für einen Beitrag der Bundesrepublik Deutschland zur westeuropäischen Verteidigung, Karlsruhe 1977.

30 Vgl. Martin Kutz, Realitätsflucht und Aggression im deutschen Militär, Baden-Baden 1990; Jehuda Wallach, Das Dogma der Vernichtungsschlacht. Die Lehren von Clausewitz und Schlieffen und ihre Wirkungen in zwei Weltkriegen, Frankfurt/M. 1967.

31 IfZ ED 437/105 Interview K. von Schubert mit Graf Baudissin, 20. April 1982.

32 IfZ ED 447/17, 14 (Nachlaß Bernd C. Hesslein) Interview mit Graf Baudissin in: Bernd C. Hesslein, Vom Kloster in die Kaserne, 6. Nov. 1985.

33 Himmeroder Denkschrift, S. 40.

34 Diese Einordnung in: Himmeroder Denkschrift, S. 57.

35 Himmeroder Denkschrift, S. 36, 38, 53.

36 Vgl. Manfred Messerschmidt, Die Wehrmacht im NS-Staat. Zeit der Indoktrination, München 1989, S. 399.

37 Vgl. Oliver von Wrochem, Die Auseinandersetzung mit Wehrmachtsverbrechen im Prozeß gegen den Generalfeldmarschall Erich von Manstein 1949, in: Zeitschrift für Geschichtswissenschaft 46 (1998), S. 329 ff.

38 IfZ ED 437/114–96 Zenker, Ansprache an die Marine-Lehrkompanie in Wilhelmshaven, 16. Jan. 1956.

39 IfZ ED 337/24 Graf Schwerin, Grundgedanken über die Einordnung der Wehrmacht in den demokratischen Staat (o. D.).

40 Gespräch mit Wolf Graf von Baudissin, in: Axel Eggebrecht (Hg.), Die zornigen alten Männer. Gedanken über Deutschland seit 1945, Reinbek 1979, S. 208.

41 Wolf Graf von Baudissin, Diskussionsbeitrag, in: ders., Soldat für den Frieden. Entwürfe für eine zeitgemäße Bundeswehr, hrsg. von Peter von Schubert, München 1969, S. 24. Auf Akademietagungen suchte Baudissin später Unterstützung für das Reformkonzept, wie die Beiträge renommierter Autoren bezeugen in: Bundesministerium für Verteidigung (Hg.), Schicksalsfragen der Gegenwart. Handbuch politisch-militärischer Bildung, 6 Bde., Tübingen 1957 ff.

42 Himmeroder Denkschrift, S. 53.

43 Abschiedsvorlesung von Baudissin, Universität Hamburg, 18. Juni 1986, in: Wolf Graf von Baudissin, Dagmar Gräfin Baudissin, ... als wären wir nie getrennt gewesen. Briefe 1941–1947, hrsg. von Elfriede Knoke, Bonn 2001, S. 267.

44 Norbert Frei, Hitlers Eliten nach 1945 – eine Bilanz, in: ders. (Hg.), Hitlers Eliten nach 1945, 2. Aufl., München 2004, S. 284; vgl. dort Jens Scholten, Offiziere: Im Geiste unbesiegt, S. 117 ff.

45 Schwerin an K. Adenauer, Okt. 1950, in: Himmeroder Denkschrift, S. 60.

46 Vgl. Hermann Lübbe, Der Nationalsozialismus im deutschen Nachkriegsbewusstsein, in: Historische Zeitschrift, Bd. 236, 1983.

47 Dokumente bei Klaus von Schubert, Wiederbewaffnung und Westintegration. Die innere Auseinandersetzung um die militärische und außenpolitische Orientierung der Bundesrepublik 1950–1952, Stuttgart 1970, S. 82 f.

48 Verhandlungen des Deutschen Bundestages, I. Wahlperiode, 130. Sitzung, 5. April 1951.

49 Vgl. Ulrich Brochhagen, Nach Nürnberg. Vergangenheitsbewältigung und Westintegration in der Ära Adenauer, Hamburg 1994, S. 196 ff.

50 Verhandlungen des Deutschen Bundestages, I. Wahlperiode, 240. Sitzung, 3. Dez. 1952.

51 Vgl. Hans-Adolf Jacobsen, Zur Rolle der öffentlichen Meinung bei der Debatte um die Wiederbewaffnung 1950–1955, in: Aspekte der Wiederbewaffnung bis 1955, Boppard 1975.

52 Zitat bei Detlef Bald, Die Atombewaffnung der Bundeswehr. Militär, Öffentlichkeit und Politik in der Ära Adenauer, Bremen 1994, S. 110. Die vertraulichen Umfragedaten dort S. 102 ff.

53 Vgl. Ulrich Albrecht, Wiederaufrüstung der Bundesrepublik Deutschland. Analyse und Dokumentation, Köln 1980, S. 26.

54 Militärgeschichtliches Forschungsamt (Hg.), Verteidigung im Bündnis. Planung, Aufbau und Bewährung der Bundeswehr 1950–1972, München 1975, S. 33.

55 Vgl. Hans Ehlert, Innenpolitische Auseinandersetzungen um die Pariser Verträge und die Wehrverfassung 1954 bis 1956, in: Anfänge westdeutscher Sicherheitspolitik 1945–1956, Bd. 3, München 1993, S. 237 ff.
56 Adenauer, Erinnerungen, S. 358 f.
57 Vgl. Pariser und Bonner Verträge. Pariser Protokoll, revidierte Bonner Verträge, Saarabkommen und ergänzende Dokumente, München 1955; Wolfgang Däubler, Stationierung und Grundgesetz, Reinbek 1982; Theodor Geiger, Grundgesetz und Völkerrecht, München 1985.
58 Vgl. die Aufzeichnungen des deutschen Verhandlungsführers Wilhelm Grewe, Deutsche Außenpolitik der Nachkriegszeit, Stuttgart 1960.
59 Vgl. die Protokolle im Europa-Archiv; Helga Haftendorn u. a. (Hg.), Die Außenpolitik der Bundesrepublik Deutschland, Berlin 1982, S. 109.
60 Auswärtiges Amt, Auswärtige Politik (1972), S. 23.
61 Vgl. Wolfram F. Hanrieder, Deutschland, Europa, Amerika. Die Außenpolitik der Bundesrepublik Deutschland 1949–1994, 2. Aufl., Paderborn 1995, S. 6; vgl. Rolf Steininger u. a. (Hg.), Die doppelte Eindämmung. Europäische Sicherheit und deutsche Frage in den Fünfzigern, München 1993.
62 Dokument in: Schubert, Sicherheitspolitik, Teil 2, S. 366.
63 IfZ ED 447/17, 21 Überliefert von A. v. d. Bussche in: Bernd C. Hesslein, Vom Kloster in die Kaserne, 6. Nov. 1985.
64 Vgl. Eckardt Opitz, Die sicherheits- und wehrpolitische Diskussion in den politischen Parteien 1949 bis 1955, in: Aus Politik und Zeitgeschichte, 35/1983, S. 11 ff.
65 Deutscher Bundestag, Sten. Berichte, 61. Sitzung, 15. Dez. 1954, S. 3134.
66 Vgl. Hartmut Soell, Fritz Erler. Eine politische Biographie, 2 Bde., Bonn 1976; Udo Löwke, Für den Fall, daß... Die Haltung der SPD zur Wehrfrage 1949–1955, Hannover 1969; Winfried Vogel, Karl Wilhelm Berkhan. Ein Pionier deutscher Sicherheitspolitik nach 1945. Beiträge zu einer politischen Biographie, Bremen 2003, S. 53 ff.
67 Detlef Bald, Generalstabsausbildung in der Demokratie. Die Führungsakademie der Bundeswehr zwischen Traditionalismus und Reform, Koblenz 1984, S. 25.
68 Vgl. Wilfried von Bredow, Der Primat militärischen Denkens. Die Bundeswehr und das Problem der okkupierten Öffentlichkeit, Köln 1969; Wolfgang R. Vogt, Militär und Demokratie. Funktionen und Konflikte der Institution des Wehrbeauftragten, Hamburg 1972.

69 Baudissin, Soldat, S. 122.
70 Vgl. Franz A. Klausenitzer, Die Diskussion um die Innere Führung. Zum Verhältnis von Bundeswehr und Öffentlichkeit, Witten/Berlin 1966.
71 Franz J. Strauß, Die Erinnerungen, Berlin 1989, S. 286.
72 IfZ ED 337/24 Graf Schwerin, Aide Memoire, Die Zukunft des Bundesgrenzschutzes im Hinblick auf den bevorstehenden Aufbau deutscher Streitkräfte, 22. Okt. 1954 (angefertigt für Strauß).
73 BA-MA Bw 9/411 Betr.: Regelung der «Inneren Führung», gez. Blank, 10. Jan. 1953; «Inneres Gefüge» blieb als eines von vier Arbeitsgebieten erhalten.
74 Dieter Krüger, Das Amt Blank. Die schwierige Gründung des Bundesministeriums für Verteidigung, Freiburg 1993, S. 59.
75 BA-MA N 717/3 Tagebuch Innere Führung, 16. Okt. 1954.
76 Vgl. Dietrich Genschel, Wehrreform und Reaktion. Die Vorbereitung der Inneren Führung 1951–1956, Hamburg 1972.
77 Interview mit Philipp von Boeselager, in: Soldaten für Hitler – Das Erbe, MDR, 27. April 1998.
78 Vgl. Ulrich Herbert, Die deutsche Militärverwaltung in Paris und die Deportation der französischen Juden, in: ders. (Hg.), Nationalsozialistische Vernichtungspolitik 1939–1945. Neue Forschungen und Kontroversen, Frankfurt/M. 1998, S. 170 ff.; wegen dieser Vorkommnisse kam es 1962 in Paris zu einem Eklat, als General de Gaulle sich weigerte, Speidel in der Begleitung des Kanzlers zu begrüßen. Vgl. Elmar Krautkrämer, Generalleutnant Dr. phil. Hans Speidel, in: Gerd R. Ueberschär (Hg.), Hitlers militärische Elite, Bd. 2, Darmstadt 1998, S. 249 ff.
79 Zitat bei Wette, Die Bundeswehr im Banne der Wehrmacht, in: Bald/Klotz/Wette, Mythos, S. 76; vgl. die wohlwollende Biographie von Georg Meyer, Adolf Heusinger. Dienst eines deutschen Soldaten 1915 bis 1964, Hamburg 2001.
80 BA-MA Bw 27/28 PGA an BM Blank, Betr.: Die persönliche Eignung von Offizieren, 14. und 19. Okt. 1955.
81 Bericht des Personalgutachterausschusses für die Streitkräfte, 6. Dez. 1957, Bundestagsdrucksache 109/3.
82 BA-MA Bw 1/16021 BMVg P II 1 – Az 16-05-10 Die Personallage der Generale, Bonn, 15. Dez. 1966, S. 65.
83 Vgl. Martin Kutz, Reform und Restauration der Offizierausbildung der Bundeswehr, Baden-Baden 1982, S. 34 ff.
84 Protokoll, 23. Nov. 1956, in: Konrad Adenauer, «Wir haben wirklich etwas geschaffen.» Die Protokolle des CDU-Bundesvorstandes 1953–1957, bearb. von Günter Buchstab, Düsseldorf 1990, S. 1115.

85 Vgl. Christian Greiner, Die militärische Eingliederung der Bundesrepublik Deutschland in die WEU und die NATO 1954 bis 1957, in: Anfänge westdeutscher Sicherheitspolitik 1945–1956, Bd. 3, München 1993, S. 764 ff.
86 Vgl. Bald, Atombewaffnung, S. 68 ff.
87 Dienstliches Tagebuch, 20. April 1956, in: Axel Gablik, «Strategie kann nicht zeitlos sein». Offiziere, Politiker und strategische Planungen in Deutschland 1955–1967, Baden-Baden 1994, S. 106 f.
88 Zitate des Dokuments «Militärpolitische Probleme der Umrüstung» vom Sept. 1956 bei Bald, Atombewaffnung, S. 43 ff.; vgl. Johannes Steinhoff/Reiner Pommerin, Strategiewechsel: Bundesrepublik und Nuklearstrategie in der Ära Adenauer-Kennedy, Baden-Baden 1992.
89 Vgl. Heinz Brill, Bogislaw von Bonin im Spannungsfeld zwischen Wiederbewaffnung – Westintegration – Wiedervereinigung. Ein Beitrag zur Entstehungsgeschichte der Bundeswehr 1952 – 1955, 2 Bde., Baden-Baden 1988; eine Dokumentation von Schwerin in Detlef Bald (Hg.), Miliz als Vorbild?, Baden-Baden 1987, S. 71 ff.
90 IfZ ED 447/11 Ruge, Träger des Ritterkreuzes mit Eichenlaub und Kommandeur in Munsterlager, wurde wegen dieser Auffassungen nicht zum General befördert, Karl Gumbel an Reg. Präsident in Stade, April 1963.
91 IfZ ED 337/25 (z. B.) Graf Schwerin, Studie über den Begriff ‹Volksheer›, 11. Sept. 1951.
92 Dokumente bei Christian Walther (Hg.), Atomwaffen und Ethik. Der deutsche Protestantismus und die Aufrüstung 1954–1961. Dokumente und Kommentare, München 1981, S. 79 ff.
93 Adenauer, Protokolle, 20. Sept. 1956, S. 1080.
94 Adenauer, Protokolle, 12. Juli 1956, S. 955.
95 Vgl. Karl Holl, Pazifismus in Deutschland, Frankfurt/M. 1988; Karl Jaspers, Die Atombombe und die Zukunft des Menschen, München 1961; Carl Friedrich von Weizsäcker, Die Verantwortung der Wissenschaft im Atomzeitalter, Göttingen 1957.
96 Vgl. Joachim Radkau, Aufstieg und Krise der deutschen Atomwirtschaft 1945–1975, Hamburg 1983; Detlef Bald, Hiroshima, 6. August 1945. Die nukleare Bedrohung, München 1999, S. 109 ff.
97 Dokument in Detlef Bald (Hg.), Europäische Friedenspolitik. Ethische Aufgaben, Baden-Baden 1990, S. 103 ff.
98 Vgl. Christian Tuschhoff, Die MC 70 und die Einführung Nuklearer Trägersysteme in der Bundeswehr 1956–1959, Ebdenhausen 1990.
99 IfZ ED 437/114–7 III. Korps, Chef des Stabes, 30. Juni 1959.

100 Ulrich de Maizière, In der Pflicht. Lebensbericht eines deutschen Soldaten im 20. Jahrhundert, 2. Aufl., Herford 1989, S. 229.
101 Stellungnahme des Führungsstabs der Bundeswehr, Nov. 1961, in: Matthias Küntzel, Bonn und die Bombe. Deutsche Atomwaffenpolitik von Adenauer bis Brandt, Frankfurt/M. 1992, S. 246.
102 Robert S. McNamara, Die Sicherheit des Westens. Bedrohung und Abwehr, München 1968, S. 131.
103 Vgl. Helga Haftendorn/Henning Riecke (Hg.), «... die volle Macht eines souveränen Staates ...». Die alliierten Vorbehaltsrechte als Rahmenbedingung westdeutscher Außenpolitik 1949–1990, Baden-Baden 1996, S. 37 ff.; Joachim Arenth, «Wenn der Westen einig und stark ist...». Deutsch-amerikanische Interessenkongruenz und -konflikte während der Berlin-Krise 1958–1961, in: Historische Mitteilungen 6/1993, S. 27 ff.
104 Zitat in Steinhoff/Pommerin, Strategiewechsel, S. 86.
105 Zitate in Christoph Hoppe, Zwischen Teilhabe und Mitsprache. Die Nuklearfrage in der Allianzpolitik Deutschlands 1959–1966, Baden-Baden 1993, S. 54.
106 Zitat in Greiner, Militärische Eingliederung, S. 785.
107 Vgl. Karl Demeter, Das Deutsche Offizierkorps in Gesellschaft und Staat 1645–1945, 2. Aufl., Frankfurt/M. 1962; Manfred Messerschmidt (Hg.), Offiziere im Bild von Dokumenten aus drei Jahrhunderten, Stuttgart 1964, S. 192 ff.
108 Vgl. Nikolaus von Preradovich, Die militärische und soziale Herkunft der hohen Generalität des deutschen Heeres am 1. Mai 1944, Osnabrück 1978.
109 Vgl. Detlef Bald, Der deutsche Offizier. Sozial- und Bildungsgeschichte des deutschen Offizierkorps im 20. Jahrhundert, München 1982, S. 71 ff.
110 Kai-Uwe von Hassel, Der Soldat in dieser Zeit, Boppard 1964, Einleitung.
111 Erwin von Krosigk/Ulrich Czisnik, Die militärische Personalführung in der Bundeswehr. Grundsätze – Organisation – Auswahl und Ausbildung, Heidelberg 1977, S. 58.
112 IfZ ED 437/114–78 Röttiger, Eintrag ins Gästebuch, 19./20. Nov. 1956.
113 IfZ ED 437/109 Interview K. von Schubert mit R. von Rosen (Generalmajor), 9. Nov. 1982, S. 9 f.
114 Kutz, Reform und Restauration, S. 24 ff.; vgl. Detlef Bald, Generalstabsausbildung in der Demokratie. Die Führungsakademie der

Bundeswehr zwischen Traditionalismus und Reform, Koblenz 1984.

115 Hans-Jürgen Rautenberg, Planungen zur Offiziersausbildung künftiger deutscher Streitkräfte von 1950–1954, in: Hans-H. Hoffmann (Hg.), Das deutsche Offizierkorps 1860–1960, Boppard 1980, S. 387.

116 Dokumente von Heusinger und die Zitate in: Detlef Bald u. a. (Hg.), Tradition und Reform im militärischen Bildungswesen. Von der Allgemeinen Kriegsschule zur Führungsakademie der Bundeswehr. Eine Dokumentation 1810–1985, Baden-Baden 1985, S. 214 ff.

117 Der Spiegel, 10. Okt. 1962, S. 32 ff.

118 Vgl. Jakob Knab, Falsche Glorie. Das Traditionsverständnis der Bundeswehr, Berlin 1995, S. 54 ff.

119 Hans-Joachim Harder, Traditionspflege in der Bundeswehr 1956–1972, in: ders./Norbert Wiggershaus (Hg.), Tradition und Reform in den Aufbaujahren der Bundeswehr, Herford 1985, S. 119; vgl. Donald Abenheim, Bundeswehr und Tradition. Die Suche nach dem gültigen Erbe des deutschen Soldaten, München 1989.

120 Winfried Vogel, «Nun sag, wie hältst du's mit der Tradition...?», in: Knab, Falsche Glorie, S. 21.

121 Erlass «Bundeswehr und Tradition», 1. Juli 1965, in: Harder/Wiggershaus, Tradition, S. 155 ff.

122 IfZ ED 437/114–22 Inspekteur des Heeres an Kommandeure, Zwischeninfo über Vorkommnisse in Nagold, 5. Dez. 1963.

123 IfZ ED 437/114–20 Foertsch, Bewältigung der Technik in der Bundeswehr, 15. Dez. 1962.

124 Hellmuth Heye, In Sorge um die Bundeswehr, München 1964, S. 59.

125 Vgl. zur gewerkschaftlichen Mitbestimmung in der Bundeswehr Bald, Militär und Gesellschaft, S. 65 ff.

126 Hans-Georg von Studnitz, Rettet die Bundeswehr!, Stuttgart 1967, S. 156.

127 IfZ Ed 437/114–26 II. Korps, Kommandierender General an A. Halle, 22. Dez. 1969 (Erläuterung zur Vorgeschichte der Schnez-Studie).

128 Heinz Karst, Das Bild vom Soldaten. Versuch eines Umrisses, Bopard 1967, S. 50.

129 Rede vom 19. März 1969. Seine Gesinnung zeigte Grashey, als er Anstoß daran nahm, als Divisionskommandeur mit einer Putzfrau zusammen in einem Aufzug fahren zu müssen. IfZ ED 437/114–29.

130 Gedanken zur Verbesserung der inneren Ordnung des Heeres (sog. «Schnez-Studie») vom Juni 1969, in: Klaus Heßler, Militär – Gehor-

sam – Meinung (Dokumente zur Diskussion in der Bundeswehr), Berlin 1971, S. 50 ff.

131 Bernd C. Hesslein (Hg.), Die unbewältigte Vergangenheit der Bundeswehr. Fünf Offiziere zur Krise der Inneren Führung, Reinbek 1977, S. 24.

132 IfZ ED 447/47 Armin Halle, Innere Führung – Mißverständnisse um ein politisches Programm, Tutzing 19. April 1970.

133 Vgl. Rudolf Hamann, Armee im Abseits, Hamburg 1972; Klaus-Michael Kodalle (Hg.), Tradition als Last? Legitimationsprobleme der Bundeswehr, Köln 1981; Wilfried von Bredow, Die unbewältigte Bundeswehr. Zur Perfektionierung eines Anachronismus, Frankfurt/M. 1973.

134 Vgl. Ralf Zoll (Hg.), Wie integriert ist die Bundeswehr? München 1979.

135 Befragung als Zeitzeugen bei: Klaus Reinhardt, Generalstabsausbildung in der Bundeswehr, Bonn/Herford 1977.

II. Reform und Stabilisierung (1969–1982)

1 Gottfried Niedhart, Revisionistische Elemente und die Initiierung friedlichen Wandels in der neuen Ostpolitik 1967–1974, in: Geschichte und Gesellschaft 28 (2002), S. 240.

2 Text der Rede von Brandt in: Dokumente zur Deutschlandpolitik, IV/Bd. 9, Frankfurt/M. 1978, S. 565 ff.; vgl. Egon Bahr, Sicherheit für und vor Deutschland, München 1991.

3 Vgl. Helga Haftendorn, Sicherheit und Entspannung. Zur Außenpolitik der Bundesrepublik Deutschland 1955–1982, Baden-Baden 1983.

4 Vgl. Günter Walpuski, Verteidigung + Entspannung – Sicherheit. Texte und Materialien zur Außen- und Sicherheitspolitik, Bonn 1973, S. 35.

5 Vgl. Richard Löwenthal, Vom Kalten Krieg zur Ostpolitik, in: ders./Hans-Peter Schwarz (Hg.), Die zweite Republik. 25 Jahre Bundesrepublik Deutschland. Eine Bilanz, Stuttgart 1974, S. 672 ff.

6 Matthias Dembinski, Rüstungskontrolle im Widerstreit, in: Junker, USA und Deutschland, Bd. 2, S. 225.

7 Vgl. Gottfried Niedhart, Locarno, Ostpolitik und die Rückkehr Deutschlands in die internationale Politik nach den beiden Weltkriegen, in: ders./Detlef Junker/Michael W. Richter (Hg.), Deutschland in Europa. Nationale Interessen und internationale Ordnung im 20. Jahrhundert, Mannheim 1997, S. 12 ff.

8 Willy Brandt, Erinnerungen, Frankfurt/M. 1989, S. 213.

9 Henry Kissinger, Die Vernunft der Nation. Über das Wesen der Außenpolitik, Berlin 1994, S. 812.
10 Peter Bender, Die «Neue Ostpolitik» und ihre Folgen. Vom Mauerbau bis zur Vereinigung, München 1995, S. 212 f.
11 So auch Hans-Peter Schwarz/Helga Haftendorn, Europäische Sicherheitskonferenz, Opladen 1970, S. 119 f.
12 Vgl. Peter Schlotter, Die KSZE im Ost-West-Konflikt. Wirkungen einer internationalen Institution, Frankfurt/M. 1999.
13 Vgl. Wolf Graf von Baudissin, Vertrauensbildende Maßnahmen als Instrument kooperativer Rüstungssteuerung, in: Jost Delbrück/Norbert Ropers/Gerda Zellentin (Hg.), Grünbuch zur Folgewirkung der KSZE, Köln 1977, S. 221 ff.; Baudissin wirkte im Auftrag des Kanzleramtes in Helsinki mit.
14 Vgl. Wilfried von Bredow, Der KSZE-Prozeß. Von der Zähmung zur Auflösung des Ost-West-Konflikts, Darmstadt 1992.
15 Vgl. Wilfried Loth, Helsinki, 1. August 1975. Entspannung und Abrüstung, München 1998, S. 130 ff.
16 Vgl. das Original in L. Douglas Keeney/Stephen J. Schwartz, Der jüngste Tag. Das offizielle Atomkriegs-Szenario der US-Regierung, Sankt Augustin 2003; ebenso Bald, Hiroshima, S. 174 und S. 144 ff.
17 Helmut Schmidt, Strategie des Gleichgewichts, Stuttgart 1969, S. 211.
18 Vgl. Carl Friedrich von Weizsäcker (Hg.), Kriegsfolgen und Kriegsverhütung, München 1971; ähnliche Ergebnisse in: Die UNO-Studie. Kernwaffen, München 1982.
19 Dieter Senghaas, Abschreckung und Frieden. Studien zur Kritik der organisierten Friedlosigkeit, Frankfurt/M. 1969, S. 77.
20 Für den Überblick Ulrike C. Wasmuht (Hg.), Friedensforschung – Eine Handlungsorientierung zwischen Politik und Wissenschaft, Darmstadt 1991; Corinna Hauswedell, Friedenswissenschaften im Kalten Krieg. Friedensforschung in Deutschland in den achtziger Jahren, Baden-Baden 1997.
21 Vgl. Horst Afheldt u. a., Durch Kriegsverhütung zum Krieg? Die politischen Aussagen der Weizsäcker-Studie, München 1972; ders., Verteidigung und Frieden. Politik mit militärischen Mitteln, München 1976.
22 Vgl. Winfried Vogel, Karl Wilhelm Berkhan. Ein Pionier deutscher Sicherheitspolitik nach 1945. Beiträge zu einer politischen Biographie, Bremen 2003, S. 140 ff.
23 Fritz Erler, Politik für Deutschland, hrsg. von Wolfgang Gaebler, Stuttgart 1968, passim.

24 Vgl. Wolfram Wette, Gustav Noske. Eine politische Biographie, Düsseldorf 1987.

25 Weißbuch 1970. Zur Sicherheit der Bundesrepublik Deutschland und zur Lage der Bundeswehr, Bonn 1970, S. 115.

26 Ludwig von Friedeburg, Zum Verhältnis von Militär und Gesellschaft in der Bundesrepublik, in: Georg Picht (Hg.), Studien zur politischen und gesellschaftlichen Situation der Bundeswehr, Folge 2, Witten 1967, S. 52.

27 Weißbuch 1970, S. 124.

28 Vgl. Ulrich de Maizière, Bekenntnis zum Soldaten. Militärische Führung in unserer Zeit, Hamburg 1972.

29 Vgl. Vogel, Berkhan, S. 147 ff.

30 Vgl. wichtige Einzelstudien: Werner Baur, Deutsche Generale. Die militärischen Führungsgruppen in der Bundesrepublik und in der sowjetischen Besatzungszone, in: Wolfgang Zapf (Hg.), Beiträge zur Analyse der deutschen Oberschicht, München 1965; Wido Mosen, Bundeswehr – Elite der Nation? Determinanten und Funktionen elitärer Selbsteinschätzung von Bundeswehrsoldaten, Neuwied 1970; Oskar Negt, Gesellschaftsbild und Geschichtsbewußtsein der wirtschaftlichen und militärischen Führungsschichten, in: Gert Schäfer/Carl Nedelmann (Hg.), Der CDU Staat, II, 2. Aufl., München 1967; Rainmar Cunis, Rekrutierungsmodelle im demokratischen Staat, in: René König (Hg.), Beiträge zur Militärsoziologie, Köln 1968.

31 Weißbuch 1970, S. 130.

32 Vgl. Karl-Ernst Schulz (Hg.), Die Neuordnung von Bildung und Ausbildung in der Bundeswehr. Eine Zwischenbilanz nach zehn Jahren, Baden-Baden 1982; Mathias Jopp, Militär und Gesellschaft in der Bundesrepublik Deutschland. Das Beispiel der Bildungsreform der Bundeswehr, Frankfurt/M. 1983.

33 Vgl. Manfred Grodzki u. a. (Hg.), Soldat – Ein Berufsbild im Wandel. Unteroffiziere, Bonn 1989; Detlef Bald, Vom Kaiserheer zur Bundeswehr. Sozialstruktur des Militärs: Politik der Rekrutierung von Offizieren und Unteroffizieren, Frankfurt/M., Bern 1981.

34 Bildungskommission beim Bundesminister der Verteidigung (Hg.), Neuordnung der Ausbildung und Bildung in der Bundeswehr. Gutachten der Bildungskommission an den Bundesminister der Verteidigung, Bonn 1971 (bekannt als Ellwein-Kommission).

35 Vgl. Otwin Massing (Hg.), Partizipation als Lernziel. Curriculare Modellvorstellungen und Materialien zum Hochschulstudium, Pullach 1975.

36 Kutz, Reform und Restauration, S. 175; vgl. Wolfgang Gessenharter u. a. (Hg.), Zehn Jahre Hochschule der Bundeswehr Hamburg. Aufgaben – Entwicklungen – Perspektiven, München 1984; Thomas Ellwein/ A. von Müller (Hg.), Hochschulen der Bundeswehr zwischen Ausbildungs- und Hochschulreform, Opladen 1974.
37 BA-MA Bw 1/16021 Die Personallage der Offiziere in der Geschichte und in der Bundeswehr – 1967, Bonn 1. Juni 1967; Die Personallage der Generale in der Geschichte und in der Bundeswehr, Bonn 15. Dez. 1966; Die Personallage der Unteroffiziere in der Geschichte und in der Bundeswehr – 1967, Bonn 1967.
38 Daten bei Bald, Der deutsche Offizier, passim.
39 Vgl. Dahrendorf, Gesellschaft und Demokratie, S. 281 ff.; Hartmut Kaelble u. a. (Hg.), Probleme der Modernisierung in Deutschland. Sozialhistorische Studien zum 19. und 20. Jahrhundert, Opladen 1978, S. 290 ff.
40 Demeter, Das Deutsche Offizierkorps, S. 76; vgl. Bald, Der deutsche Offizier, S. 139 ff.; Paul Klein u. a. (Hg.), Soldat – ein Berufsbild im Wandel, Bd. 2, Offiziere, Bonn 1993, S. 177 ff.
41 IfZ ED 437/114–30 Karst an Schnez, 22. April 1970.
42 Helmut Schmidt, Weggefährten. Erinnerungen und Reflexionen, Berlin 1996, S. 475.
43 IfZ ED 437/114–24 Erwin Horn (MdB), Ist die Bundeswehr zuverlässig demokratisch?, 19. Okt. 1973.
44 Text in Heßler, Militär, S. 92 ff.; vgl. Details in IfZ ED 447/47.
45 Text in Heßler, Militär, S. 115 ff.; Interna bei IfZ ED 437/109 Interview K. von Schubert mit R. von Rosen, 9. Dez. 1982.
46 IfZ ED 437/108 Interview K. von Schubert mit U. de Maizière, 1982.
47 IfZ ED 437/114–33 Wortprotokoll von der Tagung des Bundesministers der Verteidigung mit Hauptleuten (...), 10. Mai 1971; vgl. die Kritik eines Offiziers: IfZ ED 447/47 Leutnant J. B., Stellungnahme zu den Hauptmanns-Thesen, 1. Mai 1971. Dort heißt es u. a.: «Schaut man sich die Geschichte der Bundeswehr an, so ist sie die eines verdeckten oder unverdeckten Grabenkampfes zwischen Reformern und Traditionalisten. (...) Diese zwei Denkschulen, die von Anfang an in der Bundeswehr einen kalten Krieg probten, die eine angetreten unter dem Gesichtspunkt militärischer Schlagkraft und Unvereinbarkeit von Militär und Gesellschaft, die andere unter dem der Friedenssicherung durch Abschreckung und der prinzipiellen Vereinbarkeit von Militär und Gesellschaft, bilden sozusagen systemimmanente Krisenherde,

solange sich die Bundeswehr in Absprache mit der Gesellschaft nicht für ein Bild entscheidet.»

48 Vgl. Detlef Bald, Bundeswehr und gesellschaftlicher Aufbruch 1968. Die Widerstände des Militärs in Unna gegen die Demokratisierung, in: Westfälische Forschungen, 48/1998, S. 297 ff.

49 Wehrstruktur-Kommission der Bundesregierung (Hg.), Die Wehrstruktur in der Bundesrepublik Deutschland. Analysen und Optionen, Bonn 1973 (vorgelegt im Nov. 1972); Personalstrukturkommission des Bundesministers der Verteidigung (Hg.), Die Personalstruktur der Streitkräfte. Bericht der Personalstrukturkommission, Bonn 1971.

50 Vogel, Berkhan, S. 187 ff.

51 Georg Leber, Vom Frieden, Stuttgart 1979, S. 193.

52 IfZ ED 447/49 Bundesministerium der Verteidigung, Fü S I, Lagefeststellung Innere Führung 1977, 21. Dez. 1977.

53 Georg Leber, in: Das Parlament, 1–2/1996, S. 19.

54 Aufsatz von Generalmajor von Reichert in: Wehrkunde, 8/1973, S. 398.

55 Mathias Jopp, Akademiker in Uniform oder uniforme Akademiker? Zum Verfall des Reformkonzepts, in: Wolfgang R. Vogt, Militär als Lebenswelt. Streitkräfte im Wandel der Gesellschaft, Opladen 1988, S. 212.

56 Kutz, Reform und Restauration, S. 221; vgl. IfZ ED 437/169 Graf Baudissin, Überlegungen zur Inneren Führung, NDR, 29. Okt. 1978.

57 Harald Wust, ... den Frieden sichern. Daten und Fakten zur Sicherheitspolitik, Bonn 1983, S. 70.

58 Gespräch mit Baudissin, in: Eggebrecht, Männer, S. 216.

59 Wehrstruktur-Kommission der Bundesregierung (Hg.), Wehrgerechtigkeit in der Bundesrepublik Deutschland. Bericht der Wehrstruktur-Kommission an die Bundesregierung, Bonn 1971, S. 49.

60 Hans Jürgen Haug/Hubert Maessen (Hg.), Kriegsdienstverweigerer: Gegen die Militarisierung der Gesellschaft, Frankfurt/M. 1971, S. 9 ff.

61 Leber, Frieden, S. 204 ff.

62 Vgl. Alfred Mechtersheimer, Rüstung und Politik in der Bundesrepublik. MRCA Tornado. Geschichte und Funktion des größten westeuropäischen Rüstungsprogramms, Bad Honnef 1977.

63 Vgl. Bald, Militär und Gesellschaft, S. 23 ff.; Michael Geyer, Deutsche Rüstungspolitik 1860–1980, Frankfurt/M. 1984.

64 Hans Apel, Der Abstieg. Politisches Tagebuch 1978–1988, Stuttgart 1990, S. 148 f.

65 ED 437/77 Peter Schmolck, Wie «rechts» sind unsere Studenten?, 8. Nov. 1977.

66 Apel, Abstieg, S. 53.
67 Erlass in: Abenheim, Bundeswehr, S. 230 ff.
68 Jürgen Habermas, Stichworte zur ‹Geistigen Situation der Zeit›, Bd. 1, Einleitung, Frankfurt/M. 1979, S. 18.
69 Vgl. Hubertus Hoffmann, Die Atompartner. Washington – Bonn und die Modernisierung der taktischen Kernwaffen, Koblenz 1986, S. 411 ff.
70 Egon Bahr, Zu meiner Zeit, München 1999, S. 497.
71 Vgl. Wolf Richter, Neutronenwaffe – «Perversion des Denkens»? Zur Kontroverse um atomare Gefechtsfeldwaffen in Europa und ihre Bedeutung für die NATO-Strategie, München 1982, S. 254 ff.
72 Vgl. Helga Haftendorn, Sicherheit und Stabilität. Außenbeziehungen der Bundesrepublik zwischen Ölkrise und Nato-Doppelbeschluss, München 1986, S. 94 ff.
73 Vgl. Deutsches Strategie-Forum (Hg.), Das Nukleare Kräfteverhältnis in Europa. Pro Pace, Bonn 1983; SIPRI (Hg.), Rüstung und Abrüstung im Atomzeitalter. Ein Handbuch, Reinbek 1977.
74 Vgl. Bald, Hiroshima, S. 17 ff.
75 Vgl. Dieter O. A. Wolf/Manfred A. Dauses, Die Kriegsrechte in den Vereinigten Staaten. Analyse der verfassungsrechtlichen und Politischen Auseinandersetzungen zwischen Präsident und Kongreß um die «War Powers», Berlin 1979.
76 Vgl. Dokumente in: Ernst-Otto Czempiel/Carl-Christoph Schweitzer, Weltpolitik der USA nach 1945. Einführung und Dokumente, Bonn 1987, S. 355 ff.
77 Einzelheiten bei Bald, Hiroshima, S. 173 f. und S. 213 ff.
78 Zitate aus dem Field-Manual bei Horst Afheldt, Defensive Verteidigung, Reinbek 1983, S. 26 ff.
79 Dokumente bei Czempiel/Schweitzer, Weltpolitik, S. 405 ff.; auch Christian Tuschhoff, Einstellungen und Entscheidungen. Perzeptionen im sicherheitspolitischen Entscheidungsprozeß der Reagan-Administration, Baden-Baden 1990.
80 Vgl. Hans Günter Brauch, Die Raketen kommen. Vom Nato-Doppelbeschluss bis zur Stationierung, Köln 1983; Bernd W. Kubbig, Amerikanische Rüstungskontrollpolitik. Innergesellschaftliche Kräfteverhältnisse in der ersten Amtszeit Reagans, Frankfurt/M. 1987; Manfred Görtemaker/Gerhard Wettig, USA – UdSSR. Dokumente zur Sicherheitspolitik, Opladen 1987.
81 Bahr, Zeit, S. 517.
82 Aufruf der Aktionsgemeinschaft Dienst für den Frieden in: Erwin Müller, «Nach»-Rüstung und Rüstungswettlauf. Zum NATO-Beschluß

über neue eurostrategische Mittelstreckensysteme, Tübingen 1980, S. 18

83 Vgl. Jürgen Altmann/Bernhard Gonsior (Hg.), Welt ohne Angst. Naturwissenschaftliche Konzepte für den Ausstieg aus dem Rüstungswettlauf, Hamburg 1987; Hauswedell, Friedenwissenschaften; Wasmuht, Friedensbewegung. Vgl. die Dokumente der Kirchen bei Ernst Josef Nagel (Hg.), Dem Krieg zuvorkommen. Christliche Friedensethik und Politik, Freiburg 1984 sowie bei Johannes Gründel (Hg.), Die Verantwortung der Christen für den Frieden. Bischöfliche Hirtenworte als Entscheidungshilfe? Düsseldorf 1984, S. 79 ff.

84 Die UNO-Studie. Kernwaffen, München 1982, S. 198; OTA (Hg.), Atomkriegsfolgen, Baden-Baden 1983.

85 Vgl. Horst Afheldt/Christian Potyka (Hg.), Durch Kriegsverhütung zum Krieg? Die politischen Aussagen der Weizsäcker-Studie ‹Kriegsfolgen und Kriegsverhütung›, München 1972.

86 Vgl. Günter Neuberger (Hg.), Der Plan Euroshima. Aus Reden und Schriften von R. Reagan, A. Haig, C. Weinberger u. a., Köln 1982; Andreas Guha, Die Nachrüstung. Der Holocaust Europas, Freiburg 1981.

87 Vgl. Alfred Biehle (Hg.), Alternative Strategien. Das Hearing im Verteidigungsausschuß des Deutschen Bundestages – Die schriftlichen Gutachten und Stellungnahmen, Koblenz 1986; Carl Friedrich von Weizsäcker (Hg.), Die Praxis der defensiven Verteidigung, Hameln 1984.

88 Zum Überblick Gerhard Kade (Hg.), Generale für den Frieden. Interviews, Köln 1981.

89 Cristian Potyka, Der Fall Bastian, NDR, 22. Febr. 1980.

III. Konservative Konsolidierung (1982–2000)

1 Manfred Wörner, Frieden in Freiheit. Beiträge zur Sicherheits und Verteidigungspolitik, Strategie, Bundeswehr und zum Dienst des Soldaten, Koblenz 1987, S. 221 ff.

2 Vgl. Manfred Messerschmidt, Aus der Geschichte lernen. Vom Umgang mit der Erblast des Nationalsozialismus, in: Detlef Bald (Hg.), Die Nationale Volksarmee. Beiträge zu Selbstverständnis und Geschichte des deutschen Militärs 1945–1990, Baden-Baden 1992, S. 13 ff.

3 Vgl. Franz H. U. Borkenhagen (Hg.), Bundeswehr. Demokratie in oliv? Streitkräfte im Wandel, Berlin 1986, S. 181 ff.

4 Vgl. Adalbert von der Recke, Last und Chance unserer Geschichte, in: Evangelisches Kirchenamt für die Bundeswehr (Hg.), De Officio. Zu

den ethischen Herausforderungen des Offizierberufs, Hannover 1985, S. 249 f.

5 Vgl. Jakob Knab, Generaloberst Eduard Dietl, in: Gerd R. Üeberschär (Hg.), Hitlers militärische Elite, Bd. 2, Darmstadt 1998, S. 28 ff.

6 Rolf Elble, Einleitung, in: Soldat im Volk, Sept. 1984, S. 4.

7 Vgl. Wolfram Wette, Die Bundeswehr im Banne des Vorbildes Wehrmacht, in: Bald/Klotz/Wette, Mythos, S. 87 ff.

8 Hans-Ulrich Wehler, Entsorgung der deutschen Vergangenheit? Ein polemischer Essay zum «Historikerstreit», München 1988, S. 191.

9 Karst teilte am 6. April 1984 FüS I mit, er habe diese Studie «im Herbst 1982» in der «Zeit des Schwebezustandes zwischen der alten und neuen Regierung» verfasst. Die hier zitierte Fassung datiert später: Heinz Karst, Zustand und Therapie in Geist und Haltung der Bundeswehr, 11. Jan. 1983, S. 20 («Karst-Studie»).

10 Ebenda, S. 3.

11 IfZ ED 437/114–50 FüS I 6 an Parl. Staatssekretär, 22. Juni 1983 (Bezug: Bericht von F. W. Steege vom Psychologischen Dienst).

12 Kurt Kister, Innere Führung ohne Überzeugung, in: Borkenhagen, Bundeswehr, S. 162 f.

13 Vorbemerkung zur «Karst-Studie», S. 1.

14 «Karst-Studie», S. 14 f.

15 Ebenda, S. 49.

16 Ebenda, S. 3.

17 Ebenda, S. 4 f.

18 Ebenda, S. 8.

19 Ebenda, S. 33.

20 Dieter Farwick/Gerhard Hubatschek, Die strategische Erpressung – eine sicherheitspolitische Analyse, München 1981.

21 Dieter Stockfisch, Das Ethos des Soldaten heute, in: Truppenpraxis, 5/1983, S. 329; Dieter Farwick, Die Innenansicht der Bundeswehr, in: Criticon, Jan./Febr. 1982.

22 Gerhard Hubatschek, Wertewandel in der Bundeswehr, in: Die Welt, 11. Nov. 1982, S. 7.

23 IfZ ED 437/114–23 W. Graf Baudissin an G. Hubatschek, 21. Febr. 1983.

24 Heinz Vielain, «Bundeswehr in der Hand der SPD», in: Welt am Sonntag, 25. März 1984.

25 Klaus Hammel, Sinnfragen des Soldatenberufs, in: Vierteljahresschrift für Sicherheit und Frieden 3 (1985), S. 14 f.

26 Heinz Karst, «Denker» oder «Kämpfer» – brauchen wir den akademisch ausgebildeten Offizier?, in: Politische Studien, Sonderheft 1973, S. 24 ff.; ders., Das Bild des Offiziers unter Berücksichtigung der Anforderungen in einem modernen Gefecht, in: Texte und Studien. Zentrum Innere Führung, 1/1985, S. 62 ff.

27 Christian Millotat, Gefechtstüchtigkeit, in: Truppenpraxis, 2/1987, S. 181 ff.

28 Christian Millotat, Gedanken zur Erziehung und Führung eines Offizierkorps. Das von der Führung der Bundeswehr gewünschte Bild vom Offizier, in: Truppenpraxis, 6/1986, S. 575.

29 Ingeborg Rubbert-Vogt/Wolfgang R. Vogt, Soldaten – auf der Suche nach Identität, in: Vogt, Militär, S. 43.

30 General Carstens, Vortrag auf der Kommandeurtagung des Heeres, Bonn 1985, S. 6; vgl. Themenheft «Kriegsbild und Soldatenbild», Vierteljahresschrift für Sicherheit und Frieden 5 (1987).

31 Andreas Broicher, «Nebenkriegsschauplatz». Vom Nutzen der Kriegsgeschichte für die Aus- und Weiterbildung des Offiziers, in: Truppenpraxis, 3/1991, S. 296; vgl. Jürgen Rose/Frank Buchholz, Ernstfall Frieden – Ernstfall Krieg? Rekonstruktion und Dokumentation eines Diskurses um soldatisches Selbstverständnis und Innere Führung, Neubiberg 1993.

32 Manfred Wörner, Eine imponierende Aufbauleistung, in: Information für die Truppe, 2/1984; vgl. Wolfgang Gessenharter u. a. (Hg.), Zehn Jahre Hochschule der Bundeswehr Hamburg. Aufgaben – Entwicklungen – Perspektiven, München 1984.

33 Vgl. Ekkehard Lippert/Roland Wakenhut, Selektion oder Sozialisation. Zur Entwicklung des politischen und moralischen Bewusstseins in der Bundeswehr, Opladen 1983.

34 Vgl. das Themenheft «Bundeswehr nach der Wende», Vierteljahresschrift für Sicherheit und Frieden 3 (1985).

35 Wolfgang R. Vogt, Die halbierte Reform – 13 Thesen zum Verfall der Bildungsreform in den Streitkräften von 1970/71, in: Karl-Ernst Schulz (Hg.), Die Neuordnung von Bildung und Ausbildung in der Bundeswehr. Eine Zwischenbilanz nach zehn Jahren, Baden-Baden 1982, S. 55.

36 Vgl. Jopp, Militär, S. 179.

37 Vgl. Claus von Rosen, Bildungsreform und Innere Führung. Reformansätze für schulische Stabsoffizierausbildung, dargestellt am Beispiel der Stabsakademie der Bundeswehr 1966–1973, Weinheim/Basel 1981.

38 Vgl. Martin Kutz, Majorsecke und Elitenbildung. Zu den Qualifikations- und Sozialisationsmustern der Stabs- und Generalstabsoffiziersausbildung in der Bundeswehr, in: Vogt, Militär, S. 251 ff.

39 Heinrich Boehr, Streitkräftegemeinsame Ausbildung. Zum Gesamtkonzept der Ausbildung der Stabsoffiziere der Bundeswehr, in: Detlef Bald (Hg.), Militärische Verantwortung in Staat und Gesellschaft. 175 Jahre Generalstabsausbildung in Deutschland, Koblenz 1986, S. 197 f.

40 Christian Potyka, Welche Hackordnung unter Wehrpflichtigen ist normal?, in: Süddeutsche Zeitung, 5. März 1981.

41 IfZ ED 437/114–37 Poeppel, Befragung (1981).

42 Wörner, Frieden, S. 31 f.

43 IfZ ED 447/1 G. Bastian an Bundesminister Apel, 16. Jan. 1980.

44 Vgl. Otto Gritschneder, «Soldaten sind Mörder». Das Tucholsky-Zitat von 1931 im Licht einer Entscheidung des Bundesverfassungsgerichts von 1994, in: Helmut Kramer/Wolfram Wette (Hg.), Recht ist, was den Waffen nützt. Justiz und Pazifismus im 20. Jahrhundert, Berlin 2004, S. 317 ff.

45 IfZ ED 447/9 G. Stoltenberg, Stellungnahme, 20. Okt. 1989.

46 Hintergründe zur Affäre Kießling in IfZ ED 447/5 (diverse Unterlagen).

47 Vgl. Wolfgang R. Vogt, Militär als Gegenkultur? Streitkräfte im Wandel, Opladen 1986.

48 Hans Maull, Zivilmacht Bundesrepublik Deutschland. Vierzehn Thesen für eine neue deutsche Außenpolitik, in: Europa Archiv 47 (1992), S. 269 ff.

49 Ronald Reagan, Erinnerungen. Ein amerikanisches Leben, Berlin 1990, S. 718.

50 Michail Gorbatschow, Erinnerungen, Berlin 1995, S. 204.

51 Vgl. Egon Bahr/Dieter S. Lutz (Hg.), Gemeinsame Sicherheit, 3 Bde., Baden-Baden 1986, 1987

52 Vgl. weitere Hinweise bei Bald, Hiroshima, S. 212 ff.; Hauswedell, Friedenswissenschaften, passim.

53 Vgl. Michael Broer, Die nuklearen Kurzstreckenwaffen in Europa. Eine Analyse des deutsch-amerikanischen Streits, Frankfurt/M. 1993.

54 Vgl. die Stiftung Wissenschaft und Politik in Ebenhausen, z. B. Uwe Nerlich/Trutz Rendtorff (Hg.), Nukleare Abschreckung. Politische und ethische Interpretationen einer neuen Realität, Baden-Baden 1989.

55 Überblick bei Alfred Mechtersheimer (Hg.), Militarisierungsatlas der Bundesrepublik Deutschland. Streitkräfte, Waffen und Standorte, Kosten und Risiken, Darmstadt 1986.
56 Wolfgang Krieger, Verteidigung durch Entspannung? Die deutsch-amerikanischen Sicherheitsbeziehungen 1968–1990, in: Junker, USA, Bd. 2, S. 186.
57 Helmut Schmidt, Ein Schuß ins Schwarze, in: Die Zeit, 9. März 1984; vgl. Hans-Dietrich Genscher, Erinnerungen, Berlin 1995, S. 566 ff.
58 Vgl. die amerikanische Position der Stärke bei Philip Zelikow/Condoleezza Rice, Sternstunden der Diplomatie. Die deutsche Einheit und das Ende der Spaltung Europas, Berlin 1997, S. 141 ff.
59 Michail Gorbatschow, Gipfelgespräche. Geheime Protokolle aus meiner Amtszeit, Berlin 1993, S. 107–120.
60 Genscher, Erinnerungen, S. 687.
61 Vgl. Karl Kaiser, Deutschlands Vereinigung. Die internationalen Aspekte. Mit wichtigen Dokumenten, Bergisch Gladbach 1991.
62 Vgl. Otfried Nassauer u. a., Amerikanische Nuklearwaffen in Europa 1996–1997, Berlin 1997; Karel Koster, Ein gefährlicher Widerspruch. Die Nukleardoktrin der NATO und der Nichtverbreitungsvertrag, in: Wissenschaft und Frieden 22 (2004), S. 47 ff.; Atomwaffenfrei bis 2020. Neue Gefahren und Dringlichkeit nuklearer Abrüstung, Dossier Nr. 46, Beilage in: Wissenschaft und Frieden 22 (2004).
63 Vgl. Thomas Kühne (Hg.), Von der Kriegskultur zur Friedenskultur? Zum Mentalitätswandel in Deutschland seit 1945, Hamburg 2000.
64 Willy Brandt, «... was zusammengehört.» Über Deutschland, Bonn 1993, S. 36.
65 Vgl. Christian Hacke, Weltmacht wider Willen. Die Außenpolitik der Bundesrepublik Deutschland, Frankfurt/M. 1993; Hans-Peter Schwarz, Die Zentralmacht Europas. Deutschlands Rückkehr auf die Weltbühne, Berlin 1994; Gregor Schöllgen, Angst vor der Macht. Die Deutschen und ihre Außenpolitik, Berlin 1993; Karl Kaiser/Hanns W. Maull (Hg.), Deutschlands neue Außenpolitik. Bd. 1: Grundlagen, München 1994.
66 Vgl. die «alte» Antwort, die wieder Bedeutung erlangte, bei Arnold Bergsträsser, Auswärtige Politik, Herder-Staatslexikon, Bd. 1, Freiburg/Br. o. J., S. 701; Hans J. Morgenthau, Macht und Frieden. Grundlegung einer Theorie der internationalen Politik, hrsg. von Gottfried-Karl Kindermann, Gütersloh 1963 (Einleitung).
67 Timothy G. Ash, Im Namen Europas. Deutschland und der geteilte Kontinent, München 1993, S. 562.

68 Vgl. Bald, Militär, S. 148 ff.

69 Volker Rühe, Rede des Bundesministers der Verteidigung. 33. Kommandeurstagung der Bundeswehr am 14. Mai 1992 in Leipzig, Bonn 1992, S. 10.

70 Hans-Henning Teetzmann, Oberst i. G., Fehlentwicklungen und Probleme der Bundeswehr, Hamburg 1992 (MS), S. 20 f.

71 Hans-Joachim Reeb, Probleme des Zusammenwachsens von Bundeswehr und Nationaler Volksarmee aus der Sicht eines westdeutschen Bundeswehroffiziers, in: Klein, Soldat, Offiziere, S. 285; vgl. Detlef Bald (Hg.), Die Nationale Volksarmee. Beiträge zu Selbstverständnis und Geschichte des deutschen Militärs 1945–1990, Baden-Baden 1992, S. 87–124.

72 Zitate in Bernhard Gonnermann/Gerhard Merkel, DDR ohne Waffen? Sicherheitspolitische Dokumente, Berlin 1990.

73 Vgl. die Auflösung orthodoxer Militärdoktrinen bei Wolfgang Scheler u. a. (Hg.), Frieden. Krieg. Streitkräfte. Historisch-materialistischer Abriß, Berlin 1989.

74 Der letzte Verteidigungsministers der SED Theodor Hoffmann, Das letzte Kommando. Ein Minister erinnert sich, Berlin 1993, S. 217; vgl. auch General Heinz Hoffmann, Sozialistische Landesverteidigung, 2 Bde., Berlin 1971.

75 Vgl. Egon Bahr, Vorwort, in: Hans–Joachim Gießmann, Das unliebsame Erbe. Die Auflösung der Militärstruktur der DDR, Baden-Baden 1992, S. 8.

76 Rainer Eppelmann, Wendewege, Bonn, Berlin 1992, S. 45.

77 Peter J. Lapp, Ein Staat – eine Armee. Von der NVA zur Bundeswehr, Bonn 1992, S. 19, 24.

78 Vgl. Reinhard Brühl, Öffentliche Anhörung: «Gediente in fremden Streitkräften», Potsdam 1993.

79 Vgl. Georg-Maria Meyer/Sabine Collmer, Kolonisierung oder Integration? Bundeswehr und deutsche Einheit. Eine Bestandsaufnahme, Opladen 1993.

80 Vgl. Christoph Kleßmann, Zwei Staaten, eine Nation. Deutsche Geschichte 1955–1970, Göttingen 1988.

81 Vgl. Detlef Bald/Andreas Prüfert (Hg.), Vom Krieg zur Militärreform. Zur Debatte um Leitbilder in Bundeswehr und Nationaler Volksarmee, Baden-Baden 1997; Walter Jablonsky/Wolfgang Wünsche (Hg.), Im Gleichschritt? Zur Geschichte der NVA, Berlin 2001; Arbeitsgruppe Geschichte der NVA (Hg.), Was war die NVA? Studien – Analysen – Berichte. Zur Geschichte der Nationalen Volksarmee, Berlin 2001;

Stephan Fingerle, Waffen in Arbeiterhand? Die Rekrutierung des Offizierkorps der NVA und ihrer Vorläufer, Berlin 2001; Christian Th. Müller, Tausend Tage bei der «Asche». Unteroffiziere in der NVA, Berlin 2003.

82 Ralf Dahrendorf, Der Wiederbeginn der Geschichte. Vom Fall der Mauer bis zum Krieg im Irak, München 2004, S. 221.

83 Vgl. Werner Ruf, Die neue Welt-UN-Ordnung. Vom Umgang des Sicherheitsrats mit der Souveränität der ‹Dritten Welt›, Münster 1994.

84 Vgl. die veröffentlichten Konzepte: Henry Kissinger, Die Vernunft der Nationen. Über das Wesen der Außenpolitik, Berlin 1994; Zbigniew Brzezinski, Die einzige Weltmacht. Amerikas Strategie der Vorherrschaft, Weilheim 1997.

85 Vgl. Samuel P. Huntington, Kampf der Kulturen. Die Neugestaltung der Weltpolitik im 21. Jahrhundert, München 1996.

86 Andrei S. Markovits/Stephen Reich, Deutschlands neues Gesicht: Über deutsche Hegemonie in Europa, in: Leviathan 20 (1992), S. 31.

87 Vgl. die wichtige Unterscheidung von «harter» und «weicher» Macht bei Joseph Nye, Soft Power, in: Foreign Policy, No. 80, 1990.

88 Pressedienst der Fraktion der CDU/CSU, 17. Sept. 1987; SPD-Fraktion, Bundeswehreinsätze im Rahmen der UN-Friedenssicherung, 15. Juni 1988.

89 Dokument vom 16. Okt. 1987 bei Caroline Thomas/Randolph Nikutta, Bundeswehr und Grundgesetz. Zur neuen Rolle der militärischen Intervention in der Außenpolitik, in: Militärpolitik Dokumentation 13, Bd. 78/79, Frankfurt/M. 1991, S. 70 ff.

90 Volker Rühe, Betr.: Bundeswehr. Sicherheitspolitik und Streitkräfte im Wandel, Berlin 1993, S. 165.

91 Dieter Wellershoff, Vier Stufen zu einer friedlichen Welt, in: ders. (Hg.), Sicherheitspolitik und Streitkräfte im Wandel, Bonn 1991, S. 134 f.

92 Unabhängige Kommission für die künftigen Aufgaben der Bundeswehr (Hg.), Die künftigen Aufgaben der Bundeswehr. Abschlussbericht und Empfehlungen vom 24. Sept. 1991, Bonn 1991, S. 15.

93 Militärpolitische und militärstrategische Grundlagen und konzeptionelle Grundrichtung der Neugestaltung der Bundeswehr, Jan. 1992.

94 Ronald D. Asmus, Das Meinungsbild der Elite in Deutschland zur Außen- und Sicherheitspolitik. Dokumentation, Infratest Burke Berlin, März 1996, S. VIII.

95 Klaus Kinkel, Stenogr. Berichte des Deutschen Bundestages, 13. Wahlperiode, 48. Sitzung, 30. Juni 1995.

96 Vgl. Eckardt Opitz/Frank S. Rödiger (Hg.), Allgemeine Wehrpflicht. Geschichte – Probleme – Perspektiven, Bremen 1995; Jürgen Groß/Dieter S. Lutz (Hg.), Wehrpflicht ausgedient, Baden-Baden 1998; Manfred Messerschmidt, Allgemeine Wehrpflicht – legitimes Kind der Demokratie?, in: Vierteljahresschrift für Sicherheit und Frieden 13 (1995), S. 91 ff.; Roland G. Foerster (Hg.), Die Wehrpflicht. Entstehung, Erscheinungsformen und politisch militärische Wirkung, München 1994.

97 Vgl. Harald Müller/Niklas Schörnig, »Revolution in Military Affairs«. Abgesang kooperativer Sicherheitspolitik der Demokratien, in: HSFK-Report 8/2001, Frankfurt/M. 2001.

98 Gustav Däniker, Wende Golfkrieg. Vom Wesen und Gebrauch künftiger Streitkräfte, Frankfurt/M. 1992, S. 170.

99 Vgl. Detlef Bald, Sechs Legenden über Wehrpflicht und Demokratie, in: Blätter für deutsche und internationale Politik 42 (1997), S. 731 ff.

100 Vgl. Kommission «Impulse für die Zivilgesellschaft», Perspektiven für Freiwilligendienste und Zivildienst in Deutschland, Berlin, Jan. 2004 (Bericht an das Familienministerium).

101 Vgl. Bald, Militär, S. 113 ff.; Astrid Albrecht-Heide/Utemaria Bujewski-Crawford, Frauen – Krieg – Militär. Images und Phantasien, Tübingen 1991.

102 Vgl. Klaus Theweleit, Männerphantasien, 2 Bde., Reinbek 1982, 1983; Ruth Seifert, Männlichkeitskonstruktion. Das Militär als diskursive Macht, in: Das Argument, Bd. 196/1992.

103 Ruth Seifert/Christine Eifler (Hg.), Gender und Militär. Internationale Erfahrungen mit Frauen und Männern in Streitkräften, Königstein 2003, S. 7.

104 Vgl. Gerhard Kümmel/Paul Klein/Klaus Lohmann, Zwischen Differenz und Gleichheit. Die Öffnung der Bundeswehr für Frauen, SOWI-Bericht, Strausberg 2000; Anja Seiffert, Bilder von Männern, Frauen und vom Soldatischen. Geschlechterrollenvorstellungen von angehenden Generalstabsoffizieren, in: Detlef Bald/Wilhelm Nolte (Hg.), Ansichten und Einsichten. Militär, Staat und Gesellschaft, Bremen 1998, S. 87 ff.

105 Johann Adolf Graf von Kielmansegg, Der Krieg ist der Ernstfall, in: Truppenpraxis 3/1991, S. 304 ff.

106 Broicher, «Nebenkriegsschauplatz», S. 294 ff.

107 Unterrichtung durch den Wehrbeauftragten, Jahresbericht 1994, S. 13 ff.

108 Werner Hartmann, Geist und Haltung des deutschen Soldaten im Wandel der Gesellschaft, Köln 1997, S. 141.

109 Christian Millotat, Das preußisch-deutsche Generalstabssystem – Wurzel, Entwicklung, Fortwirken, Bonn 1997.

110 Jürgen Reichardt, Ein Beispiel geben – Grundzüge der Auftragstaktik und der Dienstaufsicht in der Bundeswehr, in: FAZ, 26. März 1998.

111 Vgl. den Überblick bei Johannes Klotz, Die Ausstellung ‹Vernichtungskrieg. Verbrechen der Wehrmacht 1941 bis 1944›. Zwischen Geschichtswissenschaft und Geschichtspolitik, in: Bald/Klotz/Wette, Mythos Wehrmacht, S. 116 ff.; das Beispiel in München: Bilanz einer Ausstellung. Dokumentation der Kontroversen um die Ausstellung ‹Vernichtungskrieg. Verbrechen der Wehrmacht 1941 bis 1944›, München 1998.

112 Hannes Heer/Klaus Naumann (Hg.), Vernichtungskrieg. Verbrechen der Wehrmacht 1941–1944, Hamburg 1995.

113 Rüdiger Proske, Vom Marsch durch die Institutionen zum Krieg gegen die Wehrmacht. Zweite Streitschrift wider den Mißbrauch der Geschichte deutscher Soldaten zu politischen Zwecken, Mainz 1997, S. 9 ff.

114 Vgl. das letzte Überblicksprojekt von Rolf-Dieter Müller/Hans-Erich Volkmann (Hg.), Die Wehrmacht. Mythos und Realität, München 1999.

115 Vgl. Hans Schueler, Maulkorb für den Oberst, in: Die Zeit, 2. April 1998.

116 Vgl. auch das Beispiel des Oberstleutnants Jürgen Rose bei Charimar Reinhardt, Abkommandiert zum Sockenzählen, Frankfurter Rundschau, 23. Dez. 1997, S. 3 oder des Admirals Elmar Schmähling, Kein Feind, kein Ehr. Wozu brauchen wir noch die Bundeswehr?, Köln 1994.

117 Winfried Vogel, Das Problem der Tradition in den deutschen Armeen, in: epd-Dokumentation: Militär zwischen Kultur und Barbarei. Traditionsprobleme deutscher Armeen, Frankfurt/M., 10/1998, S. 12.

118 Weisung von General Hartmut Bagger, Inspekteur des Heeres, Anforderungen an den Offizier des Heeres, Bonn, 29. Juli 1994.

119 Detlef Bald, Die Notwendigkeit der Militärreformen nach dem Jahr 2000, in: Eckardt Opitz (Hg.), 50 Jahre Innere Führung. Von Himmerod (Eifel) nach Pristina (Kosovo). Geschichte, Probleme und Perspektiven einer Führungsphilosophie, Bremen 2001, S. 201 ff.; vgl. das Heft «Bundeswehr – quo vadis» der Vierteljahresschrift für Sicherheit und Frieden 15 (1997).

120 Hilmar Linnenkamp, Neue Aufgaben der Bundeswehr – alte Ausbildung?, in: Vierteljahresschrift für Sicherheit und Frieden 15 (1997), S. 166; dort weitere Beiträge; vgl. Martin Kutz, Überlegungen zu einer Reform der Führungsakademie, in: ebenda 17 (1999), S. 70 ff.

121 Rudolf Hamann, Abschied vom Staatsbürger in Uniform. Fünf Thesen zum Verfall der Inneren Führung, in: Paul Klein/Dieter Walz (Hg.), Die Bundeswehr an der Schwelle zum 21. Jahrhundert, Baden-Baden 2000, S. 61 ff.

122 Vgl. Paul Schäfer, Bundeswehr und Rechtsextremismus, Dossier Nr. 28, Beilage zu Wissenschaft und Frieden 16 (1998).

123 Arwed U. Bonnemann/Ulrike Hofmann-Broll, Studierende und Politik: Wo stehen die Studierenden der Bundeswehruniversitäten?, in: Vierteljahresschrift für Sicherheit und Frieden 15 (1997), S. 161.

124 Arwed Bonnemann/Christine Posner, Die politischen Orientierungen der Studenten an den Universitäten der Bundeswehr im Vergleich zu den Studenten an öffentlichen Hochschulen, in: Vierteljahresschrift für Sicherheit und Frieden 20 (2002), S. 49 f.

125 Bernhard Fleckenstein, 25 Jahre AMS, in: Paul Klein/Andreas Prüfert (Hg.), Militär und Wissenschaft in Europa. Kritische Distanz oder hilfreiche Ergänzung?, Baden-Baden 1998, S. 15.

126 General Peter Kniehase, Bundeswehr hat die Fähigkeit zur Selbstreinigung verloren, in: SZ, 30. Dez. 1997.

127 Helmut Schmidt, Was Rühe tun muß, in: Die Zeit, 19. Dez. 1997, S. 1.

IV. Militärpolitische Perspektiven

1 Vgl. Heinz Loquai, Der Kosovo-Konflikt – Wege in einen vermeidbaren Krieg. Die Zeit von Ende 1997 bis März 1999, Baden-Baden 2000; Ulrich Albrecht/Paul Schäfer (Hg.), Der Kosovo-Krieg. Fakten/Hintergründe/Alternativen, Köln 1999.

2 Vgl. Gunter Hofmann, Wie Deutschland in den Krieg geriet, in: Die Zeit, 12. Mai 1999, S. 18; ebenso Joschka Fischer, Es gibt keinen deutschen Sonderweg, in: SZ, 27. Nov. 1998, S. 9.

3 Vgl. Alexander S. Neu, Die Jugoslawien-Kriegsberichterstattung der Times und der Frankfurter Allgemeinen Zeitung, Baden-Baden 2004.

4 Vgl. Dieter S. Lutz (Hg.), Der Krieg im Kosovo und das Versagen der Politik, Baden-Baden 2000; Berthold Meyer/Peter Schlotter (Hg.), Die Kosovo-Kriege 1998/99. Die internationalen Interventionen und ihre Folgen, Frankfurt/M. 2000.

5 Das Strategische Konzept des Bündnisses. Gipfelkonferenz der Staats- und Regierungschefs in Washington am 23./24. April 1999.

6 William V. Roth, NATO in the 21st Century, in: North Atlantic Assembly, Special Publication, 2. Okt. 1998.
7 Ulrich Beck, Der kosmopolitische Blick oder: Krieg ist Frieden, Frankfurt/M. 2004, S. 207 f.
8 Donald Rumsfeld, Transforming the Military, in: Foreign Affairs, 3/2002, S. 24.
9 Neue Nationale Sicherheitsstrategie, September 2002, in: FR, 28. Sept. 2002.
10 Vgl. Götz Neuneck, Hypermacht USA: Von der Abschreckung zur Präventiven Kriegführung?, in: Vierteljahresschrift für Sicherheit und Frieden 20 (2002), S. 141 ff.
11 Vgl. Dieter S. Lutz/Hans J. Gießmann (Hg.), Die Stärke des Rechts gegen das Recht des Stärkeren. Politische und rechtliche Einwände gegen eine Rückkehr des Faustrechts in die internationalen Beziehungen, Baden-Baden 2003.
12 Vgl. das Themenheft über den Irak-Krieg, in: Archiv des Völkerrechts, 3/2003; Bernd W. Kubbig (Hg.), Brandherd Irak. US-Hegemonieanspruch, die UNO und die Rolle Europas, Frankfurt/M. 2003; Thomas Roithner (Hg.), Schurkenstaat und Staatsterrorismus. Die Konturen einer militärischen Globalisierung, Münster 2004.
13 Vgl.: Studie fordert Fähigkeit zum Präventivschlag, in: SZ, 9. Nov. 2002.
14 Christoph Schwennicke, Die Grenzen der Verteidigung, in: SZ, 21. Jan. 2003, S. 2.
15 Zbigniew Brzezinski, Die einzige Weltmacht. Amerikas Strategie der Vorherrschaft, Weinheim 1997, S. 92.
16 Gerhard Schröder, Ich bin Kanzler, kein Philosoph, in: SZ, 24. Dez. 2002, S. 8.
17 Claus Offe, Die Neudefinition der Sicherheit, in: Blätter für deutsche und internationale Politik 26 (2001), S. 1450.
18 Dieter S. Lutz, Was ist Terrorismus? Definitionen, Wandel, Perspektiven, in: Vierteljahresschrift für Sicherheit und Frieden 20 (2002), S. 2 ff.
19 Vgl. ein Modell: Institut für Sicherheitspolitik und Friedensforschung an der Universität Hamburg (Hg.), Deutsche Außenpolitik ist Friedenspolitik, Hamburg 1999.
20 Verteidigungspolitische Richtlinien des Bundesministeriums der Verteidigung, Bonn 21. Mai 2003.
21 Weißbuch 1994, S. 88.
22 Kommission «Gemeinsame Sicherheit und Zukunft der Bundeswehr» (Hg.), Gemeinsame Sicherheit und Zukunft der Bundeswehr. Bericht

der Kommission an die Bundesregierung, Berlin 2000, S. 13; vgl. das Heft «Wehrstrukturreform» der Vierteljahresschrift für Sicherheit und Frieden 19 (2001).

23 Vgl. Details bei Jürgen Groß/Jürgen Rose, Europäische Sicherheit und Zukunft der Bundeswehr. Wehrstrukturreform unter neuen Prämissen, Hamburg 2002, S. 7 ff.

24 Bundesministerium der Verteidigung (Hg.), Die Bundeswehr – sicher ins 21. Jahrhundert. Eckpfeiler für eine Erneuerung von Grund auf, Berlin, Bonn Juni 2000, Ziffer 20.

25 Vgl. die scharfe Kritik an Rüstung und Doktrin bei Ulrich Sander, Die Macht im Hintergrund. Militär und Politik in Deutschland von Seeckt bis Struck, Köln 2004; Tobias Pflüger, Die neue Bundeswehr. Mit neuer Strategie, Struktur und Bewaffnung in den Krieg?, Köln 1997; Jürgen Grässlin, Lizenz zum Töten? Wie die Bundeswehr zur internationalen Einsatztruppe gemacht wird, München 1997.

26 Vgl. Bundesminister der Verteidigung (Hg.), Wegmarken für den neuen Kurs der Bundeswehr, Berlin, 13. Jan. 2004.

27 Bundesministerium der Verteidigung (Hg.), Grundzüge der Konzeption der Bundeswehr, Berlin, 10. Aug. 2004.

28 Beauftragter für Erziehung und Ausbildung beim Generalinspekteur, Jahresbericht 2001, Bonn, 30. Jan. 2002.

29 Martin van Creveld, Die Zukunft des Krieges, München 1998, S. 281; Herfried Münkler, Die neuen Kriege, Reinbek 2002, S. 91 ff.

30 Vgl. Hans-Georg Ehrhart (Hg.), Die Europäische Sicherheits- und Verteidigungspolitik. Positionen, Perzeptionen, Probleme, Perspektiven, Baden-Baden 2002.

31 Vgl. Peter Becker/Philipp Boos, Militarisierung oder Chance für zivile Konfliktschlichtung? Zum Entwurf für die Europäische Verfassung, in: Wissenschaft und Frieden 23 (2004), S. 10 ff.; Peter Schlotter (Hg.), Europa – Macht – Frieden? Zur Politik der «Zivilmacht Europa», Baden-Baden 2003.

32 Vgl. Wolfgang Wagner, Für Europa sterben? Die demokratische Legitimität der Europäischen Sicherheits- und Verteidigungspolitik, Frankfurt/M. 2004.

33 Roman Herzog, Die Globalisierung der deutschen Außenpolitik ist unvermeidlich, in: Bulletin, 15. März 1995, S. 164.

34 Gerhard Schröder, Eine neue Form der Selbstverteidigung, in: Die Zeit, 18. Okt. 2001, S. 3.

35 Vgl. Josef Grässle-Münscher, Terror und Herrschaft. Die Selbstbespiegelung der Macht, Hamburg 2002.

36 Jürgen Habermas, Bestialität und Humanität, in: Die Zeit, 20. April 1999.
37 Ulrich Beck, Über den postnationalen Krieg, in: Blätter für deutsche und internationale Politik 24 (1999), S. 985 f.
38 Kofi Annan, Rede vor der Menschenrechtskommission, Genf, 7. April 1999.
39 Vgl. Christine Schweitzer/Björn Aust/Peter Schlotter (Hg.), Demokratien im Krieg, Baden-Baden 2004.
40 Vgl. Reinhard Merkel (Hg.), Der Kosovo-Krieg und das Völkerrecht, Frankfurt/M. 2000; Dieter S. Lutz (Hg.), Friede in Bewährung. Beiträge zur Diskussion des Friedens als Ernstfall, Baden-Baden 2002.
41 Klaus Naumann, Ohnmachtsverhältnis. Im Militärischen hat die Politik ihren Primat aufgegeben, in: FR, 12. Dez. 2001.
42 Dahrendorf, Wiederbeginn der Geschichte, S. 218.
43 Hans J. Leersch, Mit einem Paukenschlag in den Ruhestand, in: Die Welt, 5. März 2004.
44 Wolfgang Winkel, Bundeswehr braucht archaische Kämpfer, in: Welt am Sonntag, 29. Febr. 2004.
45 Reinhard Günzel, Konzept des «Staatsbürgers in Uniform» gescheitert, in: Junge Freiheit, 27. Febr. 2004.
46 Vgl. Fabian Virchow, Die extreme Rechte und die Bundeswehr – ein vernachlässigtes Feld der Forschung, in: Vierteljahresschrift für Sicherheit und Frieden 18 (2000), S. 85 ff.
47 Interview von Günzel im Magazin Report Mainz, 6. Dez. 2004
48 Interviews im Magazin Kontraste, 28. Okt. 2004
49 Die Beförderungen werden gemäß einer entsprechenden Liste vom Minister dem Bundespräsidenten vorgeschlagen.
50 Vgl. die empirische Erhebung von Anja Seiffert, Der Soldat der Zukunft. Vom Staatsbürger in Uniform zum Weltbürger in Uniform?, Berlin 2005.
51 Bericht der SZ, 29. Nov. 2004.
52 Vgl. Dieter H. Kollner, Wie viel Bildung braucht der deutsche Offizier? Offiziersausbildung in Deutschland zwischen humanistischer Allgemeinbildung und beruflich-fachlicher Qualifikation, in: Vierteljahresschrift für Sicherheit und Frieden 22 (2004), S. 39 ff.; Andreas Prüfert (Hg.), Ausbildung und Bildung im Militär. Zur Debatte um das Führungskräftetraining der Bundeswehr, Baden-Baden 1999; Rudolf Hamann/Bernd Molter, Staatsbürger in Uniform auf dem Prüfstand. Von der Notwendigkeit einer Ausbildungsreform für Stabsoffiziere der Bundeswehr, Hamburg 1999.

53 Vgl. Eberhard Birk, «Einigkeit und Recht und Freiheit». Gedanken und Vorüberlegungen für den Traditionsbegriff einer Bundeswehr mit europäischer Perspektive, in: Militärgeschichte 12 (2001), S. 64 ff.
54 Vgl. Florence Gauzy Krieger/Berthold Meyer, Wege und Umwege zur Professionalisierung. Ein Vergleich der Militärreformen in Frankreich und Deutschland, Frankfurt/M. 2003, S. 22 ff.
55 Vgl. Detlef Bald/Andreas Prüfert (Hg.), Innere Führung. Ein Plädoyer für eine zweite Militärreform, Baden-Baden 2002; Martin Kutz (Hg.), Gesellschaft, Militär, Krieg und Frieden im Denken von Wolf Graf von Baudissin, Baden-Baden 2004.
56 Baudissin, Soldat für den Frieden, S. 28.

Literaturhinweise

I. Persönliche Schriften

Apel, Hans, Der Abstieg. Politisches Tagebuch 1978–1988, Stuttgart 1990

Bahr, Egon, Zu meiner Zeit, München 1999

Blank, Theodor, Aufgabe und Verantwortung. Eine Auswahl von Reden, Bad Godesberg 1956

Eppelmann, Rainer, Wendewege, Bonn, Berlin 1992

Erler, Fritz, Politik für Deutschland, hrsg. von W. Gaebler, Stuttgart 1968

Hassel, Kai-Uwe von, Der Soldat in unserer Zeit, Boppard 1964

Heye, Hellmuth, In Sorge um die Bundeswehr, München 1964

Maizière, Ulrich de, Bekenntnis zum Soldaten. Militärische Führung in unserer Zeit, Hamburg 1972

Rühe, Volker, Betr.: Bundeswehr. Sicherheitspolitik und Streitkräfte im Wandel, Berlin 1993

Schmidt, Helmut, Weggefährten. Erinnerungen und Reflexionen, Berlin 1996

Wellershoff, Dieter (Hg.), Sicherheitspolitik und Streitkräfte im Wandel, Bonn 1991

Wörner, Manfred, Frieden in Freiheit. Beiträge zur Sicherheits- und Verteidigungspolitik, Strategie, Bundeswehr und zum Dienst des Soldaten, Koblenz 1987

II. Darstellungen

Abenheim, Donald, Bundeswehr und Tradition. Die Suche nach dem gültigen Erbe des deutschen Soldaten, München 1989

Afheldt, Horst, Verteidigung und Frieden. Politik mit militärischen Mitteln, München 1976

Albrecht, Ulrich, Wiederaufrüstung der Bundesrepublik Deutschland. Analyse und Dokumentation, Köln 1980

Anfänge westdeutscher Sicherheitspolitik 1945–1956, hrsg. vom Militärgeschichtlichen Forschungsamt, 4 Bde., München 1982 ff.

Bald, Detlef, Der deutsche Offizier. Sozial- und Bildungsgeschichte des deutschen Offizierkorps im 20. Jahrhundert, München 1982
Bald, Detlef u. a. (Hg.), Tradition und Reform im militärischen Bildungswesen. Von der preußischen Allgemeinen Kriegsschule zur Führungsakademie der Bundeswehr. Eine Dokumentation 1810–1985, Baden-Baden 1985
Bald, Detlef, Die Atombewaffnung der Bundeswehr. Militär, Öffentlichkeit und Politik in der Ära Adenauer, Bremen 1994
Bald, Detlef, Militär und Gesellschaft 1945–1990. Die Bundeswehr der Bonner Republik, Baden-Baden 1994
Bald, Detlef, Hiroshima, 6. August 1945. Die nukleare Bedrohung, München 1999
Bald, Detlef/Johannes Klotz/Wolfram Wette, Mythos Wehrmacht. Nachkriegsdebatten und Traditionspflege, Berlin 2001
Baudissin, Wolf Graf von, Soldat für den Frieden. Entwürfe für eine zeitgemäße Bundeswehr, hrsg. von Peter von Schubert, München 1969
Baudissin, Wolf Graf von, Nie wieder Sieg! Programmatische Schriften 1951–1981, hrsg. von Cornelia Bührle und Claus von Schubert, München 1982
Czempiel, Ernst-Otto/Carl-Christoph Schweitzer, Weltpolitik der USA nach 1945. Einführung und Dokumente, Bonn 1987
Demeter, Karl, Das Deutsche Offizierkorps in Gesellschaft und Staat 1645–1945, 2. Aufl., Frankfurt/M. 1962
Frei, Norbert, Vergangenheitspolitik. Die Anfänge der Bundesrepublik und die NS-Vergangenheit, München 1996
Gablik, Axel, «Strategie kann nicht zeitlos sein». Offiziere, Politiker und strategische Planungen in Deutschland 1955–1967, Baden-Baden 1994
Geyer, Michael, Deutsche Rüstungspolitik 1860–1980, Frankfurt/M. 1984
Gießmann, Hans-Joachim, Das unliebsame Erbe. Die Auflösung der Militärstruktur der DDR, Baden-Baden 1992
Giordano, Ralph, Die Traditionslüge. Vom Kriegerkult in der Bundeswehr, Köln 2000
Groß, Jürgen/Dieter S. Lutz (Hg.), Wehrpflicht ausgedient, Baden-Baden 1998
Haftendorn, Helga/Henning Riecke (Hg.), «... die volle Macht eines souveränen Staates ...». Die alliierten Vorbehaltsrechte als Rahmenbedingung westdeutscher Außenpolitik 1949–1990, Baden-Baden 1996
Hauswedell, Corinna, Friedenswissenschaften im Kalten Krieg. Friedensforschung und friedenswissenschaftliche Initiativen in der Bundesrepublik Deutschland in den achtziger Jahren, Baden-Baden 1997

Hesslein, Bernd C. (Hg.), Die unbewältigte Vergangenheit der Bundeswehr. Fünf Offiziere zur Krise der Inneren Führung, Reinbek 1977

Höfner, Karlheinz, Die Aufrüstung Westdeutschlands. Willensbildung, Entscheidungsprozesse und Spielräume westdeutscher Politik 1945–1950, München 1990

Hoppe, Christoph, Zwischen Teilhabe und Mitsprache. Die Nuklearfrage in der Allianzpolitik Deutschlands 1959–1966, Baden-Baden 1993

Jopp, Mathias, Militär und Gesellschaft in der Bundesrepublik Deutschland. Das Beispiel der Bildungsreform der Bundeswehr, Frankfurt/M. 1983

Junker, Detlef (Hg.), Die USA und Deutschland im Zeitalter des Kalten Krieges 1945–1990. Ein Handbuch, 2 Bde., Stuttgart 2001

Kaiser, Karl, Deutschlands Vereinigung. Die internationalen Aspekte. Mit wichtigen Dokumenten, Bergisch Gladbach 1991

Knab, Jakob, Falsche Glorie. Das Traditionsverständnis der Bundeswehr, Berlin 1995

Köllner, Lutz, Militär und Finanzen. Zur Finanzgeschichte und Finanzsoziologie von Militärausgaben in Deutschland. Vom Dreißigjährigen Krieg bis zur Gegenwart, Koblenz 1983

Krüger, Dieter, Das Amt Blank. Die schwierige Gründung des Bundesministeriums für Verteidigung, Freiburg 1993

Küntzel, Matthias, Bonn und die Bombe. Deutsche Atomwaffenpolitik von Adenauer bis Brandt, Frankfurt/M. 1992

Kutz, Martin, Realitätsflucht und Aggression im deutschen Militär, Baden-Baden 1990

Larres, Klaus/Torsten Oppelland (Hg.), Deutschland und die USA im 20. Jahrhundert. Geschichte der politischen Beziehungen, Darmstadt 1997

Linnenkamp, Hilmar/Dieter S. Lutz (Hg.), Innere Führung. Zum Gedenken an Wolf Graf Baudissin, Baden-Baden 1995

Mechtersheimer, Alfred (Hg.), Militarisierungsatlas der Bundesrepublik Deutschland. Streitkräfte, Waffen und Standorte, Kosten und Risiken, Darmstadt 1986

Messerschmidt, Manfred (Hg.), Offiziere im Bild von Dokumenten aus drei Jahrhunderten, Stuttgart 1964

Mosen, Wido, Bundeswehr – Elite der Nation? Determinanten und Funktionen elitärer Selbsteinschätzung von Bundeswehrsoldaten, Neuwied 1970

Nagel, Ernst Josef (Hg.), Dem Krieg zuvorkommen. Christliche Friedensethik und Politik, Freiburg 1984

Niedhart, Gottfried u. a. (Hg.), Deutschland in Europa. Nationale Interessen und internationale Ordnung im 20. Jahrhundert, Mannheim 1997

Opitz, Eckardt/Frank S. Rödiger (Hg.), Allgemeine Wehrpflicht. Geschichte – Probleme – Perspektiven, Bremen 1995
Picht, Georg (Hg.), Studien zur politischen und gesellschaftlichen Situation der Bundeswehr, 3 Folgen, Witten 1965 ff.
Schubert, Klaus von (Hg.), Sicherheitspolitik der Bundesrepublik Deutschland. Dokumentation 1945–1977, 2 Teile, Bonn 1977, 1978
Schulz, Karl-Ernst (Hg.), Die Neuordnung von Bildung und Ausbildung in der Bundeswehr. Eine Zwischenbilanz nach zehn Jahren, Baden-Baden 1982
Steininger, Rolf u.a. (Hg.), Die doppelte Eindämmung. Europäische Sicherheit und die deutsche Frage in den Fünfzigern, München 1993
Thoß, Bruno (Hg.), Vom Kalten Krieg zur deutschen Einheit. Analysen und Zeitzeugenberichte zur deutschen Militärgeschichte 1945 bis 1995, München 1995
Tuschhoff, Christian, Deutschland, Kernwaffen und die NATO 1949–1967. Zum Zusammenhalt von und friedlichem Wandel in Bündnissen, Baden-Baden 2002
Varwick, Johannes/Wichard Woyke, NATO 2000 – Transatlantische Sicherheit im Wandel, Opladen 1999
Verteidigung im Bündnis. Planung, Aufbau und Bewährung der Bundeswehr 1950–1972, hrsg. vom Militärgeschichtlichen Forschungsamt, München 1975
Vogel, Winfried, Karl Wilhelm Berkhan. Ein Pionier deutscher Sicherheitspolitik nach 1945. Beiträge zu einer politischen Biographie, Bremen 2003
Vogt, Wolfgang R. (Hg.), Militär als Lebenswelt. Streitkräfte im Wandel der Gesellschaft, Opladen 1988
Walther, Christian (Hg.), Atomwaffen und Ethik. Der deutsche Protestantismus und die Aufrüstung 1954–1961. Dokumente und Kommentare, München 1988
Wasmuht, Ulrike C., Friedensbewegung der 80er Jahre. Zur Analyse ihrer strukturellen und aktuellen Entstehungsbedingungen in der Bundesrepublik und den USA nach 1945: ein Vergleich, Gießen 1987
Wette, Wolfram, Die Wehrmacht. Feindbilder, Vernichtungskrieg, Legenden, Frankfurt/M. 2002
Weizsäcker, Carl Friedrich von (Hg.), Kriegsfolgen und Kriegsverhütung, München 1971
Zoll, Ralf (Hg.), Wie integriert ist die Bundeswehr? Zum Verhältnis zwischen Militär und Gesellschaft in der Bundesrepublik Deutschland, München 1979

Zeittafel

Personen

Die Verteidigungsminister

Theodor Blank (CDU)	1955–1956
Franz Josef Strauß (CSU)	1956–1962
Kai-Uwe von Hassel (CDU)	1963–1966
Gerhard Schröder (CDU)	1966–1969
Helmut Schmidt (SPD)	1969–1972
Georg Leber (SPD)	1972–1978
Hans Apel (SPD)	1978–1982
Manfred Wörner (CDU)	1982–1988
Rupert Scholz (CDU)	1988–1989
Gerhard Stoltenberg (CDU)	1989–1992
Volker Rühe (CDU)	1992–1998
Rudolf Scharping (SPD)	1998–2002
Peter Struck (SPD)	seit 2002

Die Generalinspekteure

General Adolf Heusinger	1957–1961
General Friedrich Foertsch	1961–1963
General Heinrich Trettner	1964–1966
General Ulrich de Maizière	1966–1972
Admiral Armin Zimmermann	1972–1976
General Harald Wust	1976–1978
General Jürgen Brandt	1978–1983
General Wolfgang Altenburg	1983–1986
Admiral Dieter Wellershoff	1986–1991
General Klaus Naumann	1991–1996
General Hartmut Bagger	1996–1999
General Hans-Peter von Kirchbach	1999–2000
General Harald Kujat	2000–2002
General Wolfgang Schneiderhan	seit 2002

Daten

1945	8. Mai	Kapitulation der Wehrmacht
	2. August	Ende der Potsdamer Konferenz
	6. August	Atombombenabwurf über Hiroshima
	20. September	Alliierte Proklamation: «Endgültige» Auflösung der Wehrmacht
1947	4. März	Vertrag von Dünkirchen (zum Schutz vor Deutschland)
1948	17. März	Brüsseler Vertrag (Großbritannien, Frankreich, Benelux-Staaten)
1949	4. April	Gründung der NATO
	20. September	Vereidigung der Bundesregierung
	21. September	Besatzungsstatut für die Bundesrepublik
	22. November	Petersberger Abkommen
	3. Dezember	Interview Adenauers: Beitrag zur Verteidigung
1950	Januar	Einrichtung des Büros Schwerin im Kanzleramt
	29. August	Noten Adenauers über Souveränität und Streitkräfte
	6. Oktober	Himmeroder Denkschrift
	26. Oktober	Pleven-Plan: Europäische Verteidigungsgemeinschaft
	28. Oktober	Gründung des Amtes Blank
1951	22. Januar	Ehrenerklärung von General Eisenhower
1953	10. Januar	Einführung des Begriffs «Innere Führung»
1954	23. Oktober	Unterzeichnung der Pariser und Bonner Verträge
1955	5. Mai	Deutschlandvertrag/Ende des Besatzungsstatuts
	9. Mai	Beitritt der Bundesrepublik zur NATO und WEU
		Wehrgesetzgebung (bis Juli 1957)
	8. Juli	Ernennung des ersten Verteidigungsministers
	12. November	Symbolischer Gründungstag der Bundeswehr 200. Geburtstag von Gerhard von Scharnhorst
1956	2. Januar	Aufstellung der ersten Lehrkompanien
1957	14. Januar	Zustimmung von Eisenhower zur Atombewaffnung
	21. März	NATO-Strategie der «Massiven Vergeltung» (MC 14/2)
	1. April	Einziehung der ersten Wehrpflichtigen

	12. April	«Erklärung der Göttinger 18» gegen die Atombewaffnung
	6. Dezember	Personalgutachterausschuss Bericht
1961	13. August	Mauerbau in Berlin
1962	Januar	Nagold-Krise
	10. Oktober	Der Spiegel: «Bedingt abwehrbereit»
1963	15. Juli	Brandt-Konzept «Wandel durch Annäherung» (Bahr in Tutzing)
1965	1. Juli	Erster Traditionserlass
1966	1. August	Gewerkschaftserlass
1967	14. Dezember	Harmel-Bericht: «Sicherheit = Entspannung und Rüstung»
1968	16. Januar	NATO-Strategie der «Flexiblen Reaktion» (MC 14/3)
1969		Verabschiedung der Notstandsgesetze
	Juni	Schnez-Studie (Dezember: öffentlich bekannt)
	1. Juli	Heinemann: «Der Frieden ist der Ernstfall»
	21. Oktober	Reformpolitik (Regierung Brandt: «Mehr Demokratie wagen»)
1970	20. Mai	Weißbuch zur Reform der Bundeswehr
	Dezember	Hauptleute: «Unna-Papier»
1971	6. Juni	Ellwein-Gutachten: Neuordnung von Bildung und Ausbildung
1975	1. August	Helsinki-Konferenz (KSZE)
1977	28. Oktober	Schmidt-Rede in London über «Grauzonenwaffen»
		Neutronenbombe – «Perversion des Denkens»
1979	14. Dezember	NATO-Doppelbeschluss
1981	Sommer	Friedensdemonstrationen
1982	20. August	US-Doktrin: «AirLand Battle»
	20. September	Zweiter Traditionserlass
	Oktober	Politik der Wertewende (Regierung Kohl)
1983	23. März	Strategische Verteidigungsinitiative der USA
1986	11. Oktober	Gorbatschow und Reagan in Reykjavik: Null-Lösung
1987	10. April	Gorbatschow in Prag: Doppelte Null-Lösung
1989	9. November	Fall der Mauer in Berlin
1990	6. September	Einigungsvertrag
	12. September	Zwei + Vier-Vertrag
	3. Oktober	Deutsche Einigung
		«Armee der Einheit»/Ende der NVA
	19. November	«Charta für ein neues Europa» von Paris

1991	24. September	Bericht der (Jacobsen-)Reformkommission
1992	Januar	Verteidigungspolitische Richtlinien: «Grundlagen» für Umbau
1994	12. Juli	Urteil des Bundesverfassungsgerichts: Auslandseinsätze
1995	März	«Ressortkonzept»: Änderung des Wehrpflichtsystems
		Wanderausstellung über «Verbrechen der Wehrmacht»
	30. Juni	Bundestagsbeschluss zu Bundeswehreinsatz auf dem Balkan
1998	16. Oktober	Bundestag stimmt militärischer Beteiligung auf dem Balkan zu
1999	24. März	Krieg gegen Serbien: Besetzung des Kosovo
	24. April	Das «Neue Strategische Konzept» der NATO
2000	11. Januar	Europäischer Gerichtshof: Zulassung von Soldatinnen
	23. Mai	Weizsäcker-Bericht: Reform der Bundeswehr
2001	11. September	Terrorattacken gegen die WTC-Türme in New York und das Pentagon
		NATO-Erklärung über Bündnisfall
2002	Sommer	Bundeskanzler gegen deutsche Beteiligung am Golf II-Krieg
	27. September	Präemptive «Nationale Sicherheitsstrategie» der USA
2003	21. Mai	Verteidigungspolitische Richtlinien von Minister Struck
	11. August	NATO übernimmt Kommando über Verbündete in Afghanistan
2004	13. Januar	«Wegmarken» für Änderung der Militärstruktur
	10. August	«Grundzüge» der Transformation der Bundeswehr
	29. Oktober	Unterzeichnung der Verfassung der Europäischen Union

Personenregister